Frank Krüger

Insolvenzrecht

13. Auflage 2022

ISBN 978-3-86724-130-4

13. Auflage 2022

© 2022 niederle media

Bezug möglich direkt vom Verlag
niederle media
48341 Altenberge
Fax (02505) 93 98 99
E-Mail: info@niederle-media.de
www.niederle-media.de

▶ Inhalt
▶ Insolvenzrecht

Einleitung

Das Wort „Insolvenz" ist weder gesetzlich noch in der Rechts-literatur konkret definiert. Es leitet sich aus dem lateinischen Wort „*solvere*" (dt.: zahlen) ab. Insolvenz bezeichnet allgemein den Zustand eines Unternehmens oder einer Privatperson, die ihre fälligen Verbindlichkeiten nicht mehr zahlen kann; also einen Zustand der akuten oder zumindest drohenden Zah-lungsunfähigkeit. Mit dem Inkrafttreten der Insolvenzordnung (InsO) zum 1.1.1999 hat der Gesetzgeber die Idee einer marktkonformen Insolvenzabwicklung in einem einheitlichen Verfahren verwirklicht.[1] Dies gilt für natürliche und juristische Personen ebenso wie für Kaufleute und Verbraucher.

Im Bereich der Unternehmensinsolvenz sind mit diesem Ge-setz neue Verfahrensarten wie das Insolvenzplanverfahren und die Eigenverwaltung mit dem Ziel eingeführt worden, die Sanierung und Neustrukturierung von notleidenden Unter-nehmen frühzeitig durchführen zu können. Die Akzeptanz derartiger Verfahren war in der Praxis zunächst nicht sehr verbreitet. Der Gesetzgeber hat daher u.a. mit dem ESUG[2] versucht, diese Sanierungselemente aufzuwerten. Dies ist auch tendenziell gelungen. Das Insolvenzverfahren erfüllt auch als Korrektiv eine marktwirtschaftliche Aufgabe. Die Li-quidation, aber auch der Erhalt einer Unternehmung stellen nach dem Gesetz gleichwertige Abwicklungsmodalitäten dar. Dies kommt durch den Grundsatz der Marktkonformität des Insolvenzverfahrens zur Geltung.

Im Bereich der Verbraucherinsolvenz ist als Grundlage zu beachten, dass die Überschuldung von Privatpersonen in Deutschland seit Jahren ansteigt. Unter einer solchen Ver-

---

[1] Die InsO ersetzte die zuvor geltende Konkursordnung (KO) vom 10.2.1877, die Gesamtvollstreckungsordnung (GesO) vom 23.5.1991, die Vergleichsordnung (VerglO) vom 26.2.1935 und das Gesetz über die Unter-brechung von Gesamtvollstreckungsverfahren (GUG) vom 23.5.1991
[2] ESUG, Gesetz zur weiteren Erleichterung der Sanierung von Unterneh-men, die Modifikationen des materiellen Rechts der InsO sind am 1.3.2012, in Kraft getreten.

braucherinsolvenz, die auch als Privatinsolvenz bezeichnet wird, versteht man eine gerichtliche Schuldenregulierung. Diese teilt sich in mehrere Schritte auf, die von natürlichen Personen beantragt werden kann, die nicht selbstständig arbeiten oder gearbeitet haben. Dabei besteht auch die Möglichkeit, dass bereits im ersten Schritt eine außergerichtliche Schuldenbereinigung erfolgreich mit den Gläubigern vereinbart werden kann.

Das Insolvenzrecht ist von Anfang an durch eine andauernde Dynamik des Gesetzgebers („*Strudel der permanenten Reformen*“, K. Schmidt, BB 2011, 1603) und der Rechtsprechung geprägt. Dieses Rechtsgebiet beschränkt sich nicht nur auf den Gesetzestext der InsO, sondern es ist vielschichtig verzahnt mit dem Arbeits-, Gesellschafts- und dem sonstigen Zivilrecht, aber auch mit dem Steuer- und Strafrecht. Im Jahre 2020 hat der Gesetzgeber, nicht nur pandemiebedingt (s.u.), wiederum einschneidende Änderungen im Insolvenzrecht normiert. So wurde für Verfahren bei natürlichen Personen, die ab dem 1.10.2020 beantragt wurden, die Zeitspanne bis zur Erlangung der Restschuldbefreiung auf 36 Monate herabgesetzt (zuvor 72 Monate, jedoch mit Möglichkeiten der Verkürzung). Auch sind u.a. die Regelungen für die Beantragung und Durchführung von Insolvenzverfahren in Eigenverwaltung modifiziert worden.[3]

Dieses Skript ist eine überblickartige Gesamtdarstellung des Insolvenzrechts, ohne jedoch dogmatisch tiefgründig und abschließend die verschiedensten juristischen Problemfelder auszuleuchten. Das Skript befindet sich auf dem Gesetzes- und Bearbeitungsstand **31.10.2021**. In *Exkursen* wird in diesem Skript jeweils ein Ausblick auf geplante Gesetzesänderungen gegeben.

---

[3] Gesetz zur Fortentwicklung des Sanierungs- und Insolvenzrechts (Sanierungs- und Insolvenzrechtsfortentwicklungsgesetz – SanInsFoG) vom 22.12.2020, BGBl I, S. 3256.

A. Außergerichtliche Sanierungsmöglichkeiten und die Abgrenzung zum Insolvenzverfahren

Zur Bewältigung von krisennahen Phasen einer Unternehmung hat die EU eine Restrukturierungsrichtlinie (EU 2019/1023) erlassen.[4] Mit der Umsetzung dieser Richtlinie und der Normierung des StaRUG[5] hat der Gesetzgeber zunächst Klarheit, Rechtssicherheit und Schutz für alle Beteiligten gebracht, um im Idealfall die Insolvenz eines notleidenden Unternehmens zu vermeiden. Bei Unternehmungen, die noch nicht offiziell notleidend sind, die aber eine Krisensituation voraussehen können, gibt es zeitlich abgestimmt folgende Möglichkeiten, um eine rechtliche und wirtschaftliche Sanierung durchzuführen:

➢ Eine *freie Sanierung* ist grundsätzlich möglich. Die freie Sanierung kann bis zum Vorliegen der Insolvenzantragspflichten gem. § 15a InsO ohne Einschränkungen durchgeführt werden. Der dann notwendige Insolvenzantrag ist spätestens drei Wochen nach Eintritt der Zahlungsunfähigkeit und sechs Wochen nach Eintritt der Überschuldung zu stellen.

➢ Wirtschaftsunternehmen, die noch nicht offensichtlich zahlungsunfähig oder überschuldet sind, haben die Möglichkeit, auch mittels eines *Restrukturierungsplans* mit ihren Gläubigern eine Vereinbarung über eine Schuldenregulierung zu erreichen. Diese gesetzlich vorgegebene modulare Verfahrenshilfe ist nur auf An-

---

[4] Richtlinie (EU) 2019/1023 des Europäischen Parlaments und des Rates vom 20.06.2019 über präventive Restrukturierungsmaßnahmen, über Entschuldung und über Tätigkeitsverbote sowie über Maßnahmen zur Steigerung der Effizienz von Restrukturierungs-, Insolvenz- und Entschuldungsverfahren und zur Änderung der Richtlinie (EUR) 2017/1132 (Richtlinie über Restrukturierung und Insolvenz)", ABIEU vom 26.06.2019, L172.

[5] Gesetz über den Stabilisierungs- und Restrukturierungsrahmen für Unternehmen (Unternehmensstabilisierungs- und restrukturierungsgesetz – StaRUG), in Kraft getreten zum 1.1.2021 (§§ 84-88 StaRUG sind ab dem 17.7.2021 in Kraft; veröffentlicht als Art. 1 des SanInsFoG, s.o. Fn. 3.)

trag des schuldnerischen Unternehmens möglich. Dieses Verfahren kann durch eine außergerichtliche Planannahme erfolgen. Im Mittelpunkt eines derartigen Verfahrens steht ein vom schuldnerischen Unternehmen aufzustellender Restrukturierungsplan (§§ 2-28 StaRUG). Die Art des Plans und die Grundelemente des Verfahrens sind gesetzestechnisch dem in §§ 217 ff. InsO geregelten Insolvenzplanverfahren angeglichen.

➢ Sollte dies nicht erfolgreich sein, so kann ein gerichtliches Restrukturierungsverfahren von dem schuldnerischen Unternehmen beantragt werden. Das Unternehmen kann dann auch ergänzend gerichtliche Unterstützung bei Maßnahmen erhalten, die in Gläubigerrechte eingreifen. Neben der gerichtlichen Planbestätigung sind dabei u.a. die Anordnung eines Moratoriums zur Stabilisierung und auch die gerichtlich geleitete Planabstimmung möglich, § 29 Abs. 2 StaRUG.

➢ Ziel ist die gerichtliche Planannahme, bei der die Gläubiger in Gruppen (wie im Insolvenzplanverfahren) abstimmen. Dazu müssen 75 % je Gläubigergruppe (nur Summenmehrheit, nicht auch noch kumulativ Kopfmehrheit wie im Insolvenzplanverfahren nach § 244 Abs. 1 InsO) zustimmen, § 25 Abs. 1 StaRUG.

➢ Wenn nicht alle Gruppen mit der notwendigen (Summen-)Mehrheit zustimmen, dann ist unter eingeschränkten Voraussetzungen eine gruppenübergreifende Überstimmung möglich (Cross-Class-Cram-Down).

➢ Das Gericht kann auf Antrag des Schuldners (oder mind. 25% der Gläubiger) einen Restrukturierungsbeauftragten bestimmen. Dieser steht dann unter der Aufsicht des Restrukturierungsgerichts. Zuständig ist nach § 34 StaRUG jeweils das Amtsgericht, in dessen Bezirk der Schwerpunkt der wirtschaftlichen Tätigkeit des Schuldners fällt und das OLG im Gerichtsbezirk seinen Sitz hat.

Sanierungsoptionen bei einer GmbH in der Krise

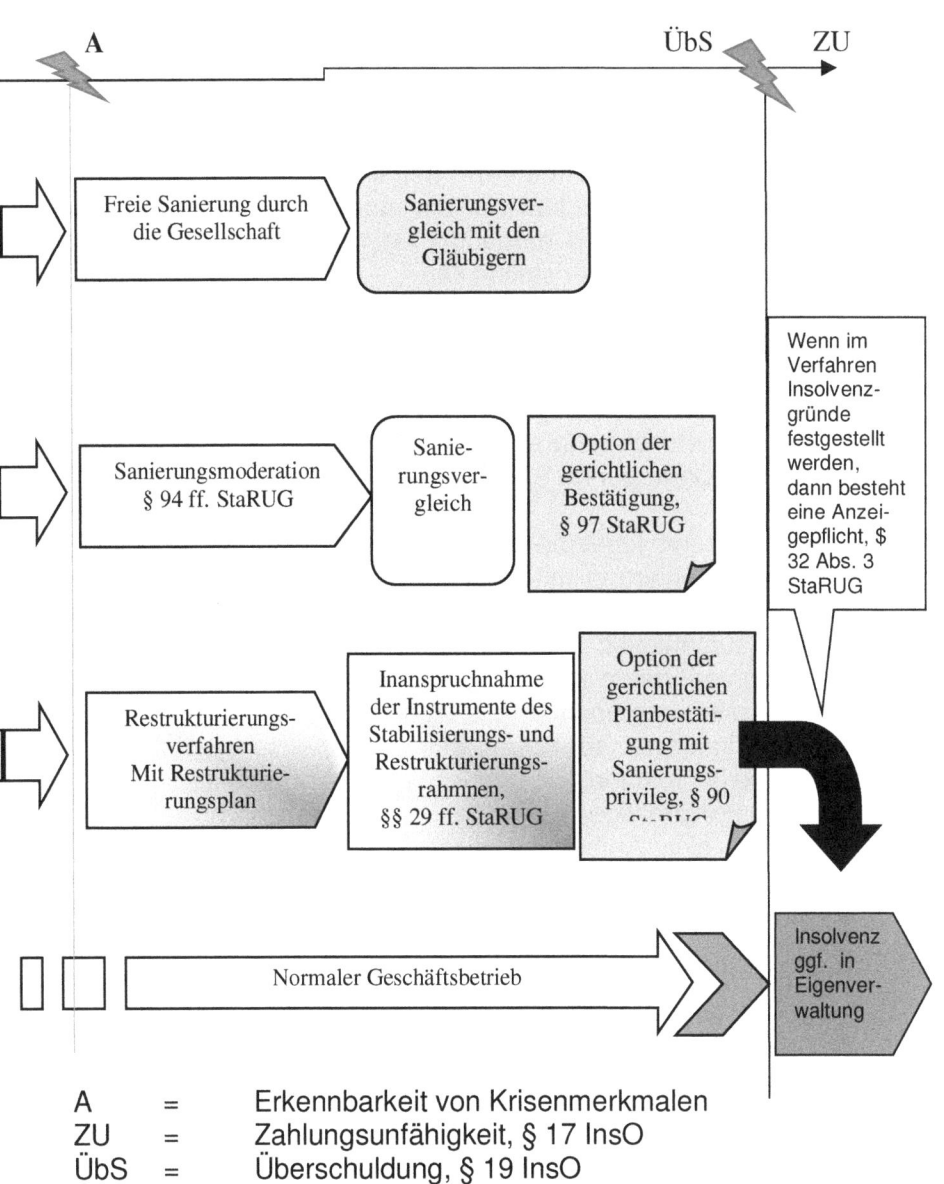

A   =   Erkennbarkeit von Krisenmerkmalen
ZU   =   Zahlungsunfähigkeit, § 17 InsO
ÜbS   =   Überschuldung, § 19 InsO

Für den Fall, dass bei dem kriselnden Unternehmen bereits ein gesetzlicher Insolvenzgrund nach §§ 17 – 19 InsO vorliegt, können aus dem Katalog der Insolvenzverfahren mehrere Verfahrensarten angestrebt werden, u.a.:

➢ Schutzschirmverfahren mit vorläufig geplanter Eigenverwaltung (§§ 270a – d, 270f InsO), wobei das Schutzschirmverfahren keine individuelle Eigenart mehr hat, sondern nur ein modifiziertes Eigenverwaltungsverfahren dergestalt ist, dass der Antragsteller den Sachwalter stellen kann.
➢ Normales Eigenverwaltungsverfahren (§§ 270a–c, 270f InsO);
➢ Vorläufiges Insolvenzverfahren mit nachfolgendem Regelinsolvenzverfahren als Abwicklungsverfahren, Sanierungsverfahren oder auch durch eine angestrebte übertragende Sanierung (Asset Deal).

Zur Ergänzung kann bei Kleineren und Kleinstunternehmen eine freie Sanierung mittels einer *Sanierungsmoderation* erfolgen. Als Voraussetzung hierfür darf keine offensichtliche Zahlungsunfähigkeit oder Überschuldung vorliegen. Die Sanierungsmoderation (§ 94 StaRUG) dauert in der Regel drei Monate und kann noch um bis zu drei Monate verlängert werden. Sie kann nur auf Antrag des schuldnerischen Unternehmens beim zuständigen Sanierungsgericht erfolgen. Es ist eine kostengünstige Konstellation, hauptsächlich auch mit dem Ziel, eine Anfechtungssicherheit bei Vorlage des Vergleichs für die Gläubiger, die an der Moderation teilnehmen, zu gewährleisten, § 90 StaRUG.

Für die Abstimmung und Zustimmung zum Sanierungsvergleich ist eine allseitige Zustimmung der Gläubiger erforderlich. Durch die gerichtliche Bestätigung des Sanierungsvergleichs wird eine gewisse Anfechtungssicherheit, als Safe-Harbor für die Gläubiger, begründet. Von der Struktur her ist diese Moderation wohl für kleinere Wirtschaftsbetriebe (kleinerer Mittelstand o. ä.) mit einer übersichtlichen Gläubigerstruktur geeignet.

B. Allgemeines und Grundsätze des Insolvenzrechts

I. Die Insolvenzursachen

Nach den Ergebnissen der Insolvenzursachenforschung gibt es nicht *die Eine* Insolvenzursache. In den meisten Fällen, unabhängig davon, ob es natürliche- oder juristische Personen betrifft, ist ein Zusammenspiel von vielfältigen Ursachen maßgeblich.

Bei Unternehmungen sind vor allem folgende Insolvenzursachen statistisch ermittelt worden:
- Managementfehler;
- schlechte Kapitalausstattung der Gesellschaft;
- massiver Auftragseinbruch;
- restriktive Kreditvergabe, fehlende Drittmittel;
- nicht erfolgter Mitarbeiterabbau bei Umsatzrückgang;
- schlechtes Controlling oder Debitorenmanagement.

Auffällig in der Statistik ist, dass auch die Rechtsform des Unternehmens eine Insolvenzanfälligkeit signalisiert. Dabei weisen die GmbH und die GmbH & Co. KG die höchste Krisenanfälligkeit auf. Nach den Angaben der Insolvenzstatistik des Statistischen Bundesamtes haben im Jahr 2020 in Deutschland 15.841 Unternehmen Insolvenz angemeldet. Das waren rund 2.900 Unternehmen (-15,5%) weniger als in 2019.

II. Verfahrensziele des Insolvenzverfahren

Die Ausgangssituation für ein Restrukturierungs- bzw. Insolvenzverfahren ist fast immer gleich, egal ob es sich dabei um eine natürliche Person oder um ein Unternehmen oder um eine irgendwie vertraglich verbundene Personengruppe handelt. Der zur Zahlung verpflichtete Schuldner ist nicht mehr in der Lage, seine Verbindlichkeiten zahlen zu können. In derartigen Situationen führen Zwangsvollstreckungsmaßnahmen[6] einzelner Gläubiger automatisch zu einem Wettlauf der Gläubiger. Wer zuerst auf (pfändbare) Vermögensgegenstände des Schuldners zugreifen kann, der liegt vorne. Um diesen Unabwägbarkeiten in der Einzelzwangsvollstreckung zu begegnen, stellt der Gesetzgeber mit der Insolvenz ein Gesamtvollstreckungsverfahren zur Verfügung, das als Ziel die Befriedigung der Gesamtheit der Gläubiger aus allen Vermögensgegenständen des Schuldners vorgibt. Die vorrangigen Verfahrensziele eines Insolvenzverfahrens sind in § 1 Satz 1 InsO normiert. Vor allem die gleichmäßige Gläubigerbefriedigung durch Verwertung des schuldnerischen Vermögens und Verteilung des Erlöses unter Beachtung des Grundsatzes der Gleichbehandlung aller Gläubiger (par condicio creditorum). Ferner wurde die Gleichwertigkeit der Verfahrensziele Liquidation und Sanierung durch die Insolvenzordnung eingeführt.

Die Verfahrensarten nach der Insolvenzordnung

Verfahren vor der gerichtlichen Entscheidung zur Eröffnung:

- Insolvenzeröffnungsverfahren

Verfahren nach der Eröffnungsentscheidung:

- Regelinsolvenz (IN)
- Verbraucherinsolvenzverfahren, §§ 304-314 InsO (IK)
- Restschuldbefreiungsverfahren, §§ 286-303 InsO
- Insolvenzplanverfahren, §§ 217-269 InsO (IN)
- Nachlassinsolvenzverfahren, §§ 315-331 InsO (IN)
- Insolvenz über das Gesamtgut einer fortgesetzten Gütergemeinschaft, § 332 InsO (IN)
- Insolvenz über das gemeinschaftlich verwaltete Gesamtgut einer Gütergemeinschaft, §§ 333-334 InsO (IN)

In Deutschland sind 30 % der Insolvenzverfahren Regelinsolvenzverfahren (Aktenkennung IN), zu denen in erster Linie alle Verfahren von Unternehmen zählen (rund 55 %). Ferner

---

[6] Die Zwangsvollstreckung ist das Recht der Anwendung staatlicher Gewalt zur Durchsetzung öffentlich-rechtlicher und privatrechtlicher Ansprüche eines Gläubigers auf der Grundlage eines vollstreckbaren Titels.

zählen dazu Personen, die wirtschaftlich selbstständig tätig sind, sowie auch persönlich haftende Gesellschafter einer offenen Handelsgesellschaft (oHG) oder die Mehrheitsgesellschafter einer Kapitalgesellschaft sowie ehemals selbstständige Tätige, deren Vermögensverhältnisse als nicht überschaubar eingestuft werden, § 304 Abs. 2 InsO.

Für natürliche Personen ist insbesondere die Möglichkeit einer Entschuldung bedeutend, die durch das Restschuldbefreiungsverfahren erlangt werden kann. Im Gegensatz zum Recht vor Geltung der InsO, in dem der Grundsatz der freien Nachforderung (§ 164 Abs. 1 KO; § 18 Abs. 2 Satz 2 GesO) galt, und die Gläubiger mit dem Auszug aus der Konkurstabelle vollumfänglich nach Verfahrensende weiter vollstrecken konnten, ermöglicht die InsO ein Ende der „Schuldturmproblematik". Mit dem Insolvenzverfahren soll eine ordnungsgemäße Abwicklung des Schuldnervermögens gewährleistet werden. Selbst dann, wenn keine Aussicht auf eine zu verteilende Masse besteht. Diese sog. Ordnungsfunktion eines Insolvenzverfahrens ist gesetzlich zwar nicht geregelt, ergibt sich dem Grundsatz nach aber aus § 208 Abs. 3 InsO.

III. Verfahrensgrundsätze des Insolvenzverfahren

Ein Insolvenzverfahren ist ein „Gesamtvollstreckungsverfahren" und unterscheidet sich schon deshalb von den individuell zu betreibenden Einzelzwangsvollstreckungsmaßnahmen der Gläubiger. Es zeichnet sich durch folgende Grundsätze im Kern aus:

> ➤ Grundsatz der Gläubigergleichbehandlung; alle Gläubiger sollen gemeinschaftlich und gleichmäßig aus dem Haftungsvermögen / Verwertungserlös (Insolvenzmasse) befriedigt werden, ohne Bevorzugung einzelner Gläubiger oder Gläubigergruppen.
> ➤ Grundsatz der Gläubigerautonomie; das Verfahren wird vom Prinzip der Gläubigerselbstverwaltung bestimmt (Beschlüsse in der Gläubigerversammlung, Gläubigerausschuss u.ä.).

➤ Grundsatz der Gleichwertigkeit der Verfahrensziele; bei der Verwertung des Schuldnervermögens stehen die Möglichkeiten einer Liquidation, einer übertragenden Sanierung oder einer Sanierung gleichwertig nebeneinander.

➤ Grundsatz der Universalität; alle Gläubiger werden in das Verfahren mit eingebunden – kein Gläubiger kann Befriedigung außerhalb des Verfahrens verlangen.

Das Insolvenzgericht gibt grundsätzlich die Art der Verfahrensabwicklung und die Art der Verwertung des Schuldnervermögens nicht vor. Die Gläubiger im Insolvenzverfahren können selbst entscheiden, ob das Vermögen des Schuldners liquidiert, eine übertragene Sanierung oder eine leistungswirtschaftliche Sanierung erfolgen soll; oder ob mit Einverständnis des Schuldners ein Insolvenzplan beschlossen werden soll und damit ein individueller Verfahrensablauf gewählt wird. Dieser Grundsatz der Gläubigerautonomie ist eine tragende Säule des Insolvenzrechts. Dadurch kann die Durchführung des Verfahrens erst flexibel und individuell auf das schuldnerische Unternehmen abgestellt werden. Die Gläubiger üben ihre Mitwirkungsrechte regelmäßig in der Gläubigerversammlung, in einem gegründeten Gläubigerausschuss oder bei der Abstimmung nach Gruppen im Insolvenzplanverfahren aus.

C. Das Insolvenzantragsverfahren

I. Der Eröffnungsantrag

Das Insolvenzantragsverfahren beginnt mit einem Eröffnungsantrag. Von Amts wegen ist die Einleitung eines solchen Verfahrens nicht möglich. Der Antrag wird entweder durch

- den Schuldner oder dessen Vertretungsorgane selbst gestellt, §§ 13-15a InsO (Eigenantrag)
- oder durch einen Gläubiger, § 14 InsO (Fremdantrag).

Ein solcher Antrag kann nach freier Wahl des Antragstellers schriftlich eingereicht oder gemäß §§ 4 InsO, 496 ZPO zu Protokoll der Geschäftsstelle erklärt werden. Er muss jedoch bei einem Regelinsolvenzverfahren (Aktenzeichenschlüssel IN) den Mindestanforderungen nach § 13 InsO genügen. Wenn sich der Antrag auf eine sog. lebende Unternehmung bezieht, dann sollten folgende Verzeichnisse und Angaben beigefügt sein:

- Gläubigerverzeichnis,
- Forderungsaufstellung, mit Einzelnachweis der Höhe und der Besicherung,
- Verbindlichkeiten gegenüber der Finanzverwaltung,
- Verbindlichkeiten gegenüber Sozialversicherungsträgern
- und Verbindlichkeiten aus betrieblicher Altersversorgung.

Im Insolvenzantragsverfahren werden vom Insolvenzgericht die Zulässigkeit des Antrages, die allgemeinen Eröffnungsvoraussetzungen, das Vorliegen eines Insolvenzgrundes und die voraussichtliche Deckung der Verfahrenskosten überprüft. Für diese Feststellungen beauftragt das Insolvenzgericht regelmäßig nach § 5 Abs. 1 InsO einen Sachverständigen.

II. Die Insolvenzfähigkeit des Schuldners

Grundsätzlich kann über das Vermögen jeder natürlichen Person (auch Minderjähriger ab Vollendung der Geburt (§ 1 BGB), Einzelunternehmer, Einzelkaufmann) sowie jeder juristischen Person und auch über das Vermögen von Personengesellschaften das Insolvenzverfahren eröffnet werden (§ 11 Abs. 1 Satz 1 InsO).

Die Insolvenzfähigkeit natürlicher Personen endet mit dem Tod. Ein bereits eröffnetes Insolvenzverfahren wird jedoch trotz des Todes des Insolvenzschuldners kraft Gesetzes nicht beendet. Ein solches Verfahren wird dann durch Gerichtsbeschluss in ein Nachlassinsolvenzverfahren übergeleitet (BGH, ZInsO 2004, 270). Dieses ist anschließend ggf. mangels Masse nach § 207 InsO einzustellen.

Auch sind rechtlich nicht selbständige Personenvereinigungen und Vermögensmassen mit ihrem gesamten Sondervermögen insolvenzfähig (§ 11 Abs. 2 InsO). In solchen Fällen ist zu beachten, dass ein derartiges Insolvenzverfahren sich nicht auch gleichzeitig auf das Privatvermögen der einzelnen Gesellschafter/Teilhaber erstreckt.

Umgekehrt wird bei einem Insolvenzverfahren über das Privatvermögen eines Gesellschafters oder aller Gesellschafter nicht gleichzeitig auch ein Insolvenzverfahren über das Gesamthandsvermögen der Gesellschaft durchgeführt. Die Auseinandersetzung des Gesamthandsvermögens erfolgt in derartigen Fällen außerhalb des Insolvenzverfahrens über das Vermögen der beteiligten Personen (vgl. § 84 InsO).

III. Der Eigenantrag

1. Die Antragsberechtigung

Jeder Schuldner ist grundsätzlich zur Stellung eines Eröffnungsantrags über sein eigenes Vermögen berechtigt (§ 13 Abs. 1 InsO). In einem schriftlichen Eigenantrag muss der Schuldner jedoch den Eröffnungsgrund substantiiert und nachvollziehbar darstellen, braucht ihn jedoch nicht glaubhaft zu machen. Wenn jedoch bereits ein Insolvenzverfahren über das Vermögen des Schuldners eröffnet ist, dann sind weitere Anträge über das bereits insolvenzbefangene Vermögen unzulässig (BGH, ZInsO 2008, 924). Dementgegen kann jedoch über das Vermögen des Schuldners, das ein Insolvenzverwalter nach § 35 Abs. 2 InsO in einem bereits laufenden Insolvenzverfahren freigegeben hat, ein Insolvenzantrag gestellt und ein zweites Verfahren eröffnet werden (BGH, ZinsO 2011, 1349).

Das Antragsrecht bei juristischen Personen steht jedem Mitglied des Vertretungsorgans zu. Bei einer Gesellschaft ohne Rechtspersönlichkeit oder bei einer KGaA hat jeder persönlich haftende Gesellschafter sowie jeder Abwickler ein Antragsrecht (§ 15 InsO). Hat eine GmbH mehrere Geschäftsführer, so kann ein verbliebener Geschäftsführer den Insolvenzantrag unter den Voraussetzungen nach § 13 Abs. 2 InsO zurücknehmen, den ein abberufener Geschäftsführer vor seiner Abberufung gestellt hat.

Einem Eröffnungsantrag, der ausschließlich auf eine Abweisung des Antrags wegen einer nicht vorhandenen kostendeckenden Masse gestellt wird, fehlt das Rechtsschutzinteresse und er ist als unzulässig zurückzuweisen (BGH, ZInsO 2020, 1250 f. betr. Firmenbestattung).

2. Die Antragspflicht

Die Eröffnungsantragspflicht ist als eine Schutzpflicht für derartige Fälle vorgesehen, in denen den Gläubigern nur ein beschränkt haftendes Vermögen der Gesellschaft zur Verfügung steht. Diese gesetzliche Verpflichtung ist rechtsformunabhängig in § 15a InsO geregelt.
Somit unterfallen dieser Regelung auch Auslandsgesellschaften, die ihren Sitz im Inland haben, insbesondere auch die Limited/Ltd. nach englischem Recht.

Die Antragspflicht entsteht mit dem Eintritt der materiellen Insolvenzreife, also bei Zahlungsunfähigkeit oder Überschuldung der Gesellschaft (nicht jedoch schon bei drohender Zahlungsunfähigkeit). Grundsätzlich soll ein Eröffnungsantrag unverzüglich nach Eintritt eines Insolvenzgrundes gestellt werden. Insbesondere, wenn erkennbar ist, dass Sanierungs- oder andere Finanzierungsmöglichkeiten nicht vorhanden sind. Die Antragspflicht ist zeitlich betreffend der einzelnen Insolvenzgründe in § 15a Abs. 1 Satz 2 InsO modifiziert[7] worden.

> ➢ Bei Zahlungsunfähigkeit ist die Karenzzeit zur Antragstellung auf maximal 3 Wochen nach deren Eintritt festgeschrieben;

---

[7] Neuregelung mit Wirkung für Verfahren ab dem 1.1.2021 durch SanIns-FoG, siehe Fn. 3.

> bei Überschuldung nunmehr 6 Wochen nach Eintritt der Überschuldung.

Zur materiellen Insolvenzreife, also dem Vorliegen eines Insolvenzeröffnungsgrundes, siehe die Ausführungen unten zu diesen Punkten.

Die Antragspflicht muss grundsätzlich von den vertretungsberechtigten Organen des Schuldners erfüllt werden. Bei mehreren Geschäftsleitern/Directors/Vorstandsmitgliedern besteht diese Antragspflicht unabhängig von einer bestehenden Gesamtvertretungsberechtigung oder internen Geschäftsverteilung bei jedem Einzelnen.

Zu den Pflichten eines Vertretungsorgans (Geschäftsleitung) gehört neben der fortlaufenden Beobachtung der wirtschaftlichen Lage der Unternehmung, insbesondere im Falle einer rechnerischen Überschuldung, die Prüfung, ob eine positive Fortführungsprognose vorliegt. Auch muss jeder Geschäftsführer sich selbständig die erforderlichen handelsrechtlichen und steuerlichen Kenntnisse verschaffen, um die Finanzlage der Unternehmung beurteilen oder um zumindest Plausibilitätskontrollen durchführen zu können. Selbst dann, wenn die Unternehmung die Buchführungsarbeiten und die Steuerberatung an einen Dritten vergeben hat. Wenn jedoch die Geschäftsleitung nicht selbst über derart ausreichende Kenntnisse verfügt, dann muss sie sich bei Anzeichen der Krise unter Offenlegung sämtlicher notwendiger Unterlagen (Handelsbücher) durch einen unabhängigen und fachlich qualifizierten Dritten unverzüglich beraten lassen (BGH, ZIP 2012, 1174 f.). In diesem Zusammenhang obliegt dem Geschäftsleiter auch die Pflicht, eine Organisationsstruktur innerhalb der Gesellschaft zu schaffen, damit er seinen Informations- und Kontrollpflichten jederzeit nachkommen kann (BGH, ZIP 2012, 1557).

Selbst wenn die Gesellschaft durch einen „faktischen" (einen nicht durch Gesellschafterbeschluss bestellten und nicht im Handelsregister eingetragenen) Geschäftsleiter geleitet wird, entfällt nicht die insolvenzrechtliche und strafrechtliche Verantwortung des formal bestellten Geschäftsleiters. Selbst dann nicht, wenn ihm im Innenverhältnis keine bedeutsamen Kompetenzen übertragen worden sind.

Die Pflicht zur Stellung eines Eröffnungsantrags entfällt grundsätzlich nicht dadurch, dass ein Gläubiger einen Fremdantrag gestellt hat, sondern erst mit der Entscheidung des Insolvenzgerichts über die Eröffnung des Verfahrens. Da dies zumeist Wochen später nach dem Insolvenzantrag ist, sollte zur Vermeidung der Tatbestandserfüllung von § 15a InsO die verpflichtete Person auch bei einem Fremdantrag grundsätzlich einen Eigenantrag stellen.

Wenn jedoch kein gesellschaftsrechtliches Organ der Gesellschaft mehr vorhanden ist, weil entweder das Amt niedergelegt wurde, die Person verstorben oder verschwunden ist (bei sog. Führungslosigkeit), dann obliegt zusätzlich den Gesellschaftern nach § 15a Abs. 3 InsO die Eröffnungsantragspflicht. Hat die Gesellschaft die Rechtsform einer AG oder Genossenschaft, dann sind auch noch zusätzlich die Personen des Aufsichtsrates verpflichtet. Ausgenommen sind jedoch stets die Personen, die vom Vorliegen des Eröffnungsantragsgrundes keine Kenntnis haben.

Für den Fall, dass die antragspflichtigen Personen es unterlassen, rechtzeitig einen Insolvenzantrag zu stellen, machen sie sich nach § 15a Abs. 4 InsO persönlich strafbar. Die Regelung von § 15a Abs. 4 InsO ist ein echtes Sonderdelikt. Täter kann nur sein, wer die Sondereigenschaft (als persönliches Merkmal nach § 28 Abs. 1 StGB) als Mitglied eines Vertretungsorgans einer juristischen Person (oder dessen Abwickler) besitzt (BGH, ZInsO 2018, 1147). Die gesetzlich verpflichtete Person ist auch dann strafbar, wenn der Insolvenzantrag nicht richtig gestellt worden ist (u.a. bei nicht formgerechtem oder unvollständigem Antrag). Ferner ist nach § 15 Absatz 5 InsO bereits das fahrlässige Tun und Unterlassen (es genügt einfache Fahrlässigkeit) strafbar. Daneben können sich handelnde Personen auch noch nach den allgemeinen Straftatbeständen wie Betrug, Bankrottdelikten, Gläubigerbegünstigung, Verschleuderung, Verheimlichung und Beiseiteschaffen von Vermögensgegenständen u.ä. (§§ 263, 283 ff. StGB) strafbar machen.

Weitere Eröffnungsantragspflichten sind in §§ 1980, 2219 Abs. 1 BGB für den überschuldeten oder zahlungsunfähigen Nachlass, sowie in § 42 Abs. 2 BGB für den eingetragenen Verein geregelt.

Für natürliche Personen und für Gesellschaften, bei denen mindestens eine natürliche Person persönlich haftender Gesellschafter ist, besteht keine gesetzliche Pflicht, einen Insolvenzantrag über das eigene Vermögen zu stellen.

3. Die Haftung der Geschäftsleitung bei Verstoß gegen das Zahlungsverbot

Neben der Insolvenzantragspflicht obliegt der Geschäftsleitung von haftungsbegrenzten Gesellschaften (in denen die Gesellschafter nicht mit ihrem persönlichen Vermögen haften, so bei GmbH, AG, GmbH & Co. KG etc.) eine Massesicherungspflicht. Bei einem Verstoß haftet sie nach § 15b InsO persönlich für Zahlungen, die sie nach Insolvenzreife der Gesellschaft zu Lasten der späteren Insolvenzgläubiger durchgeführt hat. Diese Haftung der Geschäftsleiter war bisher (für Insolvenzverfahren, die bis zum 31.12.2020 beantragt worden sind) in den gesellschaftsrechtlichen Gesetzen geregelt, vgl. § 64 GmbHG, § 92 Abs. 2, § 93 Abs. 3 Nr. 6 AktG, § 130a Abs. 1 und 2, § 177a HGB. Diese Haftungstatbestände werden nun in § 15b InsO zusammengefasst. Damit wird die Haftung insolvenzrechtlich qualifiziert und auch im Umfang geregelt.

Von der Haftung ausgenommen sind nach § 15b Abs. 1 Satz 2 InsO solche Zahlungen, die mit der Sorgfalt eines ordentlichen und gewissenhaften Geschäftsleiters zu vereinbaren sind. Dem Gesetz liegt die Vermutungswirkung nach § 15b Abs. 3 InsO zugrunde, dass Zahlungen in der Regel nicht mit einer derartigen Sorgfalt erfolgt sind, wenn innerhalb der in § 15a Abs. 1 Satz 1 und 2 InsO nunmehr geregelte Karenzzeit keine Insolvenzantragstellung durch die Geschäftsleitung erfolgt ist.

Von der Haftung ausgenommen sind auch solche Zahlungen, die innerhalb der Karenzzeit erfolgt sind, die Geschäftsleitung aber innerhalb dieser Zeiträume zugleich Maßnahmen zur nachhaltigen Beseitigung der Insolvenzreife ergriffen oder den Insolvenzantrag vorbereitet hat, § 15b Abs. 2 Satz 2 InsO.

In Fällen, bei denen im Antragsverfahren ein vorläufiger Verwalter mit Zustimmungsvorbehalt bestellt worden ist, gelten nach § 15b Abs. 2 Satz 3 InsO die Zahlungen, die die Geschäftsleitung mit Zustimmung des vorläufigen Verwalters getätigt hat, als erlaubt und begründen keine Haftung.

Mit dieser Haftung nach § 15b InsO wird nicht ein Schaden der Gesellschaft, sondern ein solcher der späteren Insolvenzgläubiger erfasst. Die Haftung ist daher nach Abs. 4 Satz 2 der Höhe nach auf den der Gläubigergesamtheit entstandenen Schaden begrenzt.

EXKURS: Haftung für Neugläubigerschaden

Für den Fall, dass eine insolvenzantragspflichtige Gesellschaft (Organ der Gesellschaft) nicht oder nicht rechtzeitig den Insolvenzantrag stellt, wird für den Geschäftsführer / Vorstand der Gesellschaft eine persönliche Haftung begründet. Innerhalb dieses Insolvenzverschleppungszeitraums werden zwei verschiedene (geschädigte) Gläubigergruppen unterschieden:

➢ die Altgläubiger (die Gläubiger, die bereits aus Geschäften vor Eintritt der Insolvenzreife einen Anspruch gegen die Gesellschaft erworben hatten) und
➢ die Neugläubiger (die Gläubiger, die erst aus Geschäften nach Eintritt der Insolvenzreife einen Anspruch gegen die Gesellschaft erworben hatten).

Die Altgläubiger können gegenüber der haftenden Geschäftsführung persönlich nur den sog. Quotenschaden geltend machen. Das ist die Differenz zwischen der ausgeschütteten Quotenzahlung (auf die zur Tabelle festgestellten Forderung) und dem Betrag, der als Quote hätte gezahlt werden können, wenn die Insolvenz rechtzeitig beantragt worden wäre.

Dementgegen haftet die insolvenzantragspflichtige Geschäftsführung der Gesellschaft nach § 823 Abs. 2 BGB i.V.m. § 15a Abs. 1 bis 3 InsO dem Neugläubiger in voller Höhe der Schadensbeträge (negatives Interesse), die er erlitten hat, weil er das Geschäft mit der bereits insolventen Gesellschaft durchgeführt hat. Dabei wird unterstellt, dass der Neugläubiger kein Geschäft mit der Gesellschaft mehr durchgeführt hätte, wenn der Insolvenzantrag rechtzeitig gestellt worden wäre. Im Schutzbereich dieses Schadensersatzanspruch sind auch Schäden mit umfasst, die durch fehlerhafte Bauleistungen der insolvenzreifen Gesellschaft verursacht worden sind und wegen fehlender Mittel nicht mehr behoben werden konnten (BGH, ZIP 2015, 267 m.w.N.).

Dieser Anspruch kann auch gegen einen faktischen Geschäftsführer nach § 823 Abs. 2 BGB i.V.m. § 15a InsO analog, respektive aus § 64 Satz 1 GmbHG begründet werden. Vgl. hierzu – insbesondere zur Darlegungslast für diese Haftung, OLG München, Urteil v. 17.7.2019, ZInsO 2019, 2000 f.).

Dieser Anspruch ist von jedem Neugläubiger (nicht vom Insolvenzverwalter) selbst geltend zu machen. Zur Vorbereitung der Durchsetzung dieses Anspruchs steht dem Gläubiger nach § 4 InsO, § 299 ZPO der Anspruch auf Einsichtnahme in die Insolvenzakte zu; vgl. BGH, ZInsO 2006, 597.

4. Aussetzung der Antragspflicht wegen der COVID-19-Pandemie

Die COVID-19-Pandemie hat spätestens seit März 2020 weltweit nicht nur das soziale Leben, sondern auch als Folge daraus, das Wirtschaftsleben stark beeinflusst. Die weltweite Ausbreitung von COVID-19 wurde am 11.03.2020 von der WHO zu einer Pandemie erklärt. Danach erfolgte zunächst ab dem 13.3.2020 in Deutschland die Quarantäne ganzer Regionen und Ausgangs- sowie Kontaktbeschränkungen für die Bevölkerung. Aufenthalte im Freien waren zeitweise nur noch allein, zu zweit oder mit den Personen aus dem eigenen Haushalt erlaubt. Dieser erste Lockdown (bis Anfang Mai 2020), aber insbesondere der längere und verstärkte zweite Lockdown (Teil-Lockdown ab 2.11.2020 und verstärkter Lockdown ab 16.12.2020) wirkte sich nicht nur eingeschränkt auf die Versorgungslage aus, sondern insbesondere Dienstleistungsbranchen wie Tourismus, Gastronomie oder Unterhaltungseinrichtungen waren durch Umsatzeinbußen und Ausfälle stark betroffen. Auch die Unterbrechung länderüberschreitender Lieferketten führte zu zumindest zeitweiligen Produktionsstopps im produzierenden und verarbeitenden Gewerbe.

Der Gesetzgeber traf ab Ende März 2020 weitreichende Entscheidungen zur Stabilisierung des Gesundheitswesens und der Wirtschaft. Die Wirtschaft erhielt durch Corona-Hilfspakete mehrfach staatliche Garantien für Kreditaufnahmen. Solo-Selbstständige konnten im vereinfachten Verfahren Zuschüsse und Hartz-IV-Leistungen beantragen. Kleinunternehmen und Kulturschaffende erhielten Zuschüsse u.ä; Mieter wurden vor Kündigung geschützt.[8] Auch wurde für die Branchen Reisegewerbe, Veranstaltungssektor, Sport- und Freizeitveranstaltungen zeitlich begrenzt die „Gutscheinlösung" normiert.[9]

➢ Das Bruttoinlandsprodukt (BIP) ging im Jahre 2020 um 4,9% gegenüber 2019 zurück;

➢ das Finanzierungsdefizit des Staates lag im Jahre 2020 bei 139,6 Milliarden Euro;

➢ die Fluggastzahlen im Luftverkehr gingen um 74,5% zurück;

➢ die Konsumausgaben der privaten Haushalte in Deutschland gingen um 5% (preisbereinigt) zurück (Hotel und Gaststättengewerbe um 33,2% / Umsatzplus im Onlinehandel von 27,8%);

➢ auch hatte die Krise durch vermehrte Kurzarbeit Einfluss auf die Reallöhne, die in 2020 um 1,1% sanken, die Verbraucherpreise stiegen dementgegen um rund 0,5%.

Der Gesetzgeber hat zur Abmilderung der wirtschaftlichen Folgen der COVID-19-Pandemie u.a. die Insolvenzantragspflicht mehrfach ausgesetzt. Die Aussetzung wurde dann in mehreren Schritten modifiziert und zeitlich verlängert:

1. COVInsAG vom 27.03.2020 (BGBl. I 2020, S. 569), Aussetzung der Insolvenzgründe, Zahlungsunfähigkeit

---

[8] Gesetz zur Abmilderung der Folgen der COVID-19-Pandemie im Zivil-, Insolvenz- und Strafverfahrensrecht vom 27.3.2020, BGBl I 2020,, S. 569 f.
[9] Durch Einfügung von § 5 in Art. 240 EGBGB; danach kann der Verbraucher / Kunde die Auszahlung des Gutscheinwertes vom Veranstalter verlangen, wenn ihm die Annahme des Gutscheins aufgrund seiner persönlichen Lebensverhältnisse unzumutbar ist oder wenn der Gutschein nicht bis zum 31.12.2021 eingelöst werden kann.

und Überschuldung, §§ 17, 19 InsO für den Zeitraum 01.03. bis 30.09.2020.

2. COVInsAG-Änderungsgesetz vom 25.09.2020 (BGBl. I 2020, S. 2016), Aussetzung des Insolvenzeröffnungsgrundes Überschuldung, § 17 InsO für den Zeitraum vom 01.10. bis 31.12.2020.

3. Art. 10 des SanInsFoG (Gesetz vom 22.12.2020, BGBl. I 2020, S. 3256), Aussetzung der Insolvenzgründe Zahlungsunfähigkeit und Überschuldung vom 1.1.2021 bis zum 31.1.2021 bei Corona-Hilfe-Antrag, gestellt im Zeitraum vom 1.11.2020 bis 31.12.2020. Begrenzung des Prognosezeitraum für die Überschuldungsprüfung von 12 Monaten auf nur 4 Monate, § 4 COVInsAG.

4. Art. 1 Gesetz zur Verlängerung der Aussetzung der Insolvenzantragspflicht und des Anfechtungsschutzes für pandemiebedingte Stundungen sowie zur Verlängerung der Steuererklärungsfrist in beratenen Fällen und der zinsfreien Karenzzeit für den Veranlagungszeitraum 2019 (Gesetz vom 25.2.2021, BGBl. I 2021, S. 237), Aussetzung der Insolvenzgründe Zahlungsunfähigkeit und Überschuldung vom 1.1.2021 bis zum 30.04.2021, bei Corona-Hilfe-Antrag, gestellt im Zeitraum vom 1.11.2020 bis 28.2.2021. Die Aussetzungen der Insolvenzantragspflicht greifen nicht, wenn das schuldnerische Unternehmen offensichtlich keine Aussicht auf Erlangung der Hilfestellung hatte oder die zu erlangende Hilfestellung für die Beseitigung der Insolvenzreife nicht ausreicht.

Das COVInsAG hatte zunächst die Intention, die Unternehmen zu schützen, die nur aufgrund der COVID-19-Pandemie insolvent geworden sind oder wirtschaftliche Schwierigkeit haben. Sie sollten Maßnahmen ergreifen können, um eine Fortführung zu ermöglichen oder zu erleichtern. Die Aussetzung hatte jedoch keine generelle Geltung, sondern nur eine eingeschränkte. Die Insolvenzantragspflicht bestand fort, wenn die Insolvenzreife nicht auf den Folgen der Ausbreitung des SARS-CoV-2-Virus beruhte oder wenn keine Aussichten darauf bestanden haben, eine gegebene Zahlungsunfähigkeit zu beseitigen.

Die Aussetzung der Insolvenzantragspflicht hatte und hat weiterhin zur Folge, dass die Anzahl der Insolvenzverfahren, die eine Art Selbstreinigungskraft der Wirtschaft darstellen, erheblich zurückgegangen sind. Im 1. Quartal 2021 haben die Insolvenzgerichte 3.762 beantragte Unternehmensinsolvenzen gemeldet. Nach Angaben des Statistischen Bundesamtes (Destatis) waren dies 19,7 % weniger als im 1. Quartal 2020. Dementgegen stieg die Zahl der Verbraucherinsolvenzen im 1. Quartal 2021 im Vergleich zum Vorjahresquartal stark an. Insgesamt stellten 22.686 Verbraucherinnen und Verbraucher einen Insolvenzantrag mit Antrag auf Restschuldbefreiung, das waren 7.591, also 50,3 % mehr als im 1. Quartal 2020. Dieser starke Anstieg steht vor allem im Zusammenhang mit der seit dem 1.10.2020 gesetzlich eingeführten verkürzten Restschuldbefreiungsmöglichkeit von insgesamt 36 Monaten (s.u.).

Die wirtschaftliche Not vieler Unternehmen durch die Corona-Krise spiegelte sich somit noch nicht in einem Anstieg der gemeldeten Unternehmensinsolvenzen wider.

EXKURS: Aussetzung der Insolvenzantragspflicht wegen Hochwasser

Durch das Aufbauhilfegesetz 2021 vom 10.9.2021 wurde vorübergehend die Insolvenzantragspflicht für die Unternehmen ausgesetzt, die vom Hochwasser und Starkregen im Juli 2021 unmittelbar betroffen waren. Die Aussetzung der Antragspflicht erfolgt bei den betroffenen Unternehmen solange, wie diese in ernsthaften Finanzierungs- und Sanierungsverhandlungen stehen und dadurch auch die begründete Aussicht auf Sanierung besteht. Das Gesetz tritt rückwirkend zum 10.07.2021 in Kraft und ist befristet bis zum 31.10.2021.

Infolge von Hochwasser- und Naturkatastrophen wurden vom Gesetzgeber schon mehrfach und jeweils zeitlich- und örtlich begrenzt, die Insolvenzantragspflichten ausgesetzt:

- Flutopfersolidaritätsgesetz vom 19.9.2002 (BGBl. I 2002, S.3651),
- Gesetz zur vorübergehenden Aussetzung der Insolvenzantragspflicht bei hochwasserbedingter Insolvenz vom 15.7.2013 (BGBl. I 2013, S.2401),

- Gesetz zur Aussetzung der Insolvenzantragspflicht bei hochwas-
ser- und starkregenbedingter Insolvenz vom 26.7.2016 (BGBl. I
2016, S.1824).

IV. Der Fremdantrag

Grundsätzlich kann jeder Gläubiger einen Antrag auf Eröffnung des Insolvenzverfahrens über das Vermögen einer seiner Schuldner stellen. Der Antragsteller muss aber ein rechtliches Interesse an der Eröffnung des Insolvenzverfahrens haben und seine Forderung und den Eröffnungsgrund glaubhaft
machen (§ 14 Abs. 1 InsO i.V. m. § 294 ZPO)[10]. Ein Gläubiger, dessen Forderung jedoch ausreichend und werthaltig
gesichert ist, hat kein rechtlich schützenswertes Interesse an
einem Eröffnungsantrag (BGH, ZInsO 2011, 1216). Dementgegen wird von der Rechtsprechung der Antrag eines nachrangigen Gläubigers (§ 39 InsO) selbst dann als zulässig angesehen, wenn dieser im eröffneten Verfahren keine Befriedigung seiner Forderung erwarten kann (BGH, ZIP 2010, 2055).

**EXKURS: Insolvenzantrag nach § 111i StPO durch die Staats-
anwaltschaft**

Durch die Reform der strafrechtlichen Vermögensabschöpfung ist u.a. eine
Insolvenzantragsbefugnis der Staatsanwaltschaft normiert worden. Nach
der neu eingeführten Regelung von § 459h Abs. 2, Satz 2 i.V.m. § 111i Abs.
2 Satz 1 StPO ist die Staatsanwaltschaft berechtigt, für den oder die Verletzten gegen den Täter einen Insolvenzantrag zu stellen. Damit soll die
Möglichkeit eröffnet werden, dass die tatsächlich noch vorhandenen Vermögenswerte eines solchen Täters in einem Insolvenzverfahren systema-
tisch verwertet und anschließend auch gleichmäßig an die Gläubiger verteilt
werden können. Voraussetzung für einen derartigen Antrag ist jedoch, dass
bei dem Täter ein „Mangelfall" vorliegt; also der Wert der sichergestellten
Gegenstände nicht ausreicht, um die aus der Tat resultierenden Ansprüche
(Wiedergutmachung) der verletzten Personen (Gläubiger) vollständig befriedigen zu können (vgl. hierzu u.a. Blankenburg, ZInsO, 2016, 1963 ff.).
Gegen die Entscheidung der Staatsanwaltschaft, einen Insolvenzantrag
über das Vermögen eines Schuldners nach § 111i Abs. 2 StPO zu stellen,
ist die Rechtsbeschwerde das statthafte Rechtsmittel, §§ 23 ff. EGGVG.

---

[10] Vgl. hierzu Geißler, Taktische Aspekte und Fragen des Rechtsschutzes
beim Fremdantrag, ZInsO 2014, 14 f.; Frind, Gebrauchsanleitung für den
erfolgreichen Gläubigerantrag, ZInsO 2011, 412 ff.

Dabei kann der Schuldner die Insolvenzantragstellung durch die Staatsanwaltschaft nur mit der Behauptung angreifen, dass der Insolvenzantrag unzulässig sei, dass kein Mangelfall vorliege oder es Zweifel an der Verfahrenseröffnung gebe (vgl. BGH, ZIP 2020, 1415 f.).

Bei einem Gläubigerantrag ist der Antragsgegner genau zu bezeichnen, einschließlich dessen ladungsfähiger Anschrift.

Zur Glaubhaftmachung der Forderung reicht es nicht aus, dass der Eröffnungsgrund allein aus der Forderung eines Gläubigers hergeleitet wird. In solchen Fällen muss das Insolvenzgericht vom Bestehen der behaupteten Forderung überzeugt sein. Zur Glaubhaftmachung werden regelmäßig aktuelle Fruchtlosigkeitszeugnisse, Drittschuldnererklärungen oder ähnliche Urkunden betreffend nicht erfolgreicher Zwangsvollstreckungsversuche beigebracht. Ferner können auch sonstige Erkenntnisse zur Zahlungsunfähigkeit des Schuldners herangezogen werden. Ob insoweit eine eidesstattliche Versicherung für die Überzeugungsbildung des Insolvenzgerichtes ausreicht, ist eine Frage des Einzelfalles. Aus der eidesstattlichen Versicherung selbst muss sich dabei die Zahlungsunfähigkeit oder ein anderer Insolvenzgrund eindeutig erkennen lassen.

Die Stellung eines Insolvenzantrages mit dem Ziel, Druck auf den Schuldner auszuüben, die offenstehenden Verbindlichkeiten an den Antragsteller auszugleichen, ist rechtsmissbräuchlich und daher unzulässig. Auch kann ein Insolvenzantrag nicht mit einer gestundeten Forderung begründet werden. Das rechtliche Interesse an der Eröffnung eines Insolvenzverfahrens fehlt auch dann, wenn der antragstellende Gläubiger ausreichend dinglich gesichert ist (BGH, ZIP 2008, 281).

Zulässig ist jedoch ein Antrag mit einem im Urkundenprozess erstrittenen Vorbehaltsurteil. Um diesem entgegenzutreten müsste der Schuldner die allgemeinen Rechtsbehelfe der ZPO gegen die vorläufige Vollstreckbarkeit wahrnehmen.

Wenn jedoch ein Gläubiger einen Insolvenzantrag mittels wahrheitswidriger Behauptungen betreffend dem Vorliegen der Insolvenzgründe stellt, erfüllt dies den Tatbestand der falschen Verdächtigung nach § 164 StGB (OLG Köln, ZIP 2012, 2259). Ferner hat der Schuldner die Möglichkeit der Einreichung einer Schutzschrift[11] beim Insolvenzgericht, wenn ihm rechtzeitig vor Antragstellung bekannt wird, dass ein Dritter beabsichtigt, einen Insolvenzantrag zu stellen.

Sozialversicherungsträger müssen bei einem Insolvenzantrag das Original oder eine Ablichtung des Leistungsbescheides oder einer sonstigen Leistungsgrundlage beifügen, damit das Insolvenzgericht prüfen kann, ob es zuständig ist und für welche Zeit in welcher Höhe rückständige Sozialversicherungsbeiträge tatsächlich geschuldet werden. Es reicht jedoch auch aus, wenn der Sozialversicherungsträger (ggf. durch sog. softcopys, BGH, ZInsO 2015, 1566) nachweist, dass der Schuldner seit mindestens 6 Monaten keine Sozialversicherungsbeiträge abgeführt hat. Bei einem Antrag des Finanzamtes muss die Steuerschuld des Schuldners derart ausgewiesen sein, dass die Art der Steuer, der Besteuerungszeitraum und die Höhe der Steuerschuld ersichtlich sind[12]. Dem Insolvenzantrag des Finanzamts mit dem Zweck, eine ausstehende Steuererklärung zu erlangen, fehlt das Rechtsschutzbedürfnis.

Nach § 14 Abs. 1 Satz 2 InsO entfällt die Zulässigkeit eines Eröffnungsantrags nicht automatisch dann, wenn der Schuldner seine Verbindlichkeit gegenüber dem Antragsteller beglichen hat. Mit dieser Neuregelung beabsichtigt der Gesetzgeber die wirtschaftliche Tätigkeit (durchgehend) insolventer Unternehmen einzuschränken und deren tatsächliche Zahlungsunfähigkeit möglichst frühzeitig abzuklären. Damit sollen vor allem nachhaltige Verluste des Fiskus und der Sozialversicherungsträger vermieden werden. Jedoch muss weitergehend der Insolvenzgrund vom Antragsteller glaubhaft gemacht werden (vgl. hierzu BGH, ZIP 2015, 329).

---

[11] Frege/Keller/Riedel, InsolvenzR, 7. Aufl., Rn. 574; a.A. Uhlenbruck-I. Pape, 12. Aufl., § 10 InsO, Rn. 11; vgl. hierzu Rein, NJW-Spezial 2013, 213.
[12] Nicht notwendig ist, dass dem Insolvenzgericht zur Spezifizierung der Steueransprüche die Steuerbescheide beigereicht werden (OLG Naumburg, ZInsO 2000, 349).

Der antragstellende Gläubiger sollte aber auch die Nachteile eines Insolvenzverfahrens gegenüber den Einzelzwangsvollstreckungsmaßnahmen und sonstigen Maßnahmen des Forderungseinzugs berücksichtigen. Insbesondere ist zu beachten, dass der antragstellende Gläubiger gem. § 23 Abs. 1 Satz 2 GKG als Zweitschuldner für die gerichtlichen Auslagen (Kosten des Sachverständigen u.ä.) auch dann haftet, wenn das Insolvenzverfahren mangels Masse nicht eröffnet wird[13].

V. Die allgemeinen Eröffnungsvoraussetzungen

Bevor das Insolvenzgericht eine Entscheidung über den Eröffnungsantrag und die Ernennung eines Insolvenzverwalters/Treuhänders trifft, muss nicht nur die Insolvenzfähigkeit des Schuldners und ein Insolvenzgrund vorliegen, sondern auch die Zulässigkeit des Antrages gegeben sein. Die Prüfung über die Zulässigkeit des Antrages unterliegt noch nicht der Amtsermittlung. Die Amtsermittlungspflicht des Insolvenzgerichtes tritt erst dann ein, wenn ein zulässiger Eröffnungsantrag vorliegt. Bei Zweifeln an der Zulässigkeit hat der Antragsteller bzw. sein Verfahrensbevollmächtigter diese durch ergänzende Vorträge auszuräumen.

Die Zulässigkeitsprüfung des Insolvenzantrags:

- Form des Insolvenzantrags § 4 InsO, § 496 ZPO
- Örtliche und sachliche Zuständigkeit des Insolvenzgerichts §§ 2, 3 InsO
- Insolvenzfähigkeit des Schuldners
- Prozessfähigkeit des Schuldners § 4 InsO, § 51 ff. ZPO
- Glaubhaftmachung der Forderung und des Insolvenzgrundes bei einem Fremdantrag § 4 InsO, § 294 ZPO
- Nachvollziehbarer Eröffnungsgrund bei einem Eigenantrag, § 4 InsO, § 253 Abs. 2 Nr. 2 ZPO

Nach § 3 InsO ist das angerufene Amtsgericht als Insolvenzgericht örtlich zuständig, in dessen Bezirk der Insolvenzschuldner seinen allgemeinen Gerichtsstand zum Zeitpunkt der Insolvenzantragstellung hat. Bei natürlichen Personen ist

---

[13] Ausführlich hierzu OLG Köln, ZIP 2010, 637 f.– rechtskräftig.

der allgemeine Gerichtsstand der Wohnort des Schuldners, also dessen gewöhnlicher Aufenthaltsort, § 13 BGB.

Bei juristischen Personen und Personenhandelsgesellschaften richtet sich die Zuständigkeit nach dem Mittelpunkt der selbstständigen Tätigkeit (§ 3 Abs. 1 S. 2 InsO). Diese ist regelmäßig am Sitz der Gesellschaft, also an dem Ort, der in der Satzung als Sitz des Unternehmens festgelegt ist, hilfsweise an dem Ort, an dem ihre Verwaltung geführt wird (§ 17 Abs. 1 ZPO). Es wird dabei jedoch vorausgesetzt, dass eine nach außen erkennbare wirtschaftliche Tätigkeit an diesem Ort vorliegt. Die bloße Aufbewahrung von Geschäftsunterlagen reicht allein für die Annahme einer selbständigen Tätigkeit nicht aus.

Auch bei einer ausländischen Gesellschaft (z.B. Limited nach engl. Recht; S.A.R.L. nach franz. Recht; BV nach niederl. Recht) kann das „center of main interests" (COMI) entscheidend für die örtliche Zuständigkeit sein. Bei der Einstellung eines Geschäftsbetriebes wird die örtliche Zuständigkeit jedoch nicht automatisch nach dem Satzungssitz bestimmt. Entscheidend ist in diesem Zusammenhang, wo die Gesellschaft bei Einstellung ihrer Tätigkeit den Mittelpunkt ihres hauptsächlichen Interesses hatte (EuGH, ZIP 2011, 2153 – Interedil; BGH, ZIP 2012, 139; vgl. auch zur internationalen Zuständigkeit BGH, ZIP 2017, 688 – zur COMI eines unselbständig tätigen Schuldners).

Für die Bestimmung der örtlichen Zuständigkeit ist der Zeitpunkt des Eingangs des Eröffnungsantrags maßgeblich. In den Fällen, in denen sich das Insolvenzgericht für örtlich unzuständig erklärt, kann es das Verfahren durch Verweisungsbeschluss an das örtlich zuständige Gericht abgeben. Eine solche Verweisung ist jedoch nicht mehr möglich, wenn das Insolvenzverfahren bereits eröffnet worden ist.

Die Regelungen über die Zuständigkeit bei einem Gruppen-Gerichtsstand (§§ 3a – 3e InsO) werden unter „Das deutsche Konzerninsolvenzrecht" beschrieben.

EXKURS: Forum Shopping (sog. Bremer Modell)

In den letzten Jahren ist ein auffälliger Insolvenz-Tourismus in Richtung Bremen bekannt geworden, der von der Verwalterpraxis und der Rechtswissenschaft kritisch gesehen und als sog. Bremer Modell bezeichnet wird. Dazu suchen und finden Insolvenzdienstleister (z.B. Alldatax Steuerberatungsgesellschaft mbh & Co. KG, Bremen) insolvenzreife Unternehmen. Diese übertragen den Insolvenzdienstleistern die Gesellschaftsanteile. Die Geschäftsleitung des insolventen Unternehmens wird ausgetauscht. Gleichzeitig erfolgt auch eine Sitzverlegung (zur Bestimmung der örtlichen Zuständigkeit des Insolvenzgerichts) und eine Änderung des Firmennamens. Damit kann anhand der Anfangsbuchstaben des Schuldners selbst die Zuständigkeit des gewünschten Insolvenzrichters ausgewählt werden. Diesem wird dann ein Vorschlag zur Bestellung eines mit dem Insolvenzdienstleister verbundenen Insolvenzverwalters unterbreitet.

Mit einer solchen gezielte Sitzverlegung soll der Schuldner, unter Nutzung der gewählten örtlichen und funktionellen Zuständigkeit, bei bestimmten Insolvenzgerichten und bestimmten Richtern Vorteile erhalten, die so bei anderen Insolvenzgerichten nicht erzielbar gewesen wären; bzw. sich einer „strengen" Verfahrensführung von Richtern an bestimmten „Fluchtgerichten" (so auch dem Insolvenzgericht Hamburg) entziehen. Der BAKinso e.V., ein Zusammenschluss von Insolvenzrichtern und Insolvenzrechtspflegern, hat in einer Stellungnahme v. 21.7.2021 das nationalen forum shopping wie folgt bewertet:

Beim "Bremer Modell" handelt es sich *"um eine auch als ‚nationales forum shopping zu beschreibende Methodik, ein Insolvenzverfahren in den Zuständigkeitsbereich eines eigentlich nach § 3 Abs. 1 InsO nicht zuständigen Insolvenzgerichtes zu verschieben, um entweder eine intendierte Verfahrensbehandlung zu erlangen, eine intendierte Insolvenzverwalter-/Sachwalterbestellung zu erlangen und/oder eine Geschäftsverbindung mit einem Dienstleister des Unternehmens aufrechtzuerhalten (§ 4 Abs. 1 S. 3 InsVV) oder alle diese Ziele zugleich zu verwirklichen. Die vorgenannte Methodik ist geeignet, Gläubigerinteressen zu beeinträchtigen, die Unabhängigkeit des Insolvenzverwalters/Sachwalters zu gefährden und das Insolvenzverfahren als Ordnungs- wie Sanierungsverfahren in Misskredit zu bringen."* (vgl. hierzu Smid, ZInsO 2021, 1893 ff.).

Die Zulässigkeit des Insolvenzantrages wird vom Insolvenzgericht dadurch bekundet, dass das Gericht den Insolvenzantrag an den Schuldner zustellt (§ 8 Abs. 1 Satz 1 InsO). Eine solche Zustellung kann förmlich, aber auch durch Aufgabe zur Post erfolgen. Nach § 184 Abs. 2 ZPO gilt ein Schriftstück bei Aufgabe zur Post frühestens nach zwei Wochen als zugestellt.

Die Anhörung des Schuldners bei einem Fremdantrag gem. § 14 Abs. 2 InsO wird in der Praxis regelmäßig mit der Zustellung des Antrages dergestalt verbunden, dass das Gericht einen Fragebogen betreffend der Vermögensverhältnisse an den Schuldner übersendet. Die Anhörung kann auch mündlich durch das Insolvenzgericht erfolgen. Die Anhörung selbst garantiert dem Schuldner das Recht auf Gehör i. S. v. Art. 103 Abs. 1 GG. Gemäß § 10 Abs. 1 InsO kann eine Anhörung des Schuldners unterbleiben, wenn sich dieser im Ausland aufhält und die Anhörung das Verfahren übermäßig verzögern würde oder wenn der Aufenthalt des Schuldners unbekannt ist. Die h. M. geht jedoch davon aus, dass bei einem bekannten Aufenthaltsort im Ausland der Schuldner genauso zu hören ist, wie bei einem Inlandsaufenthalt. In den Anwendungsfällen des § 10 Satz 1 InsO soll nach Satz 2 ein Vertreter oder Angehöriger (§ 383 Abs. 1 Nr. 1-3 ZPO) des Schuldners angehört werden.

Aufgrund der Amtsermittlungspflicht (§ 5 Abs. 1 Satz 1 InsO) des Insolvenzgerichtes kann dieses (so der Regelfall) im Insolvenzantragsverfahren zur Klärung des Insolvenzgrundes und zur Ermittlung des Wertes der Insolvenzmasse sowie zu der Aussage, ob die Kosten des Verfahrens gedeckt sind (§ 26 Abs. 1 InsO) und auch zur Höhe eines evtl. von Dritten oder von einem Gläubiger zu leistenden Vorschusses einen Sachverständigen beauftragen. Regelmäßig wird dieser Sachverständige dann auch vorläufiger Insolvenzverwalter und endgültiger Insolvenzverwalter. Die Entschädigung des Sachverständigen erfolgt nach den Vorschriften des Gesetzes über die Entschädigung von Zeugen und Sachverständigen (ZuSEG).

VI. Die Insolvenzgründe

Die Eröffnung eines Insolvenzverfahrens ist zwingend davon abhängig, dass zum Zeitpunkt der gerichtlichen Entscheidung über die Verfahrenseröffnung ein Insolvenzgrund[14] vorliegt (§ 16 InsO). Das Gesetz regelt abschließend insgesamt drei Insolvenzeröffnungsgründe, die Zahlungsunfähigkeit (§ 17 InsO), die drohende Zahlungsunfähigkeit (§ 18 InsO) und die Überschuldung (§ 19 InsO).

Insolvenzgründe bei juristischen Personen und Personenhandelsgesellschaften

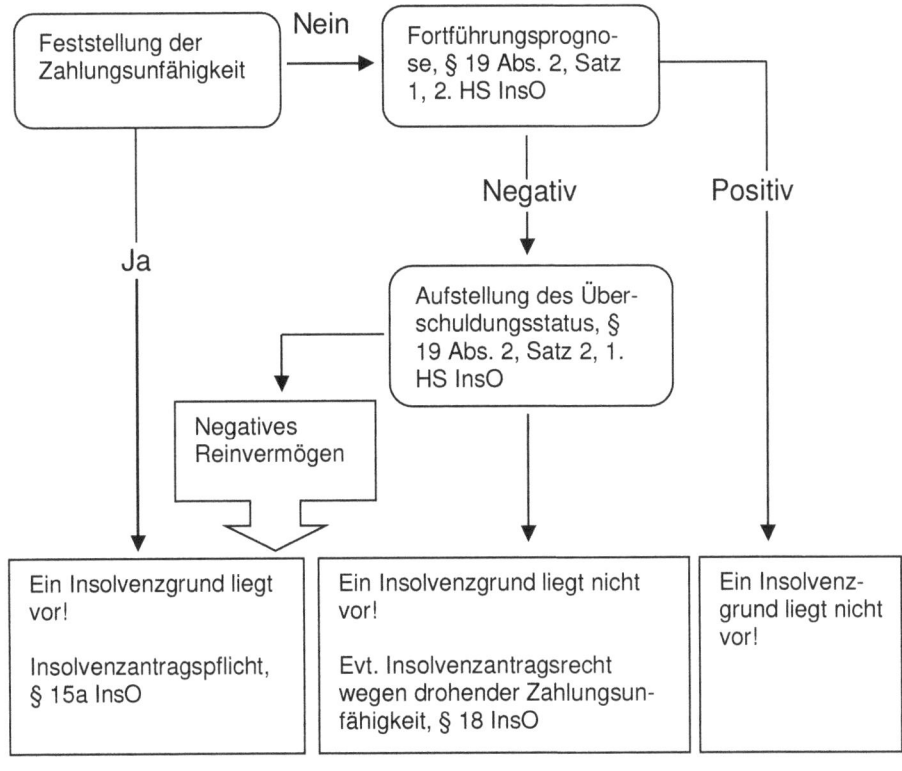

[14] Vgl: IDW Standart S 11, Beurteilung des Vorliegens von Insolvenzgründen (Stand: 29.1.2015); neben fachkundigen Rechtanwälten können solche Prüfungen auch von der IHK bestellten und vereidigten Sachverständigen für Insolvenzuntersuchungen sowie von Fachberatern für Restrukturierung und Unternehmensplanung (DStV e.V.) oder geprüften ESUG-Beraten (DIAI) durchgeführt werden.

Da die Eröffnung eines Insolvenzverfahrens, unabhängig von der Verfahrensart, immer einen erheblichen Eingriff in die Möglichkeiten der Vermögensdisposition und die Rechtsstellung des Schuldners begründet (§ 80 Abs. 1 InsO), hat das Insolvenzgericht eine besondere Sorgfalt auf die Prüfung dieser Eröffnungsgründe zu verwenden. Die für die Darstellung und Beurteilung der Insolvenzreife des Schuldners zu verwendenden Informationen und Handelsbücher müssen vollständig, verlässlich und schlüssig sein. Dabei bestimmt die Komplexität und Größe des Unternehmens und der zu bewertenden Krise den Umfang und den Detaillierungsgrad der erforderlichen Unterlagen.

1. Die Zahlungsunfähigkeit

Die Definition der Zahlungsunfähigkeit ergibt sich ausschließlich aus § 17 InsO nebst der Ausgestaltung und Konkretisierung durch die Rechtsprechung.

a. Die gesetzliche Regelung

Zahlungsunfähigkeit liegt dann vor, wenn der Schuldner nicht mehr in der Lage ist, seine fälligen Zahlungsverpflichtungen zu erfüllen. Eine widerlegbare Vermutung der Zahlungsunfähigkeit besteht dann, wenn der Schuldner seine Zahlungen bereits eingestellt hat (§ 17 Abs. 2 InsO). Die „Zahlungsunfähigkeit" des Schuldners ist der Zentrale Begriff im Insolvenzrecht, nicht nur zur Bestimmung der Insolvenzfähigkeit zum Zeitpunkt einer Insolvenzeröffnung. Sie ist Tatbestandsvoraussetzung für

- ➢ das Antragsrecht (vgl. §§ 42 Abs. 2, 48, 53, 86, 88, 89 Abs. 2 InsO, §§ 1489 Abs. 2, 1980, 1985 BGB),
- ➢ die Insolvenzantragspflicht (§ 15a InsO),
- ➢ Insolvenzanfechtungsansprüche (§§ 131 Abs. 1 Nr. 2, 132, 133 Abs. 1 InsO)
- ➢ sowie für Bankrottstraftaten (§§ 283, 283c, 283d StGB).

Die gesetzliche Definition legt weder eine konkrete Schwelle der Zahlungsunfähigkeit (Wesentlichkeitsmerkmal) dergestalt fest, dass von dem Schuldner ein bestimmter Anteil der fälligen Verbindlichkeiten tatsächlich nicht mehr gezahlt werden kann; noch wird für das Vorliegen der Zahlungsunfähigkeit ein dauerndes Zahlungsunvermögen (Dauerhaftigkeitsmerkmal) vorausgesetzt. Damit soll klargestellt werden, dass jedes nicht nur vorübergehende Zahlungsunvermögen des Schuldners zur Verfahrenseröffnung ausreichen kann, ohne dass eine bestimmte Frist abgewartet werden muss.[15]

Nach der Grundsatzentscheidung des BGH v. 24.05.2005 (ZIP 2005, 1426 ff.) liegt Zahlungsunfähigkeit regelmäßig dann vor, wenn eine Liquiditätslücke von bis zu 10% der fälligen Gesamtverbindlichkeiten vom Schuldner nicht innerhalb von 3 Wochen beseitigt werden kann. Wenn absehbar ist, dass die Liquiditätslücke mehr als 10% betragen wird, dann ist der Zeitfaktor bei der Bewertung unerheblich. In einem solchen Fall liegt regelmäßig Zahlungsunfähigkeit vor, es sei denn, dass ausnahmsweise mit an Sicherheit grenzender Wahrscheinlichkeit erwartet werden kann, dass die Lücke demnächst zumindest fast beseitigt wird und das Zuwarten den Gläubigern unter Berücksichtigung des besonderen Einzelfalls zugemutet werden kann.

Die Fälligkeit i.S.v. § 17 InsO liegt nicht unbedingt schon bei einer zivilrechtlichen Fälligkeit (§ 271 BGB) vor. Sie wird zunächst durch Übersendung der Rechnung begründet, jedoch ist im Einzelfall zu prüfen, ob Tatsachen oder Anhaltspunkte vorhanden sind, aus denen sich ergeben kann, dass der Gläubiger sich mit einer späteren oder nachrangigen Befriedigung einverstanden erklärt (ernsthaftes Einfordern).

Die Zahlungsunfähigkeit muss aber von einem kurzfristigen Liquiditätsengpass (Zahlungsstockung) oder einer Zahlungsunwilligkeit des Schuldners abgegrenzt werden. Eine bloße

---

[15] Vgl. u.a. Gehrlein, Der Begriff der Zahlungsunfähigkeit, ZInsO 2018, 354 f.

Zahlungsstockung liegt vor, wenn der Zeitraum nicht über-schritten wird, den eine kreditwürdige Person benötigt, um sich die erforderlichen Mittel zu leihen, damit sie die fälligen Verbindlichkeiten zahlen kann. Dafür erscheinen nach der Rechtsprechung 3 Wochen erforderlich, aber auch ausrei-chend.

b. Die Feststellung der Zahlungsunfähigkeit

Die Feststellung der Zahlungsunfähigkeit kann nach den Grundsätzen der Rechtsprechung durch verschiedene Metho-denerfolgen:

> ➢ Durch die *betriebswirtschaftliche Methode* (in der Re-gel), die eine stichtagsbezogene Gegenüberstellung aller fälligen Verbindlichkeiten einerseits und der der zur Tilgung zur Verfügung stehenden oder kurzfristig zu beschaffenden Vermögensgegenstände voraus-setzt;

> ➢ oder durch die *wirtschaftskriminalistische Methode*, die auf den Umstand abstellt, dass im fraglichen Zeitraum fällige Verbindlichkeiten bestanden haben, die bis zur Verfahrenseröffnung nicht mehr beglichen worden sind, insbesondere auch die Aussage des Schuldners, nicht mehr zahlen zu können, das Ignorieren von Rechnungen, Mahnungen, Vollstreckungsversuchen u.ä..[16]

Bei der Feststellung der Zahlungsunfähigkeit durch die be-triebswirtschaftliche Methode sind auf der ersten Stufe - Auf-stellung eines Liquiditätsstatus[17] (Zeitpunktbetrachtung) - alle zum Stichtag frei verfügbaren Zahlungsmittel (Bank- und Kas-senbestände), alle nicht ausgeschöpften Kreditlinien, werthal-tige und fällige Zahlungszusagen (auch fällige Ansprüche aus

---

[16] Baumert „Feststellung der Zahlungsunfähigkeit: Wenn Strafrecht und Insolvenzrecht aufeinandertreffen", NJW 2019, 1486 f.
[17] Bei der Aufstellung eines Liquiditätsstatus, der auf Angaben aus der Buchführung des Schuldners beruht, kann diese nicht mit pauschalen Be-hauptungen, die Buchführung sei lückenhaft geführt worden, angegriffen werden, BGH, Urteil vom 19.12.2017 –II ZR 88/16.

einer Cash-Pooling Vereinbarung, nicht jedoch offene Forderungen, die zu dem Zeitpunkt nicht zur Verfügung stehen) zu berücksichtigen. Auf der Passivseite sind dabei alle zum Stichtag fälligen Verbindlichkeiten, die von den Gläubigern ernsthaft eingefordert werden, zu berücksichtigen. Bestrittene Verbindlichkeiten sind mit ihrem voraussichtlichen Erfüllungsbetrag (Einzelfallbetrachtung) anzusetzen.

Auf der zweiten Stufe (Zeitraumbetrachtung) sind die beim Schuldner zu erwartenden Einzahlungen aus der Buchhaltung und der zu integrierenden Unternehmensplanung (geplante Umsatzgeschäfte sowie aus sonstigen finanzwirtschaftlichen Vorgängen wie Darlehen, Sale-and-Lease-Back etc.) abzuleiten und in einem Finanzplan darzustellen. Dabei sind auch die innerhalb von 3 Wochen nach dem Stichtag (erste Stufe) zu erwartenden Verbindlichkeiten und Auszahlungen entsprechend ihren gesetzlichen bzw. vertraglichen Fälligkeitszeitpunkten im Finanzplan zu berücksichtigen (Passiva II - Bugwellentheorie).

Zahlungsunfähigkeit liegt bei dieser Methode dann vor, wenn innerhalb des 3-Wochen-Zeitraums die prozentuale Liquiditätslücke nicht geschlossen werden kann. Wenn jedoch die zum Stichtag (erste Stufe) bestehende Liquiditätslücke innerhalb des 3-Wochen-Zeitraums vollständig geschlossen werden kann, dann liegt keine Zahlungsunfähigkeit vor. Aber auch dann nicht, wenn dargestellt werden kann, dass am Ende des Prognosezeitraums (zweite Stufe) eine Liquiditätslücke von 10 % oder weniger vorliegt. Die Rechtsprechung setzt nur voraus, dass der Schuldner seine Verbindlichkeiten bis auf einen geringen Rest zeitnah begleichen kann. In diesem Zusammenhang vertritt abweichend der IDW (IDW S 11, Rz. 11 – s.o. Fn. 19) die Auffassung, dass aus Gründen des Verkehrsschutzes dann innerhalb eines weiteren Prognosezeitraums von drei Monaten die noch bestehende Lücke vollständig geschlossen werden muss.[18]

---

[18] Zur Feststellung der Zahlungsunfähigkeit in strafrechtlichen Verfahren vgl. u.a. BGH, Beschluss vom 12.4.2018 -5 StR 538/17 sowie Beschluss vom 10.7.2018 – 1StR 605/16.

Die einmal festgestellte Zahlungsunfähigkeit kann vom Schuldner nur dann beseitigt werden, wenn er die fälligen Verbindlichkeiten ausgleicht und die Zahlungen wieder aufnimmt. Aber auch durch die Vereinbarung von Stundungen (ausdrücklich oder konkludent) kann eine Zahlungsunfähigkeit beseitigt werden (BGH, Urteil v. 20.12.2007 – IX ZR 93/06).

c. Die Zahlungseinstellung

Das Feststellen der Zahlungsunfähigkeit erübrigt sich, wenn sich aus dem Gesamtverhalten des Schuldners ergibt, dass dieser seine Zahlungen i.S.v. § 17 Abs. 2 S. 2 InsO bereits eingestellt hat. Eine solche Zahlungseinstellung ist das nach außen tretende Verhalten des Schuldners, in dem sich ausdrückt, dass er nicht in der Lage ist, seine fälligen Zahlungspflichten zu erfüllen. Dies muss für die beteiligten Verkehrskreise (Gläubiger u.a.) erkennbar sein. Die Zahlungseinstellung kann an dem Vorliegen eines einzelnen Merkmals, aber auch an der Gesamtschau mehrerer, durch die Rechtsprechung entwickelter Merkmale (widerlegbare Vermutung) erkannt werden. Indizien hierfür sind:

➢ u.a. Kündigungen von Bankkonten (Kreditlinien),
➢ nicht bediente Pfändungs- und Überweisungsbeschlüsse,
➢ Fruchtlosigkeitserklärungen bei Zwangsvollstreckungsmaßnahmen,
➢ das Einstellen von Zahlungen, die für die Aufrechterhaltung eines Unternehmens von größerer Bedeutung sind (z. B. bei Versorgungsleistungen), schleppende Zahlung von Löhnen und Gehältern,
➢ die Nichtzahlung von Sozialversicherungsbeiträgen über 6 Monate oder auch über mehrere Monate jeweils immer verspätet,
➢ das Unterlassen der Zahlung an den Hauptzulieferer bzw. einer Forderung in erheblicher Höhe
➢ oder auch bei nur erzwungenen Zahlungen auf Steuerschulden.

Bei dem Vorliegen derartiger Indizien bedarf es nicht einer darüber hinausgehenden Darstellung der Höhe der Forderungen und der gegen den Schuldner bestehenden Verbindlichkeiten oder einer rechnerischen Darstellung der Unterdeckung von mindestens 10%. Eine festgestellte Zahlungseinstellung kann vom Schuldner nur dadurch beseitigt werden, dass er seine Zahlungen umfassend wieder aufnimmt.

d. Die Zahlungsunwilligkeit

Die Zahlungsunwilligkeit eines Schuldners kann nicht mit der Zahlungsunfähigkeit i.S.v. § 17 InsO gleichgesetzt werden. Bei der Beurteilung der Zahlungsunfähigkeit kommt es nur auf objektive Gesichtspunkte an. Die Motive des Schuldners zur Nichtzahlung oder sonstige subjektive Kriterien sind unerheblich (BGH, Urteil vom 12.10.2017 – IX ZR 50/15).

2. Die drohende Zahlungsunfähigkeit

Bei einem Eigenantrag des Insolvenzschuldners ist auch die drohende Zahlungsunfähigkeit (§ 18 InsO) ein Grund zur Eröffnung des Insolvenzverfahrens. Bei einem Fremdantrag ist die drohende Zahlungsunfähigkeit nicht als Eröffnungsgrund zu berücksichtigen. Die Zahlungsunfähigkeit droht dem Schuldner dann, wenn die Entstehung der Zahlungsunfähigkeit in einem gewissen Zeitraum wahrscheinlicher ist als ihre Vermeidung. Hierbei muss der Schuldner auch die Verbindlichkeiten mit in seine Prognose aufnehmen, die zwar im Prognosezeitraum schon bestehen, aber noch nicht fällig sind.

Im Gegensatz zur Zahlungsunfähigkeit liegt das Prüfungskriterium bei der drohenden Zahlungsunfähigkeit nicht in der Gegenwart, sondern in der Zukunft. Daher wird eine zeitraumbezogene Betrachtung der künftigen Vermögenslage verlangt. Die Feststellung erfolgt regelmäßig mittels eines Finanzplanes, in dem die für einen bestimmten Zeitraum geplanten Ein- und Auszahlungen gegenübergestellt werden. In diesen Plan muss die gesamte Finanzplanung des Schuldners bis zur Fälligkeit aller bestehenden Verbindlichkeiten und Forderungen mit einbezogen werden.

Als Prognosezeitraum ist nach § 18 Abs. 2 Satz 2 InsO nunmehr eine Zeitspanne von 24 Monaten regelmäßig zugrunde zu legen. In den Prognosezeitraum sind auch Zahlungsverpflichtungen mit einzubeziehen, deren Fälligkeiten in diesem zwar nicht sicher, aber überwiegend wahrscheinlich sind. Mit dieser gesetzlichen Konkretisierung wurden die Unsicherheiten hinsichtlich des Prognosezeitraums, die bisher bestanden, beseitigt. Auch soll dieser langfristig gestaltete Prognosezeitraum gefährdeten Unternehmungen die Möglichkeit eröffnen, bereits den Zugang zu einem an den Eintritt der drohenden Zahlungsunfähigkeit geknüpften Restrukturierungsverfahren zu gewähren.

Bei der Stellung eines Insolvenzantrages nur aufgrund drohender Zahlungsunfähigkeit besteht das Risiko, dass auch bei der Ablehnung eines derartigen Insolvenzantrages die Banken aufgrund ihrer AGB die Kredite kündigen und fällig stellen, Lieferanten ihre Lieferungen einstellen und die Kunden der Gesellschaft das Vertrauen in die Lieferfähigkeit verlieren und auch erfolgte Bestellungen stornieren. Eine Eröffnungsantragspflicht besteht bei drohender Zahlungsunfähigkeit für die Organe juristischer Personen jedoch nicht.

3. Die Überschuldung

Der Insolvenzgrund der Überschuldung gem. § 19 InsO gilt als besonderer Eröffnungsgrund nur für juristische Personen und ihnen gleichgestellte Vermögensmassen (z.B. Personenhandelsgesellschaften i.S.v. § 264a HGB), da diese nur mit ihrem beschränkten Eigenkapital haften. Spätestens bei einer Überschuldung ist dieses dann aufgebraucht.

Nach dem Gesetzestext liegt eine Überschuldung[19] nach § 19 Abs. 2 InsO dann vor, wenn das Vermögen des Schuldners

---

[19] Eingeführt wegen der Finanzkrise im Herbst 2008 durch Art. 5 des Gesetzes zur Errichtung eines Finanzmarktstabilisierungsfonds (FMStG) v. 17.10.2008, in Kraft getreten am 18.10.2008. Diese gesetzliche Definition war zunächst zeitlich begrenzt bis zum 31.12.2010 (Art. 6 Abs. 3, Art. 7 Abs. 2 FMStG) und wurde im Gesetz zur Sanierung von Unternehmen v.

die bestehenden Verbindlichkeiten nicht mehr deckt und auch keine positive Fortführungsprognose in den nächsten 12 Monaten für den Geschäftsbetrieb des Schuldners erstellt werden kann. Diese beiden Tatbestände müssen kumulativ vorliegen, so dass eine positive Fortführungsprognose in jedem Fall die rechtliche Überschuldung ausschließt. Damit hat der Gesetzgeber als Reaktion auf die Finanzkrise, ausgelöst durch die Insolvenz der Lehman Brother Bank (im September 2008), kurzfristig die gesetzliche Definition des Insolvenzeröffnungsgrunds Überschuldung derart geändert, dass der (unter Geltung der Konkursordnung von der Rechtsprechung und Literatur vertretene) modifizierte zweistufige Überschuldungsbegriff wieder dogmatisch auflebte. Mit der abermaligen Änderung[20] und der Einführung des 12-monatigen Prognosezeitraums beabsichtigte der Gesetzgeber, gefährdete Unternehmen zu einer frühen Entscheidung und zur Einleitung bzw. Durchführung von Sanierungs- und Restrukturierungsverfahren zu bewegen. Dabei kann auch schon beim Vorliegen eines Restrukturierungskonzepts, ohne dass bereits ein Restrukturierungsverfahren eingeleitet sein muss, eine positive Fortführungsprognose angenommen werden (Desch, BB 2020, 2498 f.).

Die Definition der Überschuldung nach § 19 InsO hat in der Rechtsordnung eine mehrfache Bedeutung und zwar
- ➢ als Insolvenzeröffnungsgrund,
- ➢ als Straftatbestandsmerkmal (§ 15a InsO, §§ 283, 283a StGB),
- ➢ und auch als Haftungstatbestandsmerkmal, vgl. u.a. § 64 Satz 1 GmbHG, § 130 Abs. 2 HGB, § 823 Abs. 2 BGB i.V.m. § 15a InsO.

18.9.2009 (BGBl I 2009, 3151) um 3 weitere Jahre bis zum 31.12.2013 verlängert; durch das Gesetz zur Einführung einer Rechtsbehelfsbelehrung v. 9.11.2012 wurde die Entfristung des zweistufigen Überschuldungsbegriffs beschlossen.
[20] Eingeführt durch das SanInsFoG, siehe Fn. 3.

Die Überschuldung wird durch eine Gegenüberstellung der Vermögenswerte und der Verbindlichkeiten des Schuldners in einem sogenannten Überschuldungsstatus ermittelt.

Ein solcher Überschuldungsstatus ist nicht mit einer allgemeinen Handelsbilanz identisch. In dem Überschuldungsstatus sind die Vermögenswerte mit ihrem Liquidationswert anzusetzen. Auch müssen alle stillen Reserven der Gesellschaft aber auch selbst erstellte immaterielle Vermögensgegenstände sowie gewerbliche und andere Schutzrechte in dem Status ausgewiesen werden; wertlose Forderungen und Scheinwerte sind jedoch nicht zu aktivieren. Bei der Ermittlung der Liquidationswerte ist unter Berücksichtigung des vorliegenden Verwertungs- oder Abwicklungskonzepts von der jeweils wahrscheinlichsten Verwertungsmöglichkeit auszugehen.

Dementgegen sind auf der Passivseite alle Verbindlichkeiten des Schuldners anzusetzen, die bei der Verfahrenseröffnung eine Insolvenzforderung darstellen würden. Deshalb sind auch nachrangige Forderungen (insbes. Zinsen u.ä.) zu berücksichtigen. Masseverbindlichkeiten, die erst infolge der Verfahrenseröffnung entstehen würden (§§ 54, 55 InsO) sind nicht zu passivieren.

Nach § 19 Abs. 2 S. 3 InsO dürfen Forderungen auf Rückzahlung von Gesellschafterdarlehen (oder wirtschaftlich entsprechende Leistungen i.S.v. § 39 Abs. 1 Nr. 5 InsO) nicht im Überschuldungsstatus berücksichtigt werden. Aus Beweis- und Wirksamkeitsgründen ist zu empfehlen, dass in solchen Fällen ein uneingeschränkter Rangrücktritt nach steuerrechtlichem Vorbild schriftlich vereinbart werden soll.

Die als Tatbestandsmerkmal vorgesehene Fortführungsprognose wird (regelmäßig auf der Grundlage eines Unternehmenskonzepts des Schuldners) als qualitatives und wertendes Gesamturteil über die Lebensfähigkeit des Unternehmens in der Zukunft aufgestellt. Sie dient der Ermittlung der Wahrscheinlichkeit der Weiterführung des Unternehmens für einen vorhersehbaren Zeitraum auf der Grundlage eines Unternehmenskonzeptes und einer Finanzplanung (ausgehend von der Stichtagsliquidität im Prüfungszeitpunkt). Wenn nach einer (positiven) Fortführungsprognose die Fortführung des Unternehmens überwiegend wahrscheinlich (mit mehr als 50%-iger Wahrscheinlichkeit – IDW S 11, Rn. 62) ist und somit auch keine drohende Zahlungsunfähigkeit vorliegt, liegt auch keine Überschuldung nach § 19 Abs. 2 InsO vor. Der Zeitraum für eine solche Prognose ist vom Gesetzgeber nunmehr auf 12 Monate begrenzt. Diese Begrenzung hat auch zur Folge, dass der Überschneidungsbereich mit dem Kriterium der drohenden Zahlungsunfähigkeit (insgesamt 24 Monate nach § 18 InsO) minimiert wird.

EXKURS: Prognoserechnungen und Unternehmensplanung in der Krise

In der Krise eines Unternehmens verlangen regelmäßig deren Finanzierungsgesellschaften (Banken, Warenkreditversicherer, Gesellschafter etc.) Prognoserechnungen, um die tatsächlichen betriebswirtschaftlichen Konzepte aber auch die Zukunftsorientiertheit der Unternehmung beurteilen zu können. Ferner hat der Geschäftsführer dafür Sorge zu tragen, dass Insolvenzgründe ausgeschlossen werden können, damit bei der Erstellung des Jahresabschlusses weiter nach dem Going-Concern-Prinzip bilanziert werden kann. Derzeit werden vier unterschiedliche Arten von Unternehmensplanungen in der Krise unterschieden:
- ➢ **Fortbestehensprognose** nach § 252 Abs. 1 Nr. 2 HGB (aufzustellen vor der Krise, dabei ist bei der Bewertung von der Fortführungsfähigkeit der Unternehmung auszugehen);
- ➢ **Fortführungsprognose nach § 19 Abs. 2 InsO** (bei einer fortgeschrittenen Krise / für möglich gehaltenen Insolvenzreife der Unternehmung – vgl. IDW S 11, IDW Life 3/2017, 332 ff.);
- ➢ **Sanierungskonzepte** nach der Rechtsprechung oder als Bescheinigung nach § 270d InsO n.F. zur Einleitung eines Schutzschirmverfahren;
- ➢ **Sanierungsplan** für die Bescheinigung nach § 270d InsO (nach einem solchen Plan muss die angestrebte Sanierung nicht offensichtlich aussichtslos sein, also wenn nicht mindestens grundsätzliche Vorstellungen darüber existieren, wie die angestrebte Sanierung konzeptionell und finanziell erreicht werden kann).

VII. Die vorläufigen Sicherungsmaßnahmen

Das Insolvenzgericht ist im Insolvenzantragsverfahren verpflichtet, darauf zu achten, dass sich aufgrund einer längeren

Zeitspanne des Antragsverfahrens keine nachteiligen Veränderungen in der Vermögensmasse des Insolvenzschuldners ergeben. Aufgrund dessen kann das Insolvenzgericht Anordnungen von Sicherungsmaßnahmen gemäß §§ 21 ff. InsO zur Verhütung solcher nachteiligen Veränderungen nach pflichtgemäßem Ermessen anordnen.

Mögliche vorläufige Sicherungsmaßnahmen nach § 21 InsO

- Bestellung eines vorläufigen Insolvenzverwalters, § 21 Abs. 2 Nr. 1 InsO
- Anordnung eines allgemeinen Verfügungsverbots oder
- Anordnung, dass die Verfügungen des Schuldners nur mit Zustimmung des vorläufigen Verwalters wirksam sind, § 21 Abs. 2 Nr. 2 InsO
- Untersagung/einstweilige Einstellung von Zwangsvollstreckungen in das bewegliche Vermögen, § 21 Abs. 2 Nr. 3 InsO
- Anordnung einer vorläufigen Postsperre, § 21 Abs. 2 Nr. 4 InsO

Entsprechende Anträge hierzu von den Gläubigern oder auch von dem bestellten Gutachter bedürfen keiner Entscheidung, sondern sind nur als Anregungen für das Insolvenzgericht anzusehen. Vor einer gerichtlichen Entscheidung über derartige Sicherungsmaßnahmen, die zumeist in grundrechtlich geschützte Positionen des Insolvenzschuldners eingreifen, muss zunächst der Insolvenzantrag als zulässig angesehen werden.

1. Der vorläufige Insolvenzverwalter

Der Zeitraum zwischen der Insolvenzantragstellung und der Entscheidung über die Verfahrenseröffnung ist in der Praxis regelmäßig die entscheidende Phase für das Wohl und Wehe des Schuldners, wenn dieses Unternehmen fortgeführt oder saniert werden soll. In solchen Fällen müssen die wesentlichen Weichenstellungen und Strukturmaßnahmen zeitnah nach Insolvenzantragstellung vorgenommen werden. Dabei ist es unerheblich, ob eine Restrukturierung in Form eines Insolvenzplans, einer übertragenden Sanierung oder einer Fortführung des Unternehmens auf bestimmte Zeit angestrebt wird. Es ist von entscheidender Bedeutung, welche Person als Insolvenzverwalter/Sachverwalter in dieser Phase vom Gericht eingesetzt wird.

Das Insolvenzgericht bestellt den vorläufigen Insolvenzverwalter gem. § 21 Abs. 2 Nr. 1 InsO. Die Bestellung eines vorläufigen Insolvenzverwalters ist in der Praxis regelmäßig dann angebracht, wenn der Betrieb des Insolvenzschuldners noch nicht stillgelegt ist oder das Vermögen des Schuldners Grundbesitz umfasst. Insbesondere der Verlust von Immobilien im Antragsverfahren durch Einzelzwangsvollstreckungsmaßnahmen kann dazu führen, dass die Möglichkeit der Fortführung oder der Sanierung des Unternehmens frühzeitig scheitert.

Das Insolvenzgericht kann entweder einen „starken" oder einen „schwachen" vorläufigen Insolvenzverwalter bestellen.

Regelmäßig wird zunächst eine sogenannte „schwache" vorläufige Insolvenzverwaltung gem. §§ 21 Abs. 2 Nr. 1 und 2, 22 Abs. 2 InsO angeordnet mit der Maßgabe eines allgemeinen Zustimmungsvorbehaltes des vorläufigen Insolvenzverwalters für Rechtsgeschäfte des Insolvenzschuldners.

Eine derartige Verwaltung ist jedoch nur bei der Mitwirkungsbereitschaft des Insolvenzschuldners sinnvoll. Eine solche vorläufige Insolvenzverwaltung begründet die Rechtsfolge, dass der Insolvenzverwalter selbst kein allgemeiner Vertreter des Insolvenzschuldners ist. Vielmehr übernimmt dieser eine Art Beraterstellung. Der Insolvenzschuldner verliert dabei nicht seine Verwaltungs- und Verfügungsbefugnis über die einzelnen Vermögensgegenstände, so dass der vorläufige Insolvenzverwalter auch keine Verwertungsbefugnisse i.S.v. §§ 159, 165 ff. InsO hat.

Der allgemeine Zustimmungsvorbehalt hat die rechtliche Wirkung eines absoluten Verfügungsverbotes (§§ 21 Abs. 2 Nr. 2, 2. Alternative, 24 InsO). Bis zu einer Zustimmungserklärung des Insolvenzverwalters gelten die Regeln gem. §§ 108, 109 BGB analog. Eine Unterbrechung von laufenden Prozessen gem. § 240 ZPO findet nicht statt.

Ein vorläufiger Insolvenzverwalter mit Zustimmungsvorbehalt ist aber berechtigt, ohne sachlichen Grund allen Abbuchungen vom Bankkonto des Schuldners in Form von Einzugsermächtigungen, die dieser noch nicht ausdrücklich genehmigt hat, zu widersprechen.

Das Insolvenzgericht kann jedoch auch eine sogenannte „starke" vorläufige Insolvenzverwaltung nach §§ 21 Abs. 2 Nr. 1 und 2, 1. Alternative, 22 Abs. 1 InsO anordnen. Dies ist jedoch nur in Verbindung mit dem Erlass eines allgemeinen Verfügungsverbotes möglich (s.u.). Die Anordnung einer derartigen vorläufigen Insolvenzverwaltung hat die Rechtsfolge, dass die Verwaltungs- und Verfügungsbefugnis über die Vermögensgegenstände des Insolvenzschuldners auf den vorläufigen Insolvenzverwalter nach § 22 Abs. 1 InsO übergehen.

Ein derartiger vorläufiger Insolvenzverwalter ist Partei kraft Amtes. Nach der öffentlichen Bekanntmachung der vorläufigen Insolvenzverwaltung ist ein gutgläubiger Erwerb nicht mehr möglich. Rechtshängige Prozesse werden gem. § 240 ZPO unterbrochen. Auch kann der vorläufige Insolvenzverwalter Prozesse gem. §§ 24 Abs. 2, 85, 86 InsO aufnehmen. Für die Prozessführung, insbesondere beim Forderungseinzug, kann er auch Prozesskostenhilfe beantragen (OLG Köln ZIP 2004, 2450). Die Verbindlichkeiten, die dieser vorläufige Insolvenzverwalter begründet, sind Masseschulden (§ 55 Abs. 2 Satz 1 InsO). So auch die Verbindlichkeiten aus Dauerschuldverhältnissen während des Eröffnungsantragsverfahrens, soweit die Gegenleistung vom Insolvenzverwalter in Anspruch genommen worden ist (§ 55 Abs. 2 Satz 2 InsO).

Der vorläufige Insolvenzverwalter wird auch regelmäßig vom Insolvenzgericht als Sachverständiger beauftragt, das Vorliegen von Insolvenzeröffnungsgründen und einer die Verfahrenskosten deckenden Masse in einem Gutachten darzustellen. Inhaltlich sollte das Gutachten konkrete Ausführungen zum Eintritt der Krise, ihrer Ursachen und dem Zeitpunkt des Eintritts der materiellen Insolvenzreife, sowie über Insolvenzanfechtungstatbestände enthalten. Äußerlich sollte es sich an

der Form des empfohlenen Standards der BAKinso-Entschlie-
ßung vom 5./6.11.2007 orientieren (AG Hamburg, ZIP 2012,
339; ZIP 2011, 2372).

2. Der Erlass eines allgemeinen Verfügungsverbots

Ein allgemeines Verfügungsverbot nach § 21 Abs. 1 InsO wird
mit seinem Erlass (nach Tag, Stunde und Minute datiert) wirksam. Damit sind alle einzelnen Vermögenswerte, Guthaben,
Forderungen u. ä. betroffen, die im Falle einer Verfahrenseröffnung zur Masse gehören würden.
Ausgenommen sind insoweit unpfändbare Vermögensgegenstände (vgl. Ausführungen zur Insolvenzmasse). Das Verfügungsverbot gegenüber dem Insolvenzschuldner ist absolut.
Seine Rechtshandlungen sind unwirksam, Leistungen an den
Schuldner haben keine befreiende Wirkung, jedoch bleiben
Leistungen ohne Kenntnis des Verfügungsverbots wirksam
(§§ 24, 81, 82 InsO). Dieses allgemeine Verfügungsverbot ist
öffentlich bekannt zu machen (§ 23 InsO) und im Grundbuch
einzutragen (§ 32 InsO).

3. Die Untersagung und/oder Einstellung von Zwangs-
vollstreckungen

Zwangsvollstreckungen in das bewegliche Vermögen des Insolvenzschuldners können durch Anordnung des Insolvenzgerichts untersagt werden. Damit wird das Vollstreckungsverbot
nach § 89 InsO, welches grundsätzlich erst nach Eröffnung
eines Insolvenzverfahrens eintritt, in das Antragsverfahren
vorgezogen. Bereits begonnene Einzelzwangsvollstreckungsmaßnahmen sind einzustellen. Tatsächlich durchgeführte Vollstreckungsmaßnahmen trotz Vollstreckungsverbots
sind mit der Vollstreckungserinnerung (§ 766 ZPO) anfechtbar. Der Insolvenzschuldner ist daher auch nicht mehr verpflichtet, die Abgabe einer eidesstattlichen Versicherung gegenüber dem Gerichtsvollzieher vorzunehmen (AG Wilhelms-
haven, NZI 2001, 436; a. A. AG Rostock, NZI 2000, 142).
Für die Vollstreckung in Immobilien gilt die Regelung gemäß
§ 30d Abs. 4 ZVG. Dabei kann der vorläufige Insolvenzverwal-

ter (auch der sogenannte schwache vorläufige Verwalter) die einstweilige Einstellung einer Zwangsversteigerung beim Zwangsversteigerungsgericht beantragen. Dabei muss er glaubhaft machen, dass dies zur Verhütung nachteiliger Veränderungen in der Vermögenslage des Insolvenzschuldners tatsächlich erforderlich ist.

Für den Fall, dass der vorläufige Insolvenzverwalter das entsprechende Grundstück nutzt, ist er verpflichtet, auf Antrag des Gläubigers den entsprechenden Wertverlust des Grundstücks durch laufende Zahlungen gem. § 30e Abs. 2 ZVG auszugleichen. Ferner muss er gem. § 30e Abs. 1 ZVG spätestens drei Monate nach der einstweiligen Einstellung der Zwangsversteigerung die laufend geschuldeten Zinsen zahlen. In diesem Zusammenhang ist streitig, ob hier die vertraglichen oder dinglichen Zinsen zu zahlen sind.

4. Die Einzelermächtigung / Sicherheiten für Lieferanten

Grundsätzlich begründen Verbindlichkeiten, die ein vorläufiger Insolvenzverwalter mit Zustimmungsvorbehalt eingeht, keine Masseverbindlichkeiten i.S.v. § 55 InsO. Das Insolvenzgericht kann aber den vorläufigen Verwalter ermächtigen, einzelne im Voraus genau festgelegte Verpflichtungen zu Lasten der späteren Masse einzugehen. Eine derartige Einzelermächtigung kann auch für bestimmte, abgrenzbare Arten von Maßnahmen, Projekte (z.B. ...alle Lieferungen und Leistungen für das Bauvorhaben...) oder Gruppen (...alle Energielieferanten der Schuldnerin...) erteilt werden.

Solche Einzelermächtigungen bieten dann keine hinreichende Sicherheit, wenn nach Verfahrenseröffnung Masseunzulänglichkeit nach § 208 Abs. 1 InsO droht. Bei derartigen Gestaltungen kann das sog. Treuhandmodell (eine in der Literatur umstrittene Sicherungsmaßnahme) eine Sicherheit für die Lieferanten bieten. Dabei wird ein Treuhandkonto errichtet und der vorläufige Verwalter setzt einen Treuhänder zur Verwaltung des Kontos ein (vgl. zu Einzelheiten Windel, ZIP

2009, 101 ff.). Als Treuhänder kann sowohl ein Dritter als auch die Person des vorläufigen Verwalters agieren. Nach der derzeitigen Tendenz der Rechtsprechung bedarf die Errichtung eines solchen Kontos der Zustimmung des Insolvenzgerichts (AG Hamburg, ZInsO 2005, 1056; a.a. Bork, NZI 2005, 530).

Als Alternative zu Einzelermächtigungen oder dem umstrittenen Treuhandmodell kann der vorläufige Verwalter mit der Schuldnerin den Gläubigern individuelle Sicherheiten bestellen. Diese begründen dann für jeden Gläubiger ein zukünftiges Absonderungsrecht an Gegenständen oder an Forderungen. Entscheidend hierbei ist, dass nach dem Gedanken des Bargeschäfts (§ 142 InsO) die Sicherheiten und die Gegenwerte gleichwertig sind.

5. Die sonstigen Sicherungsmaßnahmen

Der vorläufige Verwalter kann aufgrund richterlicher Ermächtigung auch zur Sicherheit abgetretene Forderungen einziehen. Diese eingezogenen Gelder dürfen jedoch nicht verbraucht werden, sondern müssen gegenüber dem Sicherungsnehmer als Absonderungsbetrag abgerechnet werden. Ferner kann das Gericht den vorläufigen Verwalter durch ein besonderes Verfügungsverbot ermächtigen, eine Forderung des Schuldners im eigenen Namen einzuziehen, u.a. wenn deren Verjährung oder Uneinbringlichkeit droht.
Das Insolvenzgericht kann des weiteren die Siegelung von Räumen und Gebäuden, eine Kontensperre bzw. ein Verrechnungsverbot im Girovertragsverhältnis, eine Durchsuchungsanordnung von Räumlichkeiten Dritter nach Geschäftsunterlagen (AG Duisburg, ZInsO 1999, 720; LG Mainz, ZInsO 2001, 629) sowie eine Regelung, dass keine Gegenstände vom Insolvenzschuldner an absonderungsberechtigte Gläubiger (z. B. Sicherungseigentümer) herauszugeben sind u. ä., anordnen.
Die Anordnung einer Postsperre gem. § 21 Abs. 2 Nr. 4 InsO ist zulässig, wenn Anhaltspunkte dafür bestehen, dass der

Schuldner durch sein Verhalten die Insolvenzmasse gefährdet (vgl. BGH, NZI 2003, 647).

6. Die Aufhebung von Sicherungsmaßnahmen

Die Aufhebung einer oder mehrerer vom Insolvenzgericht angeordneter Sicherungsmaßnahmen erfolgt von Amts wegen (§ 25 Abs. 1 InsO). Dies ist hauptsächlich dann der Fall, wenn der Insolvenzantrag wegen des Fehlens eines Insolvenzgrundes abgewiesen wird oder auch bei der Abweisung mangels Masse.

7. Der vorläufige Gläubigerausschuss

Gemäß § 22a Abs. 1 InsO hat das Insolvenzgericht einen vorläufigen Gläubigerausschuss einzusetzen, wenn der Schuldner mindestens zwei von drei gesetzlich definierten Schwellenwerten überschreitet (obligatorischer Gläubigerausschuss):
- ➢ Mindestens 4.840.000,00 € Bilanzsumme (nach Abzug eines aktivierten Fehlbetrages i.S.v. § 268 Abs. 3 HGB);
- ➢ mindestens 9.680.000,00 € Umsatzerlös in den letzten 12 Monaten;
- ➢ im Jahresdurchschnitt mindestens 50 Arbeitnehmer.

Die Abgrenzungskriterien entsprechen denen zwischen einer kleinen und einer mittelgroßen Kapitalgesellschaft i.S.v. § 267 Abs. 1 HGB.

Gesetzlich sind in § 22a Abs. 3 InsO drei Ausnahmen geregelt, bei deren Vorliegen die Einsetzung eines vorläufigen Gläubigerausschusses nicht verpflichtend ist:
- ➢ der Geschäftsbetrieb des Schuldners ist eingestellt, bzw. soll im Antragsverfahren eingestellt werden (AG Hamburg, ZIP 2013, 1391);
- ➢ im Hinblick auf die zu erwartende Insolvenzmasse ist die Einsetzung eines derartigen Ausschusses unverhältnismäßig;

> oder eine mit der Einsetzung verbundene Verzögerung führt zu einer nachteiligen Veränderung der Vermögenslage des Schuldners.

Im Falle der Betriebsfortführung soll ein vorläufiger Gläubigerausschuss grundsätzlich über fünf Mitglieder verfügen[21].

Ferner besteht auch die Möglichkeit, dass ohne Vorliegen der zwingenden Merkmale ein vorläufiger Gläubigerausschuss auf Antrag des Schuldners, des vorläufigen Insolvenzverwalters oder eines Gläubigers begründet werden kann, § 22a Abs. 2 InsO. In solchen Fällen kann nach § 21 Abs. 2 Nr. 1 a InsO das Insolvenzgericht einen vorläufigen Gläubigerausschuss einsetzen, wenn es zur Überzeugung gelangt, dass eine solche Maßnahme erforderlich ist, eine nachhaltige Veränderung der Vermögenslage des Schuldners zu verhüten (fakultativer Gläubigerausschuss). Ein solcher Antrag ist jedoch nur zulässig, wenn gleichzeitig Personen benannt werden, die als Mitglieder in Betracht kommen und deren entsprechende Einverständniserklärungen beigefügt sind.

VIII. Die Entscheidung über den Antrag auf Eröffnung des Insolvenzverfahrens

Die Entscheidungen des Insolvenzgerichts ergehen in Beschlussform oder durch Verfügung. Sie sind ohne vorherige mündliche Verhandlung möglich (§ 5 Abs. 2 InsO). Die Entscheidungen werden von Amts wegen zugestellt. Zum Nachweis der Zustellung an alle Beteiligten genügt gem. § 9 Abs. 3 InsO die öffentliche Bekanntmachung.

1. Die Antragsrücknahme

Bis zur Eröffnung des Insolvenzverfahrens oder bis zur rechtskräftigen Abweisung des Insolvenzantrages kann der Antrag-

---

[21] AG Ludwigshafen, Beschluss v. 4.5.2012, Az.3 f IN 103/12; kritisch hierzu Smid, AnwZertInsR 16/2012, Anm. 6; der BGH, ZIP 2009, 727 hat entschieden, dass ein Gläubigerausschuss mit mindestens zwei Mitgliedern besetzt sein muss.

steller den Eröffnungsantrag gem. § 13 Abs. 2 InsO jederzeit zurücknehmen. In einem derartigen Fall muss das Insolvenzgericht nur noch über die entstandenen Kosten entscheiden. Die Kostenentscheidung erfolgt gem. § 4 InsO, § 269 ZPO.

Fallbeispiel: Für die Pleite GmbH (P) hat der Geschäftsführer A einen Insolvenzantrag gestellt. Die Gesellschafter B und D sind damit aber nicht einverstanden. Sie setzen in einer Gesellschafterversammlung A als Geschäftsführer ab und bestellen B als seinen Nachfolger. Dieser nimmt noch vor Eröffnung des Insolvenzverfahrens den Eigenantrag gegenüber dem Insolvenzgericht zurück. Ist B zur Rücknahme des Eröffnungsantrags berechtigt?

Lösung: Das Recht zur Rücknahme des Eröffnungsantrags steht nur dem jeweiligen Antragsteller zu. Andere vertretungsberechtigte Personen oder Nachfolger des Antragstellers im Amt können den Antrag nicht zurücknehmen[22]. Damit sollen aus Gründen des Gläubigerschutzes die eigenorientierten Motive einer solchen Rücknahme ausgeschlossen werden. Hat der A einen unzulässigen Antrag gestellt, so würde das Insolvenzverfahren nicht eröffnet werden; A wäre jedoch schadensersatzpflichtig gegenüber den Gesellschaftern. Die Rücknahme des Eigenantrages durch B ist unwirksam.

Waren bei Antragstellung jedoch zwei Geschäftsführer vorhanden und tritt der antragstellende Geschäftsführer aus, so ist der verbleibende Geschäftsführer berechtigt, den Insolvenzantrag unter den Voraussetzungen nach § 13 Abs. 2 InsO zurückzunehmen, wenn dies nicht missbräuchlich ist (vgl. BGH, ZIP 2008, 1596).

Die Rücknahme, aber auch die Erledigungserklärung eines Eröffnungsantrags führen jedoch nicht auch automatisch zum Erlöschen von Sicherungsmaßnahmen i.S.v. § 21 InsO. Diese müssen aufgehoben werden.

2. Die Erledigungserklärung

Regelmäßig erklärt ein Gläubiger einen Insolvenzantrag für erledigt, wenn der Insolvenzschuldner die Verbindlichkeit ausgeglichen hat, die den Insolvenzantrag begründet hat. Durch diese Leistung wird der Antrag nicht unzulässig (§ 14 Abs. 1 InsO). Bei einer Erledigungserklärung hat das Insolvenzgericht nur noch eine Kostenentscheidung gem. § 4 InsO, § 91a ZPO zu treffen.

---

[22] AG Potsdam, NZI 2000, 328; AG Duisburg, ZIP 1995, 582.

Der Insolvenzantrag kann trotz erledigendem Ereignis (Erfüllung der Forderung) nach der Ausnahmevorschrift von § 14 Abs. 1 Satz 2 InsO weiter verfolgt werden, wenn der Gläubiger als Antragsteller das Fortbestehen des Eröffnungsgrundes glaubhaft macht. In diesem Zusammenhang kann dem von der Rechtsprechung verfolgten Grundsatz Bedeutung zukommen, dass eine einmal eingetretene, nach außen in Erscheinung getretene Zahlungsunfähigkeit regelmäßig erst beseitigt wird, wenn die geschuldeten Zahlungen an die Gläubigergesamtheit im Allgemeinen wieder aufgenommen werden konnten. Betreffend Anträge der Finanzverwaltung ist die Fortführung des Antrags ermessensfehlerhaft, wenn der Schuldner eine Gesamtbereinigung seiner wirtschaftlichen Situation eingeleitet hat (FG Hamburg, ZInsO 2019, 2121).

3. Die Abweisung des Antrages wegen Unzulässigkeit und Unbegründetheit

Kommt das Insolvenzgericht nach der Überprüfung des Antrages zu der Auffassung, dass es unzuständig ist, weil der Schuldner nicht insolvenzfähig sei oder die Forderung und der Insolvenzgrund nicht glaubhaft gemacht sind oder bei einem Gläubigerantrag das Rechtsschutzinteresse fehlt, so ist nach vorangegangenem Hinweis des Gerichts mit Stellungnahmefrist der Antrag als unzulässig zurückzuweisen bzw. zu verwerfen. Kann ein Antragsteller den entsprechend gerügten Mangel erst nach der Entscheidung des Gerichts beheben, so steht ihm jedoch frei, einen neuen Antrag auf Eröffnung des Insolvenzverfahrens zu stellen.

Wenn das Insolvenzgericht nach Abschluss seiner Ermittlungen in dem Insolvenzantragsverfahren zu der Ansicht gelangt, dass der Insolvenzgrund nicht zur vollen Überzeugung des Gerichts feststeht oder nicht feststellbar ist, so ist der Insolvenzeröffnungsantrag als unbegründet abzuweisen.

4. Die hinreichende Masse

Als weitere Eröffnungsvoraussetzung muss eine hinreichende Masse vorhanden sein, § 26 InsO. Eine solche liegt nur dann vor, wenn das Vermögen des Schuldners ausreicht, um die Verfahrenskosten (§ 54 InsO) zu decken. Wenn jedoch das Insolvenzgericht nach Abschluss seiner Ermittlungen zu dem Ergebnis gelangt, dass eine die Kosten des Verfahrens deckende Insolvenzmasse nicht vorhanden ist, dann wird der Antrag mangels Masse abgewiesen, sofern nicht ein Kostenvorschuss von einem Dritten geleistet wird bzw. die Voraussetzungen für eine Verfahrenskostenstundung nach §§ 4a ff. InsO vorliegen.

Die Regelung von § 26 Abs. 1 InsO ist auch im Verbraucherinsolvenzverfahren (vereinfachtes Verfahren, §§ 304 ff. InsO) anwendbar. Die entstandenen Kosten (Sachverständigen- und Veröffentlichungskosten) hat in den Fällen einer Abweisung mangels Masse der antragstellende Gläubiger als Zweitschuldner zu tragen, § 26 InsO, § 23 Abs. 1 Satz 2 GKG.

Eine solche Abweisung hat nicht zu erfolgen, wenn die Kosten des Verfahrens zunächst nicht gedeckt sind, aber im eröffneten Verfahren beigetrieben oder erwirtschaftet werden können.

5. Die Verfahrenskostenstundung

Eine Abweisung des Insolvenzeröffnungsantrages mangels Masse unterbleibt, wenn das Insolvenzgericht zuvor einen Beschluss über die Stundung der Kosten im Insolvenzverfahren gem. § 4a InsO zu Gunsten des Schuldners gefasst hat (§ 26 Abs. 1 Satz 2 InsO).

Diese Möglichkeit der Verfahrenskostenstundung können nur natürliche Personen in Anspruch nehmen. Dabei ist die Art des Insolvenzverfahrens (Regelinsolvenzverfahren oder Verbraucherinsolvenzverfahren) unerheblich. Die Stundung wird regelmäßig dann gewährt, wenn das Vermögen des Insolvenzschuldners nicht ausreicht, um die tatsächlichen Verfahrenskosten zu decken oder eine dritte Person entsprechende Verfahrenskostenvorschüsse nicht zahlen kann und eine Restschuldbefreiung nicht offensichtlich zu versagen ist.

Streitig ist, ob ein Antrag auf Verfahrenskostenstundung unbegründet ist, wenn der Schuldner einen Anspruch auf einen Kostenvorschuss gegen seinen Ehegatten nach § 1360a Abs. 4 BGB[23] hat.

Eine Stundung soll jedoch nur dann gewährt werden, wenn der Schuldner auch tatsächlich das Ziel der Restschuldbefreiung erlangen kann. Ziel der Verfahrenskostenstundung[24] ist es, auch dem mittellosen Schuldner den Zugang zum Insolvenzverfahren mit anschließender Restschuldbefreiung und damit einen wirtschaftlichen Neuanfang zu ermöglichen. Der Einsatz öffentlicher Mittel zur Verfahrenskostenstundung soll vom Insolvenzgericht daher nur dann in Betracht gezogen werden, wenn dem Schuldner die Restschuldbefreiung auch erteilt werden kann.

Eine Kostenstundung scheidet regelmäßig dann aus, wenn zum Zeitpunkt der Entscheidung bereits feststeht, dass der Schuldner den Tatbestand der Versagung der Restschuldbefreiung nach § 290 Abs. 1 Nr. 1 InsO erfüllt hat (§ 4a Abs. 1 Satz 3, 4 InsO) oder aus anderen Gründen der Schuldner die angestrebte Restschuldbefreiung nicht erreichen kann – so z.B., wenn *wesentliche Insolvenzforderungen* von der Restschuldbefreiung ausgenommen sind, § 302 InsO. Dem Grunde nach gilt dies u.a.

> ➢ bei Steuerforderungen nach rechtskräftiger Verurteilung nach §§ 370, 373 AO;

---

[23] Zu den persönlichen Angelegenheiten des Ehegatten gehört auch die Durchführung eines Insolvenzverfahrens, selbst wenn die Verbindlichkeiten vor einer bestehenden Ehe für den Aufbau einer eigenen wirtschaftlichen Tätigkeit begründet worden sind, LG Köln, NZI 2017, 37; LG Köln, ZVI 2017, 43; der BGH hatte bisher eine Vorschusspflicht verneint, wenn die Verbindlichkeiten des Schuldners nicht nur zum Aufbau oder zur Erhaltung der wirtschaftlichen Existenz der Familie begründet worden sind.
[24] Vgl. Begr. RegE InsOÄndG, BT Drucksache 14/5680, S.12.

- ➤ bei Forderungen aus vorsätzlich pflichtwidrig nicht gewährtem (Kindes)unterhalt, § 302 Nr. 1, 2. Alt. InsO;
- ➤ oder eventuell auch wegen langjährig noch zu verbüßender Strafhaft (Sicherungsverwahrung u.ä.), AG Fürth, ZInsO 2015, 1518.

Der BGH hat jedoch das „*Wesentlichkeitskriterium*" der Höhe nach nicht definiert. Von der Rechtsprechung der Instanzgerichte sind bisher unterschiedliche Grenzsätze für die Versagung der Verfahrenskostenstundung angenommen worden; so z.b. bei 95 % deliktischer Insolvenzforderungen (AG Siegen, NZI 2003, 43,44) oder bei 45 % deliktischer Insolvenzforderungen (LG Düsseldorf, BeckRS 2012, 22294). Der BGH hat keine genaue Grenze festgelegt, jedoch klargestellt, dass entscheidend für diese Problematik die Frage ist, ob dem Schuldner im Einzelfall ein Neuanfang mit den voraussichtlich zur Verfügung stehenden Mitteln gelingen kann (BGH, Beschluss vom 13.2.2020, ZIP 2020, 622 f.).

Ferner soll nach einer Auffassung in der Rechtsprechung bei Verfahren, bei denen gem. § 35 Abs. 2 InsO der Neuerwerb und das hierzu erforderliche Vermögen freigegeben worden ist, eine Verfahrenskostenstundung nicht möglich sein (AG Göttingen, ZInsO 2017, 885).

Die Verfahrenskostenstundung im Nachlassinsolvenzverfahren ist nicht möglich. Die Regelung von § 4a InsO sieht vor, dass der Schuldner einen Antrag auf Restschuldbefreiung gestellt hat. Aus systematischen Gründen kann das für den Erben im Nachlassinsolvenzverfahren nicht gelten, da es keine Restschuldbefreiung für den Nachlass gibt. In derartigen Fällen ist auch ein Rückgriff auf die Regeln der Prozesskostenhilfe (§ 4 InsO, §§ 114 ff. ZPO) nicht möglich.

Die Stundung der Verfahrenskosten umfasst die Gerichtsgebühren sowie die evtl. in einem vorläufigen Insolvenzverfahren und im Schuldenbereinigungsverfahren entstandenen Auslagen. Auch die Vergütungsansprüche des Insolvenzverwalters/ Treuhänders nach § 54 Nr. 2 InsO werden durch die Stundung abgedeckt. Ferner ist auch die Treuhändervergütung im Restschuldbefreiungsverfahren mit abgedeckt. Die Kostenstundung erstreckt sich jedoch nicht auf die Kosten, die für einen Rechtsbehelf im Insolvenzverfahren anfallen. In derartigen Fällen sind die Regelungen der ZPO betreffend Prozesskostenhilfe (BGH, Beschluss v. 9.10.2014 – IX ZA 20/14) anzuwenden.

Das Insolvenzgericht entscheidet über einen derartigen Stundungsantrag durch einen anfechtbaren Beschluss (§ 4d InsO). Der Beschluss hat die Wirkung, dass die Kosten nicht (wie bei der Prozesskostenhilfe gem. §§ 114 ff. ZPO) endgültig von der Staatskasse übernommen werden, sondern dass die Fälligkeit der Kostenansprüche lediglich auf das Ende des Insolvenzverfahrens nebst Restschuldbefreiungsverfahren hinausgeschoben wird.

Ferner kann dem Insolvenzschuldner auf Antrag auch ein Rechtsanwalt beigeordnet werden, wenn die Vertretung durch einen Rechtsanwalt tatsächlich erforderlich erscheint (§ 4a Abs. 2 Satz 1 InsO). Dies ist jedoch regelmäßig nicht der Fall. Nur bei besonders streitigen Verhältnissen im Insolvenzverfahren selbst kann eine Vertretung erforderlich sein. Fehlende Deutschkenntnisse eines Insolvenzschuldners, die Absicht des Schuldners, einen Insolvenzplan vorzulegen oder die Absicht des Schuldners, einen Widerspruch gegen Forderungsanmeldungen aus vorsätzlich begangener unerlaubter Handlung einzulegen, begründen noch keinen Anspruch auf die Beiordnung eines Rechtsanwalts. Die Beiordnung eines Rechtsanwalts soll auch bereits für das Antragsverfahren erfolgen, wenn im Einzelfall auch erst die sachlichen und rechtlichen Schwierigkeiten im eröffneten Verfahren virulent werden (LG Bonn, Beschluss v. 2.9.2009, Az. 6 T 239/09).

Die erteilte Stundungsbewilligung kann auch aufgrund des in § 4c InsO niedergelegten Katalogs aufgehoben werden. Insbesondere für einen arbeitslosen Insolvenzschuldner ist in diesem Zusammenhang wichtig, dass er sich um eine angemessene Erwerbstätigkeit oder um eine zumutbare Tätigkeit bemüht. Regelmäßig wird der Insolvenzschuldner in diesem Zusammenhang von dem Insolvenzgericht mit der Aufforderung angeschrieben, seine Bemühungen um eine Arbeitsstelle darzulegen. Kann in einem solchen Fall ein Insolvenzschuldner keine regelmäßigen Bewerbungen oder Absagen von potentiellen Arbeitgebern vorlegen, so wird regelmäßig das Insolvenzgericht die Aufhebung der Stundung gem. § 4c InsO betreiben.

Auch bei der falschen Wahl der Steuerklasse droht dem Schuldner die Aufhebung der Stundung nach § 4c Nr. 5 InsO. Er ist grundsätzlich verpflichtet, seine Lohnsteuerklasse so zu wählen, dass sein pfändbares Einkommen nicht zum Nachteil der Gläubiger und der Staatskasse auf Null reduziert wird (also Klassen IV / IV statt V / III). Wenn er ohne einen sachlichen Grund die Steuerklasse V gewählt hat, um seinem nicht insolventen Ehepartner die Steuerklasse III zu ermöglichen, dann ist ihm zuzumuten in die Steuerklasse IV zu wechseln um sein liquides (evt. auch pfändbares) Einkommen zu erhöhen (BGH, ZInsO 2008, 976; ZVI 2009, 264).

Die Kostenstundungsbewilligung hat die Rechtsfolge, dass die Bundes- oder Landeskasse die Gerichtskosten und die auf sie übergegangenen Ansprüche eines beigeordneten Rechtsanwalts nur nach den Bestimmungen, die das Insolvenzgericht selbst betreffen, geltend machen kann (§ 4a Abs. 3 Satz 1 Nr. 1 – 3 InsO). Dies bedeutet, dass spätestens nach vier Jahren seit der Erteilung der Restschuldbefreiung der Anspruch der Staatskasse auf Rückzahlung der gestundeten Beträge gegenüber dem ehemaligen Insolvenzschuldner endet.

6. Der Eröffnungsbeschluss

Wenn die Zulässigkeitsvoraussetzungen für einen Antrag gegeben sind und das Insolvenzgericht nach Abschluss seiner Ermittlungen zu dem Ergebnis gelangt, dass ein Insolvenzgrund vorliegt und dass eine die Kosten des Verfahrens deckende Masse vorhanden ist, dann wird das Insolvenzverfahren durch Beschluss eröffnet. Hat der Insolvenzschuldner den

Insolvenzgrund bestritten, so ist ihm rechtliches Gehör vor der Eröffnungsentscheidung (bei dem Vorliegen eines Gutachtens auch zu dem Gutachten) zu gewähren.

Ist dieses rechtliche Gehör nicht vor der Verfahrenseröffnung gewährt worden, so ist die Anhörung im Abhilfeverfahren nachzuholen. Der Eröffnungsbeschluss wird gem. § 27 Abs. 2 Nr. 3 InsO zu dem Zeitpunkt wirksam, der in ihm als Eröffnungszeitpunkt angegeben ist. Die inhaltlichen Anforderungen an einen Insolvenzeröffnungsbeschluss ergeben sich aus den Regelungen der §§ 27 Abs. 2, 28, 29 InsO.

EXKURS: Der Vermögensverfall bei einem Rechtsanwalt

Nach dem anwaltlichen Berufsrecht hat die zuständige Rechtsanwaltskammer die Zulassung zur Rechtsanwaltschaft zu widerrufen, wenn ein Anwalt in Vermögensverfall geraten ist; es sei denn, die Interessen der Rechtssuchenden sind dadurch nicht gefährdet, § 14 Abs. 2 Nr. 7 BRAO. Ein Vermögensverfall wird regelmäßig angenommen, wenn über das Vermögen des Anwalts ein Insolvenzverfahren eröffnet worden ist. Eine Gefährdung der Rechtssuchenden kann aber ausgeschlossen werden, wenn der Anwalt zum Schutze seiner Mandanten Vorkehrungen getroffen hat und rechtlich sowie tatsächlich auch sicherstellt, dass diese Vorkehrungen auch eingehalten werden. Dies wird nach der Rechtsprechung regelmäßig angenommen, wenn er zuvor seine berufliche Tätigkeit beanstandungsfrei ausgeübt und den Insolvenzantrag selbst gestellt hat. Vor allem dann, wenn im Verfahren keine Forderungen von Gläubigern gestellt werden, die aus Mandaten des Anwalts begründet sind.
Die gesetzliche Vermutung des Vermögensverfalls ist dann auch widerlegt, wenn am Ende des Verfahrens durch das Insolvenzgericht die Restschuldbefreiung angekündigt wurde (§ 291 InsO a.F.) oder ein vom Insolvenzgericht bestätigter Plan (§ 248 InsO) oder ein angenommener Schuldenbereinigungsplan (§ 308 InsO) vorliegt (BGH, Beschluss vom 21.2.2018 – AnwZ 72/17).

Die Verfahrenseröffnung, sowie alle weiteren Beschlüsse des Insolvenzgerichts werden im Internet auf der länderübergreifenden Justizplattform www.insolvenzbekanntmachungen.de veröffentlicht[25] (§ 9 Abs. 2 InsO i.V.m. InsOBekV in der Fassung v. 13.4.2007, BGBl I, S. 509, 512). Ferner wird die Ver-

---

[25] Zu den inhaltlichen Voraussetzungen einer ordnungsgemäßen Veröffentlichung vgl. BGH, ZInsO 2014, 88 ff.

fahrenseröffnung den öffentlichen Registern mitgeteilt (§§ 31, 32, 33 InsO).

7. Die Antragsrücknahme nach Verfahrenseröffnung

Aus der Regelung des § 13 Abs. 2 InsO ergibt sich, dass nach Eröffnung des Insolvenzverfahrens dieses der Disposition des Antragstellers (unabhängig davon, ob es sich um einen Eigenantrag oder um einen Fremdantrag handelt) entzogen ist. Dies gilt auch, wenn der Eröffnungsbeschluss noch nicht rechtskräftig ist.

8. Die Rechtsmittel

Eine sofortige Beschwerde gegen die Entscheidung des Insolvenzgerichts ist nur dann zulässig, wenn die Regelungen der Insolvenzordnung dies ausdrücklich vorsehen. Gegen den Eröffnungsbeschluss steht nur dem Schuldner (§ 34 Abs. 2 InsO) die sofortige Beschwerde zu. Bei allen sofortigen Beschwerden hat das Insolvenzgericht eine Abhilfebefugnis gem. § 4 InsO, § 572 Abs. 2 ZPO.

D. Das eröffnete Insolvenzverfahren (Regelinsolvenz)

Insolvenzantrag
- Eigenantrag
- Fremdantrag

Insolvenzantragsverfahren (durch das Insolvenzgericht)
- Prüfung der Eröffnungsvoraussetzungen
- ggf. Bestellung eines Sachverständigen
- ggf. Anordnung von Sicherungsmaßnahmen
- ggf. Anordnung einer vorläufigen Insolvenzverwaltung

Verfahrenseröffnung (Richter)
- mit kostendeckender Masse
- mit Verfahrenskostenstundung
- mit Vorschuss (§ 26 Abs. 1 S. 2 InsO)
 Bestellung des Insolvenzverwalters

Abweisung mangels Masse

Verfahrensdurchführung (Rechtspfleger)
- Bestimmung der Frist für die Forderungsanmeldung
- Festsetzung des Prüfungs- und Berichtstermins
- Durchführung der Gläubigerversammlung / schriftliches Verfahren
- Eintragung der geprüften Forderungsanmeldungen in die Tabelle / Mitteilung an die Gläubiger
- Beaufsichtigung über die Tätigkeiten des Verwalters, des Gläubigerausschusses u.ä.

Verteilung der Masse
- Schlussrechnung des Verwalter
- Erstellen des Schlussverzeichnisses
- Verteilung an die festgestellten Forderungen

Einstellung
- Wegfall des Eröffnungsgrundes
- Zustimmung der Gläubiger

ggf. Restschuldbefreiungsverfahren (bei natürl. Personen)

I. Der Insolvenzverwalter

Der Insolvenzverwalter[26] erlangt mit der Eröffnung des Verfahrens die Verwaltungs- und Verfügungsmacht über die zur Insolvenzmasse gehörenden Vermögensgegenstände, § 80 Abs. 1 InsO. Mit diesem Amt hat er die Interessen des Insolvenzschuldners wahrzunehmen, obwohl das Insolvenzverfahren selbst vorrangig zur Befriedigung der Gläubiger durchgeführt wird. Der Insolvenzverwalter ist ein im eigenen Namen handelndes Organ der Rechtspflege, das als „Partei kraft Amtes" mit Wirkung für und gegen den Insolvenzschuldner tätig wird (Amtstheorie[27]). Das Amt des Insolvenzverwalters kann nur durch natürliche Personen ausgeübt werden, § 56 Abs. 1 Satz 1 InsO. Das BVerfG hat festgestellt, dass der Ausschluss juristischer Personen von der Bestellung zum Insolvenzverwalter weder gegen das Grundrecht der Berufsfreiheit noch gegen das Grundrecht auf Gleichbehandlung verstößt (BVerfG, Beschluss v. 12.01.2016 -1 BvR 3102/13).

1. Die Bestellung des Insolvenzverwalters

Schon Ernst Jaeger[28] hat die Prämisse formuliert, die auch heute noch Gültigkeit hat; „Die Auslese des Verwalters ist die Schicksalsfrage des Konkurses"; insbesondere, weil der Erfolg des Verfahrens für Gläubiger und Schuldner maßgeblich von der Person abhängt. Die Person des (vorläufigen) Insolvenz-

---

[26] Zu den Kriterien der Auswahl eines Insolvenzverwalters als Schicksalsfrage einer erfolgreichen Insolvenz vgl. Lissner, BB 2014, 265 ff.

[27] a.A. die sog. Vertragstheorie, die den Insolvenzverwalter als einen gesetzlichen Vertreter des Insolvenzschuldners sieht (vgl. Schmidt, NJW 1987, 1905); nach der Theorie vom neutralen Handeln wird der Insolvenzverwalter nur als Verwalter fremden Vermögens tätig (Staudinger-Dilcher, vor § 164 BGB, Anm. 58); die modifizierte Vertreter- oder Repräsentantentheorie differenziert nach der Rechtspersönlichkeit des Insolvenzschuldners, hier wird der Verwalter entweder als gesetzlicher Vertreter oder als Vertretungsorgan tätig (vgl. K. Schmidt, NJW 1995, 911 ff.); bei der Organtheorie wird der Verwalter als Organ der Insolvenzmasse angesehen, entsprechend § 26 Abs. 2 BGB (vgl. Bötticher, ZZP 1977, 55).

[28] Jaeger, Konkursordnung, 6./7. Aufl. 1939, § 78 KO, Anm. 7; aktuell vgl. hierzu Lissner, BB 2014, 265 ff.

verwalters/Treuhänders wird regelmäßig vom Insolvenzgericht nach freiem Ermessen ausgewählt. Dem Insolvenzrichter obliegt die Zuständigkeit für das Insolvenzantragsverfahren einschließlich der Entscheidung über den Eröffnungsgrund und die Person des Insolvenzverwalters sowie den Insolvenzplan. Dem Insolvenzgericht steht bei der Auswahl ein weiter Ermessensspielraum zu, der aber in Fällen einstimmiger Vorschläge des vorläufigen Gläubigerausschusses (§ 56a Abs. 2 Satz 1 InsO) und im Falle des Schuldnervorschlages im Schutzschirmverfahren (§ 270b Abs. 2 Satz 2 InsO) erheblich eingeschränkt ist.

Zum Insolvenzverwalter/Treuhänder sollen nach § 56 Abs. 1 InsO grundsätzlich nur für den jeweiligen Einzelfall geeignete, insbesondere geschäftskundige und von den Gläubigern und dem Insolvenzschuldner unabhängige natürliche Personen bestellt werden. Dabei ist zu beachten, dass der Insolvenzverwalter nicht nur besondere Kenntnisse des Insolvenzrechts besitzen muss. Unter Umständen muss er für eine gewisse Zeit auch Krisenmanager und Geschäftsführer des Unternehmens sein.

Anhaltspunkte für die *Auswahl des Insolvenzverwalters* sind u. a. die Qualifikation zum Fachanwalt für Insolvenzrecht und die insoweit gerichtsbekannte Organisation der Kanzlei und deren Mitarbeiter sowie die Orts- bzw. Regionalnähe der Kanzlei (um Erreichbarkeit und Präsenz für Schuldner, Gläubiger und Gericht sicher zu stellen). Auch stellt die persönliche Bearbeitung der Kernbereiche der Verwaltung, insbesondere zur Begrenzung der „fabrikmäßigen" oder „Filialverwaltung", eine entscheidende Gewichtung bei der Auswahl[29] dar.

---

[29] Ein Verwalter wird rechtmäßig nicht in die Vorauswahlliste aufgenommen, wenn begründeter Anlass für die Vermutung besteht, dass der Verwalter sein Amt nicht höchstpersönlich ausüben wird, BGH, Beschluss v. 13.10.2016 –IX AR (VZ) 7/15; Beschluss v. 2.2.2017 –IX AR (VZ) 1/16; vgl. zur Vorauswahl und Bestellung von Insolvenzverwaltern, Pape, ZInsO 2017, 1341 ff.

Die Unabhängigkeit des Verwalters kann wegen einer potentiellen Interessenkollision nach § 56 Abs. 1 S. 3 Nr. 2 InsO beeinträchtigt sein, wenn dieser zuvor einen der Beteiligten gegen den Schuldner oder andere Beteiligte oder den Schuldner selbst (sog. Sanierungsberatung o.ä.) beraten oder vertreten hat. In anderen Fällen ist entscheidend, ob die Vorbefassung dem Anschein nach für den designierten Verwalter einen Interessenkonflikt auslösen kann (z.b. wenn Beratungsfehler oder anfechtbare Honorarzahlungen aufgedeckt werden könnten). Einzelne (Prozess)Vertretungen des Schuldners sind nach Dauer, Aktualität und wirtschaftlicher Bedeutung im Einzelfall zu differenzieren und zu bewerten. Mit zeitlichem Abstand verlieren derartige Mandate ihr Gewicht als Ausschlusskriterium.

Durch das Bundesverfassungsgericht[30] ist u.a. klargestellt worden, dass die Verwalterbestellung zumindest in dem Zusammenhang überprüfbar sein muss, als es um die Aufnahme als Bewerber um ein Verwaltungsamt in eine offene Liste geht, aus der dann die Insolvenzverwalter bestellt werden (entgegen sog. closed shops).[31] Jeder Insolvenzrichter muss seine eigene Vorauswahlliste führen. Die Bestellung zum Verwalter selbst ist rechtsmittelfähig, §§ 23 ff. EGGVG. Dabei ist zu berücksichtigen, dass bei der Entscheidung über die generelle Aufnahme eines Verwalters in die Vorauswahlliste, dem Richter kein Auswahlermessen zusteht. Jedoch lässt eine Nichtberücksichtigung des gelisteten Verwalters, auch über einen Zeitraum von mehr als 10 Jahren, nicht auf eine fehlerhafte Ermessensausübung des Richters schließen (OLG Celle, ZIP 2019, 528 f.).

Die Benennung eines zunächst vorläufigen Verwalters erfolgt mit der Eröffnung des Verfahrens (§ 27 Abs. 1 Satz 1 InsO). Der endgültige Verwalter wird durch die erste Gläubigerver-

---

[30] BVerfG, Beschluss v. 03.08.2004, NJW 2004, 2725 und Beschluss v. 23.05.2006, ZIP 2006, 1355
[31] Zur Vorauswahl von Insolvenzverwalter nach dem „Hannoveraner Modell", Laroche, EWiR 2020, 727 f.

sammlung gewählt. Die Gläubiger können aber auch gem. § 57 Satz 2 InsO mit der Mehrheit der abstimmenden Gläubiger und mehr als der Hälfte der Summe der Forderungsbeträge der abstimmenden Gläubiger eine andere geeignete Person als Insolvenzverwalter wählen. Das Gericht kann die Bestellung des Gewählten nur ablehnen, wenn dieser ungeeignet ist, § 57 Satz 3 InsO.

Ein Vorschlag zur Person des zu bestellenden Verwalters ist zwar ausdrücklich zugelassen, ohne dass jedoch das Insolvenzgericht an einen solchen Vorschlag gebunden ist[32]. Durch die Regelung von § 56 Abs. 1 Satz 3 Nr. 1 InsO wird klargestellt, dass die Unabhängigkeit einer vom Schuldner oder von einem Gläubiger als Verwalter oder Sachwalter (§ 270a Abs. 1 Satz 2, § 274 Abs. 1 InsO) vorgeschlagenen Person nicht durch den Vorschlag selbst bereits ausgeschlossen ist.

Die Regelung von § 56a InsO eröffnet den Gläubigern die Möglichkeit, an der Verwalterbestellung beteiligt zu sein (§ 56a i.V.m. § 21 Abs. 2 Nr. 1 InsO bereits für die Bestellung des vorläufigen Insolvenzverwalters). Wenn bereits ein vorläufiger Gläubigerausschuss eingesetzt ist, dann sollen sich die Mitglieder zu den Anforderungen und zur Person des Insolvenzverwalters äußern, § 56a Abs. 1 InsO. Das Insolvenzgericht darf von einem einstimmigen Vorschlag des vorläufigen Gläubigerausschusses nur dann abweichen, wenn die vorgeschlagene Person für das Amt nicht geeignet ist. Ein Rechtsmittel bei einer Nichtbestellung des vorgeschlagenen vorläufigen Verwalters kann nicht eingelegt werden, da eine sofortige Beschwerde in § 56a InsO gerade nicht durch den Gesetzgeber zugelassen worden ist.

Die Entlassung des Insolvenzverwalters kann durch das Insolvenzgericht erfolgen, unter dessen Aufsicht der Verwalter steht (§ 58 Abs. 1 Satz 1 InsO). Eine Entlassung ist gem. § 59 Abs. 1 InsO nur aus wichtigem Grund möglich, der zur vollen

---

[32] Nach § 270 b Abs. 2 Satz 2 InsO besteht eine beschränkte Bindung des Gerichts an den Vorschlag des Schuldners für den vorläufigen Sachwalter.

Überzeugung des Gerichts nachgewiesen werden muss. Ein Verwalter ist u.a. dann zu entlassen, wenn nachträglich bekannt wird, dass er im Zuge seiner Bestellung vorsätzlich Umstände verschwiegen hat, die geeignet waren, ernsthafte Zweifel an seiner Unabhängigkeit zu begründen und die daher einer Bestellung entgegenstanden. Die Entlassung ist auch noch nach Einreichung des Schlussberichts und Erstellung der Schlussrechnung möglich und verhältnismäßig, wenn schwerwiegende Pflichtverletzungen vorliegen, die hinsichtlich der Vermögensbetreuungspflichten bei der Verteilung das erforderliche Vertrauen in ein ordnungsgemäßes Handeln des Verwalters nicht mehr gewährleisten. Die Entlassung eines Treuhänders im Restschuldbefreiungsverfahren ist aus wichtigem Grund nur dann zulässig, wenn eine schwerwiegende Pflichtverletzung vorliegt, die eine weitere Zusammenarbeit unmöglich erscheinen lässt.

Wenn ein Insolvenzverwalter auch gleichzeitig als Rechtsanwalt zugelassen ist und als solcher nach außen hin auftritt, dann unterliegt er (auch) dem anwaltlichen Berufsrecht.

Der Insolvenzverwalter erhält seine Vergütung nach der gem. § 65 InsO vom Bundesministerium der Justiz erlassenen Vergütungsverordnung (InsVV). Zum 1.1.2021 sind durch das SanInsFoG neue und erhöhte Vergütungssätze festgelegt worden. Der Regelsatz der Vergütung wird nach dem Wert der Insolvenzmasse zur Zeit der Beendigung des Insolvenzverfahrens (sog. Teilungsmasse) berechnet. Im Zusammenhang mit der „Lehman-Insolvenz" hat das OLG Frankfurt/M[33] entschieden, das die Streitwertobergrenze von 30 Mio € auch bei der Vergütungsberechnung des Verwalters anzuwenden ist. Gegen die Festsetzung der Vergütung kann auch ein Gläubiger - selbst bei masselosen Verfahren - Beschwerde einlegen. Nach der neueren Rechtsprechung sind bei der Berechnung der Verwaltervergütung die von einem Prozessgegner erstatteten Prozesskosten (und die von der Gerichtskasse erstatteten Kosten) gegen die von der Masse verauslagten Kosten zu

---

[33] Beschluss v. 17.4.2014 -18 W 28/14, ZInsO 2014, 959 f.

verrechnen. Damit erhöhen diese Beträge die Berechnungsgrundlage der Verwaltervergütung nicht (BGH, ZIP 2021, 137 f.).

2. Die Aufgaben des Insolvenzverwalters

Die Hauptaufgabe des Insolvenzverwalters ist die Verwaltung und Verwertung der Masse.[34] Der Verwalter hat zunächst die zur Insolvenzmasse gehörenden Vermögensgegenstände in Besitz zu nehmen, da der Besitz an der Insolvenzmasse nicht kraft Gesetzes übergeht (vgl. § 148 Abs. 1 InsO).

Übersicht über die wichtigsten Aufgaben des Insolvenzverwalters

- Inbesitznahme der Masse
- Verwaltung und Verwertung der Masse
- Aufzeichnung der Massegegenstände, § 151 InsO
- Erstellung des Gläubigerverzeichnisses, § 152 InsO
- Erstellung der Vermögensübersicht, § 153 InsO
- Führung der Insolvenztabelle und Prüfung der angemeldeten Forderungen, §§ 174 ff. InsO
- Erfüllung der handels- und steuerrechtlichen Buchführungspflichten, § 155 InsO
- Geltendmachung des Gesamtschadens und der persönlichen Haftung der Gesellschafter, §§ 92, 93 InsO
- Aufstellung der Schlussrechnung und Verteilung des Erlöses an die Gläubiger, §§ 187, 195, 196 InsO

Durch den Verwalter ist ein Verzeichnis der Vermögensgegenstände der Insolvenzmasse (§ 151 InsO), ein Gläubigerverzeichnis (§ 152 InsO) sowie eine Vermögensübersicht (§ 153 InsO) aufzustellen. Der Insolvenzverwalter führt die Insolvenztabelle und hat die angemeldeten Insolvenzforderungen zu prüfen (s. u.). Ferner hat er den Gesamtschaden und die persönliche Haftung des Gesellschafters i.S.v. §§ 92,

---

[34] Wie genau und in welcher Reihenfolge und Art und Weise ein Insolvenzverwalter die ihm vom Gesetz auferlegten Pflichten erfüllt, ist nicht geregelt. Orientieren sollte sich ein Verwalter aber, auch zur Begrenzung seiner persönlichen Haftung, an den „Grundsätzen ordnungsgemäßer Insolvenzverwaltung (GOI)", herausgegeben vom VID (Verband Insolvenzverwalter Deutschland e.V.) mit Beschlussfassung v. 3.5.2013.

93 InsO gegenüber den entsprechenden Personen geltend zu machen.

Der Verwalter ist aus der ihm gegenüber dem Schuldner und den Gläubigern obliegenden Vermögenserhaltungspflicht gehalten, bis zur endgültigen Verteilung der Masse die Gelder der Insolvenzmasse zu sichern und zinsgünstig anzulegen BGH, ZIP 2014, 1448 = NJW-RR 2014, 1516).

Der Eröffnungsbeschluss ist ein Herausgabetitel gegen den Insolvenzschuldner, § 794 Abs. 1 Nr. 3 ZPO i.V.m. § 148 Abs. 2 S. 1 InsO. Der vollstreckungsfähige Inhalt besagt, dass der Insolvenzschuldner die Pflicht hat, alle zur Insolvenzmasse gehörenden Gegenstände herauszugeben. Er kann im Wege der Herausgabevollstreckung nach § 4 InsO, §§ 883, 885 ZPO vollstreckt werden. Zuvor muss der Insolvenzverwalter jedoch eine vollstreckbare Ausfertigung des Eröffnungsbeschlusses beantragen, §§ 795, 724 Abs. 2 ZPO und die Zustellung an den Insolvenzschuldner bewirken, §§ 795, 750 Abs. 1 ZPO.

3. Die steuerlichen Aufgaben des Insolvenzverwalters

Der Insolvenzverwalter ist verpflichtet, gem. § 155 Abs. 2 Satz 2 InsO die handels- und steuerrechtlichen Pflichten des Insolvenzschuldners zur Buchführung und zur Rechnungslegung zu erfüllen. Dazu gehören auch die externen Rechnungslegungspflichten und Steuererklärungspflichten gegenüber dem Finanzamt. Mit der Eröffnung des Insolvenzverfahrens beginnt für die Insolvenzmasse ein neues Geschäftsjahr. Der Insolvenzmasse selbst wird aus steuerrechtlichen Gründen eine neue Steuernummer erteilt, unter der die gesamten steuerpflichtigen Geschäfte nach Eröffnung des Insolvenzverfahrens versteuert werden. Die steuerpflichtigen Geschäfte vor der Eröffnung des Insolvenzverfahrens werden unter der alten Steuernummer geführt. Der Gesamtsaldo unter der alten Steuernummer wird vom Finanzamt dann zur Insolvenztabelle angemeldet. Die Verbindlichkeiten aus dem Steuerschuldverhältnis der neuen Steuernummer sind Masseverbindlichkeiten.

4. Die Haftung des Insolvenzverwalters

Allen Verfahrensbeteiligten gegenüber ist der Insolvenzverwalter zum Schadensersatz verpflichtet, wenn er schuldhaft die Pflichten verletzt, die ihm nach dem Gesetz obliegen, § 60 Abs. 1 Satz 1 InsO. Die Hauptpflichten, das zur Insolvenzmasse gehörende Vermögen zu bewahren und ordnungsgemäß zu verwalten, haben sich am gesetzlichen Leitbild des ordentlichen und gewissenhaften Verwalters auszurichten, das wiederum an die handels- und gesellschaftsrechtlichen Sorgfaltsanforderungen[35] angelehnt ist und den Besonderheiten des Insolvenzverfahrens Rechnung zu tragen hat.

Im Rahmen einer Betriebsfortführung ist der Maßstab aller unternehmerischen Entscheidungen des Verwalters der Insolvenzzweck, also die bestmögliche gemeinschaftliche Befriedigung der Insolvenzgläubiger[36], sowie das von den Gläubigern gemeinsam beschlossene Verfahrensziel. Dabei hat der Insolvenzverwalter einen weiten, von der Vielschichtigkeit und vom Stand des Verfahrens abhängigen und nur durch den Insolvenzzweck geprägten, Ermessensspielraum. Es gilt jedoch nicht das weite Geschäftsleiterermessen nach der „Business Judgment Rule", § 93 Abs. 1 Satz 2 AktG (BGH, NJW 2020, 1800). Die Rechtsmacht, die der Verwalter nach § 80 Abs. 1 InsO kraft Beschlusses erhalten hat, ist zweckgebunden. Das Verfahren dient vorrangig den Interessen der Gläubiger und des Insolvenzschuldners und nicht den Erwerbsinteressen des Verwalters. Daher hat der Verwalter seine Rechtsmacht und seine Möglichkeiten ausschließlich zur Verfolgung des Verfahrenszwecks zu nutzen (vgl. u.a. zur Haftung des Insolvenzverwalters für unternehmerische Entscheidungen BGH, ZInsO 2018, 460 f. betr. Erwerb einer ETW aus der Masse als eigennützige Fehlentscheidung).

---

[35] Vgl. § 347 Abs. 1 HGB, § 93 Abs. 1, Satz 1 AktG, § 34 Abs. 1 Satz 1 GenG, § 43 Abs. 1 GmbHG.
[36] Abgeleitet aus § 1 InsO, vgl. BVerfG, ZInsO 2006, 765.

Bei der Führung von Gerichtsverfahren (auch vor der Erhebung einer Klage) ist der Verwalter nicht verpflichtet, die Interessen des Prozessgegners an einer eventuellen Kostenerstattung zu berücksichtigen. Wenn der Verwalter selbst Rechtsanwalt ist, dann schuldet er den Beteiligten bei der gerichtlichen Durchsetzung von Ansprüchen grundsätzlich dieselbe Sorgfalt, wie ein Rechtsanwalt seinem Mandanten (BGH, Urteil v. 29.10.2015 –IX ZR 33/15).

Der Schadensersatzanspruch gegen den Verwalter ist nicht subsidiär gegenüber einem Anspruch gegenüber der Masse, sondern gleichberechtigt. Bei der Verletzung allgemeiner Vertragspflichten, insbesondere bei Vertragspflichtverletzungen gegenüber Neugläubigern, tritt die Insolvenzverwalterhaftung gem. § 60 InsO nicht ein. Ferner haftet der Verwalter gem. § 61 InsO persönlich auch dafür, dass er Verbindlichkeiten begründet, die er bei Fälligkeit der Forderung nicht begleichen kann.
Schadensersatzansprüche gegen den Insolvenzverwalter verjähren gemäß § 62 InsO in drei Jahren, spätestens von der Aufhebung oder der Rechtskraft des Einstellungsbeschlusses des Insolvenzverfahrens an.

Auf Antrag oder Anregung der Gläubigerversammlung kann das Insolvenzgericht einen *Sonderinsolvenzverwalter* bestellen. Nach den gesetzlichen Regelungen ist diese Möglichkeit nicht vorgesehen, jedoch von der Rechtsprechung mittlerweile als zulässig anerkannt (BGH, NZI 2009, 238; NZI 2014, 307; NZI 2016, 831). Dieser hat die Aufgabe, vorrangig Gesamtschadensersatzansprüche gegen den Verwalter zu prüfen und ggf. durchzusetzen. Ein solcher Sonderinsolvenzverwalter kann auch bestellt werden, wenn tatsächliche und rechtlich begründete Anhaltspunkte für Schadensersatzansprüche vorliegen und der Erfolg des Insolvenzverfahrens durch eine Sonderinsolvenzverwaltung nicht beeinträchtigt wird.

II. Die Rechte und Pflichten des Insolvenzschuldners

1. Die Einschränkung der Verfügungsmacht betreffend des Vermögens

Mit Eröffnung des Insolvenzverfahrens geht das Recht, das Vermögen des Insolvenzschuldners (sog. Insolvenzmasse) zu verwalten und darüber zu verfügen, auf den Insolvenzverwalter gem. § 80 Abs. 1 InsO über. Der Insolvenzschuldner verliert damit jedoch nicht seine Prozess- und Geschäftsfähigkeit.

Verfügungen des Insolvenzschuldners sind daher gegenüber Dritten gem. § 81 Abs. 1 Satz 1 InsO absolut unwirksam. Der gutgläubige Erwerb zugunsten Dritter ist nach § 81 Abs. 1 Satz 2 InsO nur im Liegenschaftsrecht möglich.

Weiterhin ist bei mehraktigen Erwerbstatbeständen (Rechtsgeschäfte, die vor Eröffnung des Insolvenzverfahrens beginnen und erst nach der Eröffnung zur Vollendung gelangen) auch der Rechtserwerb nach Eröffnung gem. § 91 Abs. 1 InsO unwirksam. Unter diese Regelung fallen jedoch keine Rechtsgeschäfte unter einer aufschiebenden Bedingung, wenn diese Bedingung erst nach Verfahrenseröffnung eintritt. Aus § 161 Abs. 1 Satz 2 BGB ergibt sich, dass dieser Rechtserwerb nach Eintritt der Bedingung dann nicht gem. § 91 Abs. 1 InsO gehindert wird.

Unter die Regelung der Verfügungsbeschränkung gem. §§ 80, 81 InsO fallen nicht die Tatbestände der Annahme oder Ausschlagung einer Erbschaft oder eines Vermächtnisses. Der Erwerb derartiger Vermögensgegenstände stellt nicht nur eine vermögensrechtliche Regelung, sondern auch eine höchstpersönliche Angelegenheit des Insolvenzschuldners dar. Der Pflichtteilsanspruch eines Insolvenzschuldners fällt gem. § 83 Abs. 1 InsO nur dann in die Insolvenzmasse, wenn er bereits vor Insolvenzeröffnung durch Vertrag anerkannt oder prozessual bereits rechtshängig geltend gemacht wurde.

2. Die Vollstreckungsverbote / Rückschlagsperre

Das Insolvenzverfahren ist ein Gesamtvollstreckungsverfahren mit dem Ziel der Gleichbehandlung aller Gläubiger. Mit der Eröffnung des Insolvenzverfahrens ist das sogenannte Gläubigerrennen beendet. Einzelvollstreckungsmaßnahmen von Gläubigern in die Insolvenzmasse und auch in das insolvenzfreie Vermögen des Insolvenzschuldners sind daher nach Eröffnung gem. § 89 InsO unzulässig. Rechte aus Einzelzwangsvollstreckungen, die vor der Eröffnung erworben worden sind, bleiben gem. § 80 Abs. 2 Satz 2 InsO grundsätzlich gültig, solange diese nicht gem. § 88 InsO mit Eröffnung des Verfahrens unwirksam werden.

Unter die Regelung der „Rückschlagsperre" nach § 88 InsO fallen alle Sicherungsrechte, die ein Insolvenzgläubiger im Zeitraum vom letzten Monat vor dem Antrag auf Eröffnung des Insolvenzverfahrens bis zur Insolvenzeröffnung durch Zwangsvollstreckungsmaßnahmen erlangt hat. Dabei wandelt sich eine Zwangssicherungshypothek automatisch in eine Eigentümergrundschuld um. Die Löschung muss jedoch vom Insolvenzverwalter in der Form gem. § 29 GBO bei dem zuständigen Grundbuchamt beantragt werden. Sind Zahlungen auf diese Sicherungsrechte erfolgt, so entsteht der Rückforderungsanspruch bezüglich dieser Zahlungen nicht aus der Regelung nach § 88 InsO, sondern aus den allgemeinen Insolvenzanfechtungsgründen (regelmäßig aus §§ 129, 131 Abs. 1 InsO).

Unterhaltsrückstände des Schuldners aus der Zeit vor Verfahrenseröffnung können gegen diesen im eröffneten Verfahren nicht vollstreckt werden[37]. Die Ausnahme von dem generellen Vollstreckungsverbot nach §§ 114 Abs. 3, 89 Abs. 2 Satz 2 InsO betrifft nur solche Unterhaltsrückstände, die während des Insolvenzverfahrens neu entstanden sind.

---

[37] In der Wohlverhaltensperiode gilt für solche Unterhaltsrückstände das Vollstreckungsverbot nach § 240 InsO.

Entgegen dem Vollstreckungsverbot für Insolvenzgläubiger nach § 38 InsO können sogenannte Neugläubiger, also solche, deren Ansprüche gegen den Insolvenzschuldner erst nach Verfahrenseröffnung entstanden sind, in das insolvenzfreie Vermögen des Schuldners vollstrecken, auch in einen nach § 35 Abs. 2 InsO freigegebenen Neuerwerb.

Ein Verzicht auf die Teilnahme am Insolvenzverfahren, um gegen den Schuldner persönlich Klage zu erheben, wie es im Konkursrecht noch möglich war, kann vom Gläubiger nicht mehr durchgeführt werden. Gemäß § 87 InsO kann der Insolvenzgläubiger seine Forderungen gegenüber dem Insolvenzschuldner nur noch nach den Vorschriften über das Insolvenzverfahren verfolgen.

Umgekehrt darf der Schuldner jedoch im laufenden Insolvenzverfahren aus seinem unpfändbaren Vermögen, das nicht dem Zugriff des Verwalters obliegt, Gläubigerforderungen befriedigen. Solche Zahlungen sind nach der Rechtsprechung nicht sittenwidrig und begründen auch keinen Masseanspruch nach § 826 BGB (BGH, ZInsO 2010, 376).

3. Die verfahrensrechtlichen Pflichten des Insolvenzschuldners

Der Insolvenzschuldner ist im Insolvenzantragsverfahren und im eröffneten Verfahren durch diverse Mitwirkungs- und Auskunftspflichten gegenüber dem Verwalter und dem Gericht belastet (§§ 20, 97 InsO). Bei Gesellschaften trifft diese Pflicht die organschaftlichen Vertreter der juristischen Personen und die vertretungsberechtigten persönlich haftenden Gesellschafter (§ 101 Abs. 1 InsO), einschließlich der bereits in den letzten zwei Jahren vor dem Insolvenzantrag ausgeschiedenen Personen dieser Personengruppe.

Ferner sind auch Angestellte oder frühere Angestellte des Insolvenzschuldners zur Auskunft gem. § 101 Abs. 2 InsO verpflichtet.

Der Insolvenzschuldner muss grundlegend die Auskünfte erteilen, die der Verwalter benötigt, um die offenen Forderungen geltend machen zu können. Dies gilt auch für Personen mit einer beruflichen Schweigepflicht, so z.B. für Ärzte, da deren Honoraransprüche zur Insolvenzmasse gehören (AG Köln, NZI 2003, 387; dazu Vallender, NZI 2003, 530). Die Auskunft hat auch durch Vorlage von Belegen zu erfolgen (BGH ZinsO 2006, 265). Der Umfang und die Informationen an sich, die der Insolvenzschuldner mitteilen muss, sind nicht davon abhängig, dass der Verwalter bestimmte Fragen stellt. Der Schuldner muss vielmehr von sich aus alle Informationen mitteilen, die für das Verfahren von Bedeutung sein können. Dazu zählen auch Umstände, die Insolvenzanfechtungstatbestände betreffen. Kommt der Insolvenzschuldner dieser Obliegenheit nicht nach, dann ist ggf. der Antrag auf Versagung seiner Restschuldbefreiung begründet.

Die Geschäftsführung einer insolventen Gesellschaft hat dem Insolvenzverwalter grundlegend Auskünfte über die rechtlichen, wirtschaftlichen und tatsächlichen Verhältnisse der Gesellschaft, aber auch über Ansprüche gegen Gesellschafter und über gegen ihn selbst gerichtete Ansprüche zu erteilen (BGH, ZIP 2015, 791). Die Auskunftspflicht des Insolvenzschuldners ist derart weitreichend, dass sogar Tatsachen offenbart werden müssen, die dazu geeignet sind, eine Strafverfolgung auszulösen (§ 97 Abs. 1 InsO). Eine derartige Auskunft des Insolvenzschuldners darf in einem Strafverfahren gegen ihn oder gegen einen in § 52 Abs. 1 StPO bezeichneten Angehörigen nur mit Zustimmung des Schuldners selbst verwendet werden (Verwendungsverbot nach § 97 Abs. 1 Satz 3 InsO). Auch soll nach der herrschenden Literaturmeinung eine solche Auskunft ohne Zustimmung des Schuldners nicht als Ansatz für weitere Ermittlungen dienen können (mittelbares Verwertungsverbot). Das Verwertungsverbot ist jedoch begrenzt auf Äußerungen des Schuldners, die er zur Erfüllung seiner Auskunftspflicht nach § 97 Abs. 1 Satz 1 InsO tätigt. Es erstreckt sich nicht auf Urkunden und Geschäftsunterlagen, die im Rahmen der allgemeinen Mitwirkungspflicht nach § 97 Abs. 2 InsO dem Verwalter übergeben werden.

Für den Fall, dass der Insolvenzschuldner oder seine Vertreter diesen Pflichten nicht freiwillig nachkommen, können die Pflichten durch Sanktionen und Zwangsmittel, wie Vorführung und Haft (Beugehaft) nach § 98 InsO zwangsweise durchgesetzt werden. Dabei soll die Vorführung und Haftandrohung grundsätzlich erst nach Anhörung des Insolvenzschuldners oder seiner Vertretungsorgane und nachgewiesener Verweigerung der Auskunft beschlossen werden (OLG Naumburg, ZInsO 2000, 562; OLG Celle, ZInsO 2001, 1448).

4. Die Rechte des Insolvenzschuldners

Die Rechte des Insolvenzschuldners sind im neuen Insolvenzrecht gegenüber der alten Gesetzeslage erheblich erweitert worden. Er kann die Eigenverwaltung der Insolvenzmasse beantragen oder muss ihr bei Fremdanträgen auch zustimmen (§ 270 Abs. 2 InsO). Auch kann der Insolvenzschuldner einen Insolvenzplan vorlegen oder sein Widerspruchsrecht gegen einen Insolvenzplan ausüben. Er kann auch einen Aussetzungsantrag nach § 233 InsO stellen.

Im Bereich der Verfahrensabwicklung hat der Insolvenzschuldner das Recht, zum Bericht des Verwalters und zur weiteren Verfahrensabwicklung im Berichtstermin vor dem Insolvenzgericht Stellung zu nehmen (§ 156 Abs. 2 Satz 1 InsO). Er darf grundsätzlich an den Gläubigerversammlungen teilnehmen (§ 74 Abs. 1 Satz 2 InsO). Auch steht dem Insolvenzschuldner das Recht zu, beim Insolvenzgericht zu beantragen, dass bedeutende Rechtshandlungen nur mit Zustimmung der Gläubigerversammlung tatsächlich möglich sind (§§ 161, 163 InsO). Der Insolvenzschuldner kann auch durch einen Antrag beim Insolvenzgericht verhindern, dass vor Abhaltung des Berichtstermins und der ersten Gläubigerversammlung eine Betriebsstilllegung durch den Insolvenzverwalter erfolgt (§ 158 Abs. 2 InsO).

Im Rahmen der Forderungsprüfung steht dem Insolvenzschuldner ein eigenes Recht zu, angemeldeten Forderungen zu widersprechen, auch wenn der Insolvenzverwalter diese feststellt (§§ 178 Abs. 1 Satz 2, 201 Abs. 2 InsO). Dies hat insbesondere Auswirkungen auf seine Nachhaftung, wenn z. B. Forderungen aus unerlaubter Handlung angemeldet werden und der Insolvenzschuldner diese bestreitet.

III. Die Rechte und Pflichten des Insolvenzgläubigers

1. Die vorrangigen Insolvenzforderungen

Als Insolvenzgläubiger wird die Person angesehen, die zur Zeit der Eröffnung des Insolvenzverfahrens einen begründeten Vermögensanspruch gegenüber dem Insolvenzschuldner hat (§ 38 InsO).

a. Art der Insolvenzforderung

Da das Insolvenzverfahren darauf ausgerichtet ist, den Insolvenzgläubigern eine anteilmäßige Befriedigung in Geld zu gewähren, sind Ansprüche der Gläubiger gegen den Insolvenzschuldner, die nicht auf Geld gerichtet sind, wie z. B. Verschaffungsansprüche oder unbestimmte Geldbeträge sowie Forderungen, die zum Zeitpunkt der Eröffnung des Insolvenzverfahrens nur dem Grunde nach aber nicht der Höhe nach feststehen nach § 45 InsO durch den Gläubiger selbst zu schätzen. Maßgeblicher Zeitpunkt für die Schätzung des Wertes ist der Tag der Verfahrenseröffnung.

Sämtliche Ansprüche, die von einem Gläubiger zur Insolvenztabelle angemeldet werden, müssen zum Zeitpunkt der Insolvenzeröffnung dem Grunde und der Höhe nach bestehen. Nicht fällige Forderungen werden gem. § 41 Abs. 1 InsO als fällig fingiert und bedingte Forderungen werden gem. § 42 InsO wie unbedingte Forderungen angesehen. Selbst verjährte Forderungen können von den Gläubigern im Insolvenzverfahren angemeldet werden.

Erst die Einrede der Verjährung durch den Insolvenzverwalter im Prüfungstermin verhindert die Durchsetzung der Forderung.

Auch wenn neben dem Insolvenzschuldner noch andere Personen für dieselbe Forderung in voller Höhe haften, wie etwa bei einer Gesamtschuldnerschaft, kann der gesamte Betrag bis zur vollen Befriedigung nach § 43 InsO angemeldet werden.

Die Regelung gem. § 43 InsO wird von der Rechtsprechung weit gefasst. Sie ist bei der Gesamtschuldnerschaft, im Verhältnis von Hauptschuldner und Bürgen in der Insolvenz des Hauptschuldners, bei der Haftung mehrerer Wechselschuldner gem. § 47 WG und auch bei der Haftung eines ausgeschiedenen Kommanditisten anzuwenden. Nach der Rechtsprechung ist dieser Grundsatz auch entsprechend bei der bloßen Sachmithaftung massefremder Gegenstände anzuwenden.

Eine Insolvenztabelle kann auch auf Antrag berichtigt werden. Die Berichtigung der Tabelle erfolgt nach § 4 InsO, § 164 ZPO (in entsprechender Anwendung); und nicht etwa nach der Regelung von § 319 ZPO (BGH, ZInsO 2017, 320). Gegen die Ablehnung eines Berichtigungsantrags ist die sofortige Erinnerung nach § 11 Abs. 2 Satz 1 RPflG statthaft.

b. Die Anmeldung und Prüfung der Insolvenzforderung

Um am Insolvenzverfahren teilnehmen zu können, müssen die Gläubiger innerhalb einer vom Gericht zu bestimmenden Frist, die zwischen zwei Wochen und drei Monaten liegen kann, ihre Forderungen beim Insolvenzverwalter zur Insolvenztabelle anmelden (§ 28 Abs. 1 InsO). Die Anmeldefrist ist im Eröffnungsbeschluss niedergelegt. Der Eröffnungsbeschluss wird regelmäßig mit einem Formblatt zur Durchführung der Insolvenzanmeldung den bereits bekannten Gläubigern zugestellt. Die Anmeldefrist ist jedoch keine Ausschlussfrist. Jeder Gläubiger kann, solange die Schlussrechnung des Insolvenzverfahrens noch nicht erfolgt ist, seine Forderung auch nachträglich zur Insolvenztabelle anmelden (§ 177 Abs. 1 Satz 1 InsO). Hierbei hat der Gläubiger nur die dafür entstehenden zusätzlichen Kosten zu tragen.

Aus der Insolvenzanmeldung selbst, die schriftlich erfolgen muss, muss der Betrag, der Grund der Forderung sowie der Anspruch der Sicherungsrechte an beweglichen Sachen oder Forderungen des Schuldners ersichtlich sein (§ 28 Abs. 2 InsO). Die gesamten formellen Anforderungen der Insolvenzanmeldung ergeben sich aus § 174 InsO.

Eine Zug-um-Zug Forderung kann als solche nicht zur Tabelle angemeldet werden. Wenn dennoch eine solche Forderung (ohne Einschränkung) angemeldet worden ist, dann ist die Feststellungsklage (§§ 179, 180 InsO s.u.) nicht unzulässig, jedoch ggf. unbegründet (vgl. BGH, NZI 2016, 301).

Bei der Anmeldung einer titulierten Forderung ist es nicht notwendig, dass der Titel im Original im Prüfungstermin oder im Feststellungsrechtsstreit vorgelegt wird (BGH ZinsO 2006, 102 ff.).

Der Verwalter muss jede angemeldete Forderung in die Insolvenztabelle aufnehmen. Meldet ein Gläubiger eine nachrangige Forderung (§ 39 InsO) an, so muss auch sie in die Tabelle der Forderungen nach § 38 InsO mit aufgenommen und im Prüfungstermin bestritten werden.

Ob eine angemeldete Forderung tatsächlich in der Insolvenztabelle berücksichtigt worden ist, kann der Gläubiger durch Einsicht in die Insolvenztabelle feststellen, die innerhalb des ersten Drittels des Zeitraumes, der zwischen dem Ablauf der Anmeldefrist und dem Prüfungstermin liegt, in der Geschäftsstelle des Insolvenzgerichts zur Einsicht niedergelegt ist (§ 175 InsO).

Die zur Insolvenztabelle angemeldeten Forderungen werden in einem allgemeinen Prüfungstermin dem Grunde, der Höhe und ihrem Rang nach geprüft (§ 176 Satz 1 InsO). Dabei werden jedoch nur die bestrittenen Forderungen im Einzelnen erörtert (§ 176 Satz 2 InsO). Die vom Insolvenzverwalter anerkannten Forderungen werden in der Tabelle als „festgestellt" beurkundet. Diese Eintragung wirkt gem. § 178 Abs. 2 InsO wie ein rechtskräftiges Urteil. Ein solcher vollstreckbarer Tabelleneintrag verdrängt auch einen Titel, den der Gläubiger vor Eröffnung des Insolvenzverfahrens gegenüber dem Schuldner rechtskräftig erlangt hat. Aus einem derartigen vollstreckbaren Tabelleneintrag kann bei einer Aufhebung des Insolvenzverfahrens die Zwangsvollstreckung gegenüber dem Schuldner betrieben werden (§§ 201 Abs. 2, 202 InsO).

Wird die Forderung vom Insolvenzverwalter bestritten, so lautet die Beurkundung „Vom Insolvenzverwalter bestritten". Wenn die Gläubiger dann nicht bei einer endgültigen Verteilung der Masse ausgeschlossen werden wollen, haben sie die Möglichkeit, auf Feststellung ihrer Forderung zur Insolvenztabelle zu klagen (§ 179 Abs. 1 InsO).

Wenn der Verwalter, wie in der Praxis häufig durchgeführt, die Forderung nur vorläufig bestreitet, dann löst er die Rechtsfolgen eines endgültigen Bestreitens aus. Dies wird regelmäßig dann geschehen, wenn der Insolvenzverwalter noch nicht abschließend die Möglichkeit hatte, die Forderung zu prüfen (z.B. ob aufgrund einer mangelhaften Insolvenzanmeldung noch Unterlagen fehlen, um die Forderung endgültig dem Grunde und der Höhe nach feststellen zu können).

In der Praxis wird sich der Gläubiger direkt an den Insolvenzverwalter mit der Frage wenden, weshalb seine Forderung vorläufig bestritten wurde. Die entsprechenden Mängel der Forderungsanmeldung können dann kurzfristig zwischen dem Gläubiger und dem Insolvenzverwalter geklärt und beseitigt werden, so dass anschließend vom Insolvenzverwalter nachträglich ein Anerkennen oder gar ein endgültiges Bestreiten der Forderung schriftlich erfolgt.

Bestreitet der Insolvenzverwalter im Prüfungstermin eine titulierte Forderung des Gläubigers, so muss der Insolvenzverwalter selbst (oder der Insolvenzschuldner, wenn dieser selbständig bestreitet) den Widerspruch gegen die angemeldete Forderung führen. Dazu stehen den bestreitenden Personen jedoch nur die Rechtsbehelfe zur Verfügung, die der Insolvenzschuldner auch hätte einlegen können, wenn nicht über sein Vermögen das Insolvenzverfahren eröffnet worden wäre, so z. B. Berufung, Wiederaufnahme des Verfahrens durch

Restitutions- oder Nichtigkeitsklage, §§ 578 ff. ZPO oder Vollstreckungsgegenklage. Der Klageantrag wird dann dergestalt formuliert werden, dass vom erkennenden Gericht der Widerspruch gegen die Forderung für begründet zu erklären ist (BGH, KTS 1962, 46).

EXKURS: Die Steuerschuld als Insolvenzforderung

Mit Verfahrenseröffnung wird das steuerliche Festsetzungsverfahren entsprechend § 240 ZPO unterbrochen. Ab Eröffnung folgt die Steuerfestsetzung nicht mehr dem Steuerverfahrensrecht, sondern dem Insolvenzrecht. Daher dürfen ab diesem Zeitpunkt belastende Steuerbescheide nicht mehr ergehen; dennoch zugestellte Bescheide sind unwirksam. Die vor Verfahrenseröffnung begründeten Steuerschulden müssen von der Finanzverwaltung zur Tabelle angemeldet werden. Die Mitteilung erfolgt durch sog. „informatorische Bescheide" oder „Berechnungen", die jedoch nicht die Rechtsqualität von Steuerverwaltungsakten haben und somit auch nicht rechtsmittelfähig sind. Selbst Änderungen des Steueranspruchs müssen durch Korrektur der Insolvenzanmeldung erfolgen.

c. Die Anmeldung einer Forderung aus „vorsätzlich unerlaubter Handlung"

Forderungen, die dem Grunde nach auf einer vorsätzlich begangenen unerlaubten Handlung des Schuldners beruhen, können als solche mit diesem „Attribut" zur Tabelle angemeldet werden. Auch die Nachtragsmeldung wegen vorsätzlich unerlaubter Handlung bei einer bereits zur Tabelle festgestellten Forderung ist in die Tabelle einzutragen. Hiergegen kann nur der Schuldner selbst widersprechen. Eine solche Anmeldung kann jedoch nur bis zum Ablauf der nunmehr dreijährigen Abtretungsfrist (§ 287 Abs. 2 Satz 1 InsO n. F.) erfolgen. An die Sachverhaltsschilderung bei einer solchen Anmeldung sind nach der neueren Rechtsprechung keine besonders hohen Anforderungen zu stellen (BGH, NJW 2020, 3102; mit Anm. Jungmann, NJW 2020, 3105). Jedoch müssen Mindestanforderungen eingehalten werden, wie die Beschreibung des Lebenssachverhalts, aus dem der hergeleitete Anspruch in tatsächlicher Hinsicht zweifelsfrei bestimmt werden und der Schuldner zumindest erkennen kann, welches deliktische Verhalten ihm vorgeworfen wird. Bei einer derartigen Anmeldung von rückständigen Sozialversicherungsbeiträgen muss zumindest angegeben werden, welche Arbeitnehmer und welchen Zeitraum die angemeldete Forderung betreffen soll (vgl. AG Freiburg, ZInsO 2019, 1383).

Wenn bei einem Insolvenzverfahren, ohne dass ein Antrag auf Restschuldbefreiung gestellt wurde, eine Forderung mit dem Attribut aus vorsätzlich begangener unerlaubter Handlung zur Tabelle angemeldet wird, dann soll das Attribut nicht in die Insolvenztabelle eingetragen werden (AG Aurich, ZInsO 2016, 290; Ahrens, NZI 2016, 143 f.).

Bei einem Widerspruch des Schuldners gegen diese Anmeldung kann der anmeldende Gläubiger eine Feststellungsklage gegen den Schuldner, die sog. Attributsklage führen, § 184 InsO (vgl. hierzu BGH, Beschluss v. 3.3.2016 –IX ZB 33/14, einschließlich zu Verjährungsfragen). Der Streitwert einer solchen Feststellungsklage betreffend einer angemeldeten Forderung, die auf einer vorsätzlich unerlaubten Handlung beruht, bezieht sich auch auf die späteren Vollstreckungsaussichten des Insolvenzgläubigers nach Beendigung des Verfahrens und Erteilung der Restschuldbefreiung, durch die sich die begehrte Feststellung verbessert (OLG Hamm, Beschluss vom 28.5.2019 -7U 11/19).

d. Die Feststellungsklage

Nachdem der Verwalter die angemeldete Forderung bestritten hat, kann der Gläubiger Feststellungsklage gem. §§ 179, 180 InsO erheben.[38] Gegenstand der Klage ist die positive Feststellung des Haftungsrechts des Gläubigers an der Masse.

Ist bereits eine Zahlungsklage gegen den Insolvenzschuldner vor Verfahrenseröffnung rechtshängig gewesen (Passivprozess), so ist diese zunächst nach § 240 ZPO unterbrochen. Nach dem Bestreiten der angemeldeten Klageforderung kann

---

[38] Zu den Voraussetzungen und Anforderungen an die Anmeldung einer Forderung zur Tabelle und zu den Problemen bei einer Feststellungsklage vgl. BGH, ZInsO 2016, 93 f.; Smid, ZInsO 2016 781 ff.

dann der Gläubiger das Verfahren wieder aufnehmen bei Umstellung auf Feststellungsantrag, § 180 Abs. 2 InsO. Die Aufnahme des Rechtsstreits ist zwingend um die Forderung feststellen zulassen. Eine selbständige Feststellungsklage ist in derartigen Fällen unzulässig (BGH, Urteil v. 26.1.2017 – IX ZR 315/14). Der Verwalter tritt dann durch Parteiwechsel in die Parteirolle des Schuldners ein (zulässige Klageänderung, analog § 264 Nr. 3, 2. Alt. ZPO).

Formulierungsbeispiel von Antrag und Tenor bei nicht titulierten Forderungen

„Die Forderung des Klägers gegen den Beklagten über …€ wird in dem Insolvenzverfahren über das Vermögen des …, AG …(AZ…) zur Tabelle nach § 38 InsO, Nr. … festgestellt."

Vor der Erhebung einer solchen Klage sollte der Gläubiger jedoch beim Verwalter nachfragen, warum die Forderung bestritten wurde. Andernfalls trägt er das Kostenrisiko hinsichtlich eines sofortigen Anerkenntnisses nach § 93 ZPO. Der Verwalter selbst hat jedoch keine Hinweispflicht gegenüber dem Gläubiger, auch nicht aus § 4 InsO, § 139 ZPO.

Ist der angemeldete Anspruch des Gläubigers bereits vor Verfahrenseröffnung tituliert, so obliegt es dem widersprechenden Verwalter oder Schuldner, die Feststellungsklage zu betreiben.

2. Die nachrangigen Insolvenzforderungen

Die nachrangigen Insolvenzforderungen nach § 39 InsO werden grundsätzlich aus der Insolvenzmasse erst dann bedient, wenn alle Forderungen der Insolvenzgläubiger nach § 38 InsO voll befriedigt sind. Diese nachrangigen Forderungen sind auch nur nach einer ausdrücklichen Aufforderung durch das Insolvenzgericht beim Insolvenzverwalter anzumelden (§ 174 Abs. 3 InsO).

Im Gegensatz zu den Insolvenzforderungen nach § 38 InsO, bei denen es keine Rangunterschiede gibt, sind die angemeldeten Forderungen nach § 39 InsO zwingend in der bezeichneten Rangfolge zu befriedigen. Die Regelung des § 39 InsO gilt bei allen Verfahrensarten der InsO und wird für die Nachlassinsolvenz noch ergänzt durch § 327 InsO.

3. Die Gläubigerversammlung

Die Gläubigerversammlung ist das oberste Selbstverwaltungsorgan der Gläubiger und zuständig für alle Grundentscheidungen im Insolvenzverfahren. Durch die Einführung der Insolvenzordnung ist die Gläubigerautonomie dergestalt gestärkt worden, dass die letzte Entscheidung über den Ablauf des Insolvenzverfahrens, insbesondere über die Dauer der Zulässigkeit einer Betriebsfortführung, die Beauftragung des Verwalters zur Erstellung eines Insolvenzplanes oder den Abbruch von Sanierungsbemühungen, der Gläubigerversammlung obliegt.

Die erste Gläubigerversammlung, auch Berichtstermin genannt, muss innerhalb von sechs Wochen nach Eröffnung des Insolvenzverfahrens einberufen und darf nicht über drei Monate hinaus angesetzt werden (§ 29 Abs. 1 InsO). Weitere Gläubigerversammlungen müssen innerhalb von zwei Wochen einberufen werden, wenn dies vom Insolvenzverwalter, vom Gläubigerausschuss oder von absonderungsberechtigten Gläubigern (§§ 75 Abs. 1 Nr. 3, Nr. 4 InsO) beantragt wird.

Die Gläubigerversammlung trifft ferner die Entscheidung über die Bestellung des Insolvenzverwalters, die Einsetzung eines Gläubigerausschusses und dessen Zusammensetzung. Wenn die Gläubigerversammlung einen anderen als den zuvor vorläufig eingesetzten Verwalter wählt, dann hat der abgewählte keine Rechtsschutzmöglichkeit gegen die Abwahl.

Ferner kann die Gläubigerversammlung vom Insolvenzverwalter Auskünfte und Berichte über den Sachstand des Insolvenzverfahrens verlangen (§ 79 InsO).

Die Gläubigerversammlung ist schon bei einem erschienenen stimmberechtigten Gläubiger beschlussfähig. Die Beschlüsse müssen mit der absoluten Mehrheit der anwesenden oder vertretenen Stimmen erfolgen. Stimmberechtigt sind Gläubiger, die ihre Forderung ordnungsgemäß und schriftlich zur Insolvenztabelle angemeldet haben und deren Forderung festgestellt und nicht vom Verwalter oder einem stimmberechtigten Gläubiger bestritten wurde, § 77 Abs. 1 InsO. Nach § 78 Abs. 1 InsO kann das Insolvenzgericht auf Antrag eines Gläubigers einen Beschluss der Gläubigerversammlung aufheben, wenn triftige Gründe für die Anfechtbarkeit vorliegen bzw. wenn das gemeinsame Interesse der Insolvenzgläubiger an der bestmöglichen Befriedigung durch den Beschluss der Gläubigerversammlung deutlich und erheblich verletzt wird.

4. Der Gläubigerausschuss

Die Gläubigerversammlung entscheidet auch darüber, ob ein Gläubigerausschuss bestellt werden soll (§ 67 InsO). Das Insolvenzgericht kann auch schon vor einer Gläubigerversammlung einen vorläufigen Gläubigerausschuss einsetzen (§ 67 Abs. 1 InsO). Dabei steht es den Mitgliedern der Gläubigerversammlung jedoch frei, die zuvor vom Insolvenzgericht eingesetzten Mitglieder des Gläubigerausschusses abzuwählen und neue Mitglieder zu bestellen. Neben den Gläubigern und deren Vertretern können auch andere Personen zu Mitgliedern des Gläubigerausschusses bestellt werden (§ 67 Abs. 3 InsO). Insoweit werden regelmäßig sachkundige Personen wie Wirtschaftsprüfer, Steuerberater, Rechtsanwälte u.a. zu Mitgliedern von Gläubigerausschüssen bestellt.

Die Mitglieder des Gläubigerausschusses haben bei ihrer Tätigkeit grundsätzlich das Interesse der Gesamtgläubigerschaft zu berücksichtigen und nicht nur ihre eigenen Gläubigerinteressen. Sie müssen den Insolvenzverwalter bei der Abwicklung des Verfahrens unterstützen und überwachen (zur Haftung des Gläubigerausschusses wegen unzureichender Überwachung des Verwalters, BGH ZIP 2013, 1235).

Hierzu stehen ihnen Auskunftsansprüche über alle Einzelheiten des Insolvenzverfahrens und dessen Abwicklung, einschließlich der kurz- oder längerfristigen Fortführung des Betriebes zu. Der Gläubigerausschuss hat jedoch nicht das Recht, dem Insolvenzverwalter Weisungen zu erteilen.

Die weiteren Aufgaben des Gläubigerausschusses sind:

➢ Kassenprüfung (§ 69 Satz 2 InsO)
➢ Genehmigung bedeutsamer Rechtshandlungen des Verwalters wie Geschäftsübertragung, Grundstücksverkauf, Darlehensaufnahme oder Prozesshandlungen von besonderer Bedeutung (§ 160 InsO)
➢ Mitwirkung bei Verteilungen (§§ 187 III, 195 InsO)
➢ die Rechte der Sicherungsgläubiger (Aussonderung und Absonderung) zu überprüfen
➢ die Rechte der Massegläubiger zu überprüfen
➢ die Rechte und Pflichten des Insolvenzschuldners zu überprüfen.

5. Das Akteneinsichts- und Auskunftsrecht

Die Insolvenzgläubiger können sich nicht nur im Wege der offiziellen Gläubigerversammlungen bzw. bei der Ernennung eines Gläubigerausschusses über den Verfahrensstand informieren, sondern auch durch die Wahrnehmung des Akteneinsichtsrechtes. Die vom Insolvenzgericht geführte Insolvenzakte kann von den Gläubigern und allen anderen Verfahrensbeteiligten in jedem Verfahrensabschnitt bei dem Insolvenzgericht eingesehen werden. Einsichtsrechte, insbesondere bezüglich der Rechnungslegung des Verwalters, der Vermögensübersicht, der Insolvenztabelle, des Insolvenzplanes und des Verteilungsverzeichnisses, sind gesetzlich geregelt (§§ 66 Abs. 2, 153, 154, 175, 284, 188 InsO).

Die Gläubiger, deren angemeldete Forderung zur Tabelle festgestellt wurde, sind Verfahrensbeteiligte nach § 299 Abs. 1 ZPO. Sollte die Forderung des Gläubigers, der Akteneinsicht begehrt, bestritten sein, dann ist er Dritter gem. § 299 Abs. 2 ZPO. Als solcher muss er ein rechtlich geschütztes Interesse an der Akteneinsicht darlegen. Er könnte dazu u.a. nachweisen, dass nach § 189 Abs. 1, 3 InsO für die bestrittene Forderung ein vollstreckbarer Titel oder ein Endurteil vorliegt oder dass er Feststellungsklage nach § 179 Abs. 1 InsO erhoben hat.

Selbst im Insolvenzantragsverfahren ist das Insolvenzgericht grundsätzlich zu Auskünften berechtigt und verpflichtet. Hat der Schuldner einen Eigenantrag gestellt, kann das Insolvenzgericht unbeschränkte Auskunft erteilen. Bei einem Fremdantrag besteht ein Akteneinsichtsrecht nur für die Parteien i.S.v. § 4 InsO i.V.m. § 299 Abs. 1 ZPO. Dies sind nur der antragstellende Gläubiger und der Schuldner. Bei einer Erledigung des Verfahrens vor Eröffnung besteht kein Akteneinsichtsrecht.

Auch für den Fall, dass ein Insolvenzantrag mangels Masse abgewiesen wurde, haben die Gläubiger einen Anspruch auf Einsicht in die Insolvenzakte. Vor allem dann, wenn die Akteneinsicht zur Durchsetzung einer Forderung gegenüber dem Schuldner dient.

Neben dem Anspruch auf Akteneinsicht steht den Gläubigern das Recht zu, auf Antrag auch Ausfertigungen, Auszüge und Abschriften aus der Insolvenzakte erteilt zu bekommen, wenn dies mit den personellen und sachlichen Möglichkeiten des Gerichts durchgeführt werden kann.

Mittlerweile haben die Gläubiger auch die Möglichkeit, allgemeine Informationen über Insolvenzverfahren unter der Adresse *www.insolvenzbekanntmachungen.de* zu erlangen.

EXKURS: Das Akteneinsichtsrecht des Kommanditisten einer Publikums-KG

Ein an einer Publikums-KG beteiligter Kommanditist (Fondsanleger) hat im vorläufigen Insolvenzverfahren der KG kein Rechtsschutzbedürfnis zur Akteneinsicht, § 4 InsO, § 299 Abs. 2 ZPO, OLG Hamburg, ZInsO 2019, 2437. Ein Einsichtsrecht besteht jedoch im eröffneten Verfahren, insbesondere bei der (bevorstehenden) Inanspruchnahme des Kommanditisten durch den Insolvenzverwalter wegen Einlagerückgewähr (§ 172 Abs. 4 HGB), BGH ZInsO 2018, 870. In derartigen Fällen muss der Kommanditist seine Rechte wahren, u.a. durch Informationsbeschaffung zur Gläubigerstruktur und zu den Maßnahmen, die der Verwalter im Verfahren bisher ergriffen hat.

6. Die Verteilung der Insolvenzmasse an die Gläubiger

Das Hauptinteresse der Gläubiger im Insolvenzverfahren ist die Begleichung ihrer offenen und zur Insolvenztabelle angemeldeten Forderungen, und sei es auch nur zu einem Teil. Nach Beendigung der Verwertung der Insolvenzmasse verteilt der Insolvenzverwalter die sogenannte Teilungsmasse an die Insolvenzgläubiger. Eine nachträglich angemeldete Insolvenzforderung, die vom Gläubiger erst nach Veröffentlichung und Niederlegung des Schlussverzeichnisses beim Insolvenzverwalter eingereicht wird, nimmt jedoch an der Schlussverteilung nicht teil.

Berücksichtigungsfähige Forderungen im Verteilungsverzeichnis:

- festgestellte Forderungen
- bestrittene titulierte Forderungen
- bestrittene nicht titulierte Forderungen, wenn der Gläubiger innerhalb einer Ausschlussfrist von zwei Wochen seit der öffentlichen Bekanntmachung der Verteilung dem Insolvenzverwalter nachweist, dass er Feststellungsklage erhoben oder einen anhängigen Prozess aufgenommen hat
- Ausfallforderungen von Gläubigern mit Absonderungsrechten in Höhe des endgültigen Ausfalls (§ 190 Abs. 1 InsO).

Für die Durchführung der Schlussverteilung[39] zeigt zunächst der Verwalter dem Gericht gem. § 188 Satz 3 InsO die Summe der Forderungen und den für die Verteilung in der Masse vorhandenen Betrag an. Danach hat das Gericht diese Zahlen zu veröffentlichen. Ferner ist die Genehmigung der Schlussverteilung durch das Insolvenzgericht erforderlich, § 196 Abs. 2 InsO (zuvor muss die Zustimmung eines evtl. bestellten Gläubigerausschusses eingeholt werden, § 187 Abs. 3 Satz 2 InsO). Bei den Insolvenzverfahren, die im Jahre 2011 eröffnet und bis zum Jahre 2016 beendet worden sind, ist im Durchschnitt eine Quote in Höhe von 3,8 % (Deckungsquote von

---

[39] Zur wirksamen Bekanntgabe des Verteilungsverzeichnisses siehe BGH, ZInsO 2013, 496.

6,1 % bei Unternehmensinsolvenzen / 1,8 % bei Verbraucherinsolvenzen) auf der zur Tabelle festgestellten Forderung ausgeschüttet worden.[40]

Grundsätzlich soll eine Verteilung nach dem Prüfungstermin im Rahmen einer sogenannten Abschlagserteilung dann vorgenommen werden, wenn genügend Barmittel in der Insolvenzmasse vorhanden sind (§ 187 Abs. 2 Satz 1, § 195 Abs. 1 InsO). Für die Durchführung der Schlussverteilung muss nicht die Rechtskraft von durchgeführten Feststellungsprozessen abgewartet werden. Die Beträge, die auf diese Forderungen entfallen könnten, sind gem. § 198 InsO zu hinterlegen. Grundlage für die Verteilung ist das vom Insolvenzverwalter aufzustellende Verteilungsverzeichnis.

Sollte sich nach der Schlussverteilung noch herausstellen, dass noch Beträge an die Gläubiger zu verteilen sind, so findet eine sogenannte Nachtragsverteilung gemäß § 203 InsO unter Berücksichtigung des bereits aufgestellten Verteilungsverzeichnisses statt.

7. Die Rechte der Massegläubiger

Als Massegläubiger werden die Gläubiger bezeichnet, deren Forderung erst *nach Eröffnung* des Insolvenzverfahrens gegenüber der Insolvenzmasse entstanden ist oder die durch das Insolvenzverfahren selbst begründet worden ist. Die Geltendmachung dieser Ansprüche findet außerhalb des Insolvenzverfahrens statt. Dies bedeutet, dass diese Massegläubiger ihre Ansprüche auch gegen den Insolvenzverwalter einklagen können.

Massegläubiger sind nicht am Insolvenzverfahren beteiligt. Ihnen steht nur nach Maßgabe des § 299 Abs. 2 ZPO die Möglichkeit offen, Akteneinsicht zu begehren. Auch der Ex-Geschäftsführer einer Insolvenzschuldnerin ist nicht zur Akteneinsicht berechtigt, wenn ihn der Insolvenzverwalter wegen Schadensersatz in Anspruch nimmt. Denn er hat in diesem

---

[40] Statistisches Bundesamt (Destatis), Pressemitteilung v. 31.03.2020.

Zusammenhang dann kein rechtliches, sondern ggf. nur ein nach § 299 ZPO unerhebliches Ausforschungsinteresse.

Hat ein Gläubiger einen vollstreckbaren Titel gegen einen Insolvenzverwalter für eine Masseschuld erstritten, muss er im Rahmen der Zwangsvollstreckung darauf achten, dass diese Masseverbindlichkeit, die nicht durch eine Rechtshandlung des Insolvenzverwalters begründet worden ist (sog. oktroyierte Masseverbindlichkeiten), in den ersten sechs Monaten ab Eröffnung des Insolvenzverfahrens nicht vollstreckbar ist, § 90 Abs. 2 InsO.

Wenn im Laufe der Verfahrensabwicklung der Insolvenzverwalter feststellt, dass die Insolvenzmasse nicht ausreicht, um alle Massegläubiger vollumfänglich zu befriedigen, so muss er gegenüber dem Insolvenzgericht unverzüglich Masseunzulänglichkeit erklären (sog. Insolvenz in der Insolvenz). In einem derartigen Fall sind die Massegläubiger in der gesetzlich festgelegten Rangfolge (§ 209 Abs. 1 InsO) zu befriedigen. Danach wird das Insolvenzverfahren gem. § 211 InsO eingestellt.

Die Forderungen der Massegläubiger gegenüber der Insolvenzmasse resultieren hauptsächlich aus Handlungen des Insolvenzverwalters. Diese begründen Masseverbindlichkeiten i.S.v. § 55 Abs. 1 Nr. 1 InsO, die der Insolvenzverwalter durch Handlungen innerhalb seines gesetzlichen Wirkungskreises zu Lasten der Masse begründet. Dies geschieht hauptsächlich bei den Rechtsgeschäften, die der Insolvenz-verwalter zur Verwaltung und Verwertung der Masse eingeht sowie bei Rechtsgeschäften zur Fortführung eines Handelsgeschäftes oder Unternehmens.

Masseverbindlichkeiten aus § 55 Abs. 1 Nr. 2 InsO werden dann begründet, wenn der Insolvenzverwalter in gegenseitige Verträge gem. § 103 Abs. 1 InsO eintritt. Auch fallen unter diese Masseschulden alle Verbindlichkeiten aus Verträgen des Insolvenzschuldners, die kraft Gesetzes nach Eröffnung des Insolvenzverfahrens noch erfüllt werden müssen.

Dazu gehören auch *Ansprüche von Arbeitnehmern*, die von der Eröffnung des Insolvenzverfahrens bis zur Beendigung des Arbeitsverhältnisses in Folge einer Kündigung des Insolvenzverwalters noch einen wirksamen Arbeitsvertrag haben. Auch die Ansprüche der Arbeitnehmer auf Urlaubsvergütung und Urlaubsabgeltung für Arbeitsleistungen, die ein starker vorläufiger Insolvenzverwalter oder ein Verwalter nach Anzeige der Masseunzulänglichkeit in Anspruch genommen hat, begründen Masseverbindlichkeiten nach § 55 Abs. 2 Satz 2 InsO (bzw. Neumasseverbindlichkeiten, § 209 Abs. 2 Nr. 3 InsO), wenn der Urlaub innerhalb dieser Zeit gewährt wird oder das Arbeitsverhältnis endet (BAG, NJW 2021, 1338 – Änderung der Rechtsprechung).

Auch Miet- und Pachtforderungen, die nach Verfahrenseröffnung bis zur Beendigung des Vertragsverhältnisses entstehen, begründen Masseverbindlichkeiten. Jedoch sind bei diesen Verträgen die Ansprüche auf Erstattung der Abbau- und Rücknahmekosten nach Beendigung des Mietvertrages nicht als Masseschulden anzusehen. Diesen Ansprüchen stehen keine entsprechenden Leistungen des Vermieters entgegen, die der Masse zu gute kommen (BGH, WM 1978, 1413; OLG Hamburg, KTS 1978, 259; aA OLG Köln, KTS 1978, 50). Derartige Kosten können nur als einfache Insolvenzforderungen von den Gläubigern geltend gemacht werden.

Masseverbindlichkeiten verjähren nach den allgemeinen Regelungen in drei Jahren. Aber auch bei der Anzeige von Masseunzulänglichkeit (s.o.) unterliegen die bis dahin begründeten Altmasseverbindlichkeiten der regulären gesetzlichen Verjährung (3 Jahre), und zwar unabhängig von der Anzeige der Masseunzulänglichkeit. Dem kann nur begegnet werden, wenn der Massegläubiger mit dem Verwalter ein die Verjährung hemmendes Stillhalteabkommen vereinbart (vgl. BGH, ZInsO 2018, 314).

Ferner sind Bereicherungsansprüche (§ 55 Abs. 1 Nr. 3 InsO) und Verbindlichkeiten, die der vorläufige Insolvenzverwalter begründet hat (§ 55 Abs. 2 InsO) als Masseschulden zu berücksichtigen.

EXKURS: Die Umsatzsteuer als Masseverbindlichkeit

Im Zeitraum einer vorläufigen Insolvenzverwaltung mit Zustimmungsvorbehalt entstehen Umsatzsteuerschulden als Masseverbindlichkeiten nach § 55 Abs. 4 InsO. Sämtliche Forderungen für steuerpflichtige Leistungen der Insolvenzschuldnerin, die vor der Bestellung eines vorläufigen Insolvenzverwalters (mit allgemeinem Zustimmungsvorbehalt und mit dem Recht zum Forderungseinzug) begründet worden sind, werden durch die Bestellung gem. § 17 Abs. 2 Nr. 1 Satz 1 UStG uneinbringlich (1. Korrektur). Wenn derartige Forderungen dann nachfolgend zugunsten der Insolvenzschuldnerin durch den vorläufigen Verwalter oder auch später durch den endgültig bestellten Verwalter eingezogen werden, dann führt dies gem. § 17 Abs. 2 Nr. 1 Satz 2 UStG zu einer weiteren Korrektur (2. Korrektur). Diese Korrektur begründet dann eine Masseverbindlichkeit i.S.v. § 55 Abs. 4 InsO, BFH, Urteil vom 1.3.2016, ZInsO 2017, 1633. Der Einzug von Forderungen der Insolvenzschuldnerin im eröffneten Verfahren begründet mit der 2. Korrektur eine Masseverbindlichkeit nach § 55 Abs. 1 InsO.

8. Die Verfahrenskosten, § 54 InsO

Vor den Masseverbindlichkeiten i.S.v. § 55 InsO sind die Kosten des Insolvenzverfahrens gem. § 54 InsO durch die Insolvenzmasse auszugleichen. Das sind die Gerichtskosten für das Insolvenzverfahren sowie die Vergütungen und Auslagen des vorläufigen Insolvenzverwalters (§§ 21 Abs. 2 Nr. 1, 63 InsO), des Insolvenzverwalters (§ 63 InsO) und der Mitglieder des Gläubigerausschusses (§ 73 InsO). Für den Fall, dass die erwirtschaftete Insolvenzmasse noch nicht einmal zur Deckung dieser Kosten ausreicht, ist das Insolvenzverfahren gem. § 207 Abs. 1 Satz 1 InsO einzustellen.

E. Die Insolvenzmasse und deren Verwaltung

I. Die Vermögensgegenstände der Insolvenzmasse

Die Verwaltungs- und Verfügungsbefugnis über die Vermögensgegenstände der Insolvenzmasse wird ausschließlich vom Insolvenzverwalter ausgeübt (§ 80 InsO). Zur Insolvenzmasse gehört das gesamte pfändbare Vermögen des Insolvenzschuldners, das ihm zum Zeitpunkt der Verfahrenseröffnung zuzurechnen ist, sowie das pfändbare Vermögen, welches dieser nach der Verfahrenseröffnung erwirbt (sog. Neuerwerb) und auch die Vermögensgegenstände, die der Verwalter im Wege der Anfechtung wieder zur Masse zieht.

Vermögensgegenstände, die der Zwangsvollstreckung nicht unterliegen und somit unpfändbar sind, werden auch keine Bestandteile der Insolvenzmasse (§ 36 InsO). Die Unpfändbarkeit i.s.v. § 36 InsO ergibt sich aus den Regelungen der ZPO, so auch der gesetzliche Ausschluss der Übertragbarkeit nach § 851 ZPO.

1. Das Arbeitseinkommen

Das Arbeitseinkommen (oder evt. Ersatzeinkünfte) des Schuldners ist nur nach Anwendung der Pfändungsschutzvorschriften des Vollstreckungsrechts (§§ 850c BGB ff.) massezugehörig. Der Schuldner ist im laufenden Insolvenzverfahren bezüglich des pfändungsfreien Teil des Arbeitseinkommens klagebefugt. Nach der Legaldefinition von § 850c Abs. 2 ZPO fallen unter den Begriff „Arbeitseinkommen" die Vergütungen für Dienstleistungen aller Art, die die Erwerbstätigkeit des Schuldners vollständig oder zu einem wesentlichen Teil in Anspruch nehmen. Darunter fallen nicht nur das Entgelt aus einer abhängigen Beschäftigung, sondern sämtliche Vergütungen für Arbeits- oder Dienstleistungen, egal ob diese als Lohn, Gehalt, Honorar, Gage, Tantiemen o.ä. bezeichnet werden.

Nachtarbeitszuschläge zum Arbeitslohn aber auch Zuschläge für Sonntags- und Feiertagsarbeit, die vom Arbeitgeber nach § 3b EStG steuerfrei ausgezahlt werden, sind als Erschwerniszulagen im Sinne von § 850a Nr. 3 ZPO unpfändbar (BGH, NJW 2018, 3461). Jedoch sind Zuschläge für Samstagsarbeit keine Erschwerniszulage.

Aufwandsentschädigungen, die als Ersatz für tatsächlich entstandene Auslagen gezahlt werden und den Rahmen des Üblichen nicht übersteigen, sind unpfändbar, § 850a Nr. 3 ZPO.

Abfindungszahlung vom Arbeitgeber an den Schuldner (z.B. wegen Verlust des Arbeitsplatzes) gehören zur Insolvenzmasse (BAG, Urteil v. 12.8.2014 -10 AZB 8/14). In derartigen Fällen steht dem Verwalter auch der Anspruch auf Titelumschreibung und Erteilung einer Vollstreckungsklausel zu, da er als Rechtsnachfolger des Insolvenzschuldners anzusehen ist.

Auch sog. *verschleiertes Arbeitseinkommen* nach § 850h Abs. 2 ZPO ist pfändbar und zur Insolvenzmasse zu ziehen. Dabei ist jedoch nur die fiktive Nettovergütung pfändbar. Ein derartiges Arbeitsentgelt liegt vor, wenn der Schuldner für einen Dritten entgeltlich tätig ist, aber nur eine unverhältnismäßig geringere als die übliche Vergütung erhält[41].

Das *Zusatzeinkommen* des Schuldners zur Altersrente kann nach Auffassung des BGH (Beschluss vom 26.6.2014 IX ZB 87/13) auf Antrag als Mehrarbeitsvergütung bis zur Hälfte pfändungsfrei gestellt werden (§ 850i Abs. 1, i.V.m. § 850a Nr.1 ZPO).

Bei *Nachzahlungen* ist nach dem Wortlaut von § 850c Abs. 1 Satz 1 ZPO auf den Zeitraum abzustellen, für den gezahlt wird und nicht, in dem die Nachzahlung erfolgt. Sie sind auf die jeweiligen Monate umzurechnen, für die sie ausgezahlt werden. Dieses Prinzip gilt auch für nachgezahlte Leistungen zur Sicherung des Lebensunterhalts nach SGB II.

Bei der *Berechnung der Pfändungsgrenze* ist ein Ehegatte oder eine sonstige unterhaltsberechtigte Person nur dann zu berücksichtigen, wenn der Schuldner auch tatsächlich den Unterhalt leistet (BAG, Urteil vom 28.8.2013 – 10AZR 323/12). Eine Person ist auch nicht als unterhaltsberechtigt zu berück-

---

[41] Vgl. hierzu OLG Dresden, ZInsO 2020, 562 f.; das LAG Baden-Würt., ZInsO 2008, 167 hat eine Grenze des Unterschreitens von 25 % nicht als unverhältnismäßig angesehen.

sichtigen, wenn diese eigene Einkünfte hat. Der Verwalter hat dann eine Entscheidung des Insolvenzgerichts nach § 850c Abs. 1 und Abs. 4 ZPO herbeizuführen. Die Antragsberechtigung ergibt sich allgemein aus §§ 36 Abs. 4 Satz 2, 313 Abs. 1 Satz 1 InsO. Bei der Berechnung der Pfändungsfreigrenze des unterhaltsverpflichteten Schuldners (§ 850c Abs. 4 ZPO, § 36 Abs. 4 InsO) sind als seine eigenen Einkünfte, auch der von einem anderen Unterhaltsverpflichteten (an den Unterhaltsberechtigten) an den Schuldner gewährte Naturalunterhalt, zu berücksichtigen (BGH, ZIP 2015, 1409).

Wenn der Schuldner über *mehrere Einkünfte* oder neben dem Arbeitseinkommen noch über laufende (auch unterschiedliche) Sozialleistungen verfügt, hat der Insolvenzverwalter die Zusammenrechnung beim Insolvenzgericht entsprechend nach § 36 Abs. 1 Satz 2 InsO, § 850e Nr. 2 und 2a ZPO zu beantragen. Dadurch kommt es zu einer Einschränkung der Pfändungsfreigrenzen und somit zu einer Erweiterung des Insolvenzbeschlags.

Die Pfändbarkeit des im *Ausland* (z.B. in Österreich) erzielten Auslandseinkommens bzw. Arbeitseinkommens des Schuldners bestimmt sich nach der lex fori concursus, d.h. nach dem einschlägigen Insolvenzstatut und damit nach deutschem Recht (LG Passau, ZInsO 2014, 1505; krit. hierzu Cranshaw, AnwZert InsR 3/2015, Anm. 4).

2. Sonstige Einkünfte und Vermögensgegenstände

Regelmäßig ausgezahlte Geldbeträge als *Sozialleistungen* sind grundsätzlich unpfändbar. Ansonsten sind derartige Leistungen wie Arbeitseinkommen der Pfändung unterworfen. Bei Leistungen aus öffentlichen Kassen muss im Einzelfall genau abgegrenzt werden, welche Leistung unter welche Pfändungsschutzregel fällt. Die gesetzliche Altersrente ist grundsätzlich wie Arbeitseinkommen pfändbar.

Auszahlungsbeträge im Wege der *Corona-Soforthilfe* sind in voller Höhe unpfändbar. Der Anspruch gegenüber der auszahlenden Stelle (Landesbank o.ä.) ist ein nach § 851 Abs. 1 ZPO unpfändbarer Anspruch. Die Zahlung erfolgt zur Vermeidung von unangemessenen Härten i.S.v. § 765a ZPO. Bei einer Auszahlung dieser Corona-Soforthilfe auf ein P-Konto des Schuldners ist dann der Pfändungsschutzbetrag in entsprechender Anwendung von § 805K Abs. 4 ZPO zu erhöhen (BGH, ZInsO 2021, 781).

Die *Berufs- und die Erwerbsunfähigkeitsrente* stellen zwar bedingt pfändbare Bezüge nach § 850b Abs. 1 Nr. 1 ZPO dar (egal ob auf gesetzlicher oder vertraglicher Grundlage), fallen aber in die Insolvenzmasse, wenn sie im Rahmen einer Billigkeitsentscheidung (nach den Regeln für Arbeitseinkommen) für pfändbar erklärt worden sind. Die Billigkeitsprüfung obliegt dem Insolvenzgericht (§ 36 Abs. 4 Satz 1 InsO), wenn der Verwalter dies beantragt, um diese Renten wie Arbeitseinkommen zur Masse ziehen zu können (BGH, ZInsO 2010, 188).

Fortlaufende Geldzahlungen aus einem *(privaten) Pensionsvertrag* an einen Geschäftsführer / Gesellschafter sind nach § 850 Abs. 2 ZPO als Arbeitseinkommen anzusehen und unterfallen daher dem allgemeinen Pfändungsschutz nach § 850c ZPO (BGH, ZInsO 20017, 161).

Der Pfändungsschutz für *Altersrenten aus Kapitallebensversicherungen und privaten Rentenversicherungen* ergibt sich aus § 851c ZPO. Danach sollen private Renten für die Altersversorgung in der Zwangsvollstreckung wie Arbeitseinkommen behandelt werden (ähnlich § 54 SGB I für öffentlich-rechtliche Renten), da der Pfändungsschutz nach § 850 Abs. 3 Buchstabe b ZPO sich ausschließlich auf Rentenansprüche aus Versicherungen von Arbeitnehmern bezieht. Wenn die engen Voraussetzungen für den Pfändungsschutz nach § 850c ZPO jedoch nicht vorliegen, dann gehören die Forderungen gegen den Versicherer vollumfänglich zur Insolvenzmasse (BGH, ZInsO 2008, 39).

Der Pfändungsschutz erstreckt sich auch auf das angesparte Vorsorgekapital, welches unwiderruflich der *Altersversorgung* gewidmet ist. Dabei soll bei der Versicherung eine Umwandlung der Lebensversicherung in eine pfändungsgeschützte Rentenversicherung verlangt werden können. Der Schuldner darf demnach nach dem Lebensalter gestaffelt zum Aufbau der Alterssicherung einen Betrag bis zu 194.000 € pfändungsfrei ansammeln. Die aus solchen Versicherungen gezahlten Leistungen sind aber wie Arbeitseinkommen pfändbar, § 851d ZPO.

Das angesparte *Kapital eines Altersversorgungsvertrags* (Riester-Vertrag) ist unpfändbar, wenn im Zeitpunkt der Pfändung der Vertrag förderungsfähig war, ein Antrag auf Zulage (§ 89 EStG) für die entsprechenden Beitragsjahre (§ 88 EStG) gestellt und die Voraussetzungen für die Zulage (§§ 83 ff. EStG) vorlagen oder bereits gewährt worden waren.

Einkünfte aus *Erbbaurechten (Erbpachtzinsen)* an Grundstücken, die der Schuldner vor Insolvenzeröffnung geerbt hat, sind sonstige Einkünfte der Insolvenzmasse und kein Neuerwerb. Sie unterfallen ggf. dem Pfändungsschutz nach § 850i ZPO (BGH, ZInsO 2018, 2517).

Eine *Forderung* ist der Pfändung grundsätzlich dann nicht unterworfen, wenn sie nicht übertragen werden kann. Auch höchstpersönliche Rechte des Schuldners, wie standesrechtliche Zulassungen (z.B. Arzt, Rechtsanwalt o.ä.) unterfallen nicht dem Insolvenzbeschlag.

Ein nach Verfahrenseröffnung entstandener prozessualer *Kostenerstattungsanspruch* des Schuldners gehört zur Insolvenzmasse (OLG Nürnberg, ZIP 2011, 592).

Auch *Sparrücklagen*, die der Schuldner aus seinen unpfändbaren Einkünften angespart und auf ein Konto bei einem Kreditinstitut eingezahlt hat, gehören (nach einer stark kritisierten Entscheidung des BGH, Beschluss vom 26.9.2013 – IX ZB 247/11) zur Insolvenzmasse.

Als unpfändbar kann regelmäßig der *Pkw* gem. § 811 Abs. 1 Nr. 5 ZPO angesehen werden, wenn dieser für die persönliche Erwerbstätigkeit des Insolvenzschuldners notwendig ist, auch bei notwendigen Fahrten zur Arbeitsstelle. Er ist aber dann als pfändbar anzusehen, wenn er vom Schuldner nur für geringfügige Gelegenheitsarbeiten genutzt wird. Da auch die Gegenstände des Schuldners unpfändbar sind, die sein Ehepartner zur Erwerbstätigkeit benötigt, ist auch dann der PKW des Schuldners unpfändbar, wenn der Ehepartner diesen für Fahrten zur Arbeitsstelle benötigt, weil mit dem Einkommen der Familienunterhalt gesichert wird (BGH, Beschluss v. 28.1.2010, Az. VII B 16/09).

Beispiele für Vermögensgegenstände der Insolvenzmasse

- Arbeitseinkommen (der pfändbare Teil, § 850 ff. ZPO)
- Erfindungen, ab Verwertungsabsicht des Erfinders
- Einkommensteuerrückerstattungsansprüche
- Schmerzensgeldansprüche
- Wiederkaufsrechte

Beispiele für unpfändbare Vermögensgegenstände, § 36 InsO

- Hausrat und persönliche Gegenstände des Schuldners
- Unterhaltsansprüche gem. § 850b ZPO
- Sozialleistungen
- Orden, Ehrenzeichen, § 811 Abs. 1 Nr. 11 ZPO
- Vorkaufsrecht (persönlich-dingliches und schuldrechtliches) gem. §§ 514, 1094 Abs. 1, 1098 BGB

Nach § 36 Abs. 2 InsO gehören bestimmte Gegenstände zur Insolvenzmasse, obwohl diese nach dem allgemeinen Vollstreckungsrecht als unpfändbar angesehen werden; so die Geschäftsbücher des Insolvenzschuldners (geschäftliche Aufzeichnungen aller Art), die Gegenstände des landwirtschaftlichen Betriebes (§ 811 Abs. 1 Nr. 4 ZPO) und das Inventar von Apotheken (§ 811 Abs. 1 Nr. 9 ZPO).

Sonstige *Arbeitsgeräte und Arbeitsmittel* zur Durchführung der individuellen Erwerbstätigkeit (§ 811 Nr. 5 –7 ZPO) sind ebenfalls unpfändbar; Computer nur dann, wenn diese persönlich für den Beruf oder das ausgeübte Gewerbe oder einen Berufsabschluss vom Insolvenzschuldner benötigt werden.

Die *Haushaltseinrichtung und die Haushaltsgeräte*, die der Insolvenzschuldner für eine angemessene Lebensführung benötigt, gehören grundsätzlich nicht zur Insolvenzmasse (§ 36 Abs. 3 InsO) genauso wie auch die persönlichen Gegenstände im Rahmen einer bescheidenen Lebensführung. Die Pflichtteilsansprüche eines Insolvenzschuldners sind nach § 852 Abs. 1 ZPO erst dann pfändbar und massezugehörig, wenn sie durch Vertrag anerkannt oder rechtshängig sind. Schmerzensgeldansprüche des Schuldners gegen Dritte sind seit der Neufassung des § 847 BGB uneingeschränkt pfändbar und damit massezugehörig.

EXKURS: Bitcoins und andere digitale Assets

Die Handhabung von Bitcoins als Assets der Insolvenzmasse bereitet derzeit nicht nur rechtliche, sondern vor allem auch Probleme tatsächlicher Art. Wie kann man beim Schuldner einen Bestand an Bitcoins feststellen?

Der Bitcoin wurde ursprünglich nach der Finanzkrise 2008 (Stichwort: Lehman Brothers Insolvenz) als Zahlungsmittel und somit als Alternative zum analogen (konventionellen) Geld begründet. Der Bitcoin ist im Gegensatz zu anderen Währungen nicht in dem konventionellen System der Geldschöpfung, des Zahlungsverkehrs durch Geschäftsbanken und durch die Kontrolle der Zentralbanken, verankert. Der Bitcoin existiert nur rein virtuell. Bitcoins werden also nicht von irgendeiner „Stelle" ausgegeben, sondern werden dezentral über Computernetzwerke mittels komplexer mathematischer Funktionen (Proof-of-work) erschaffen (Mining). Dabei ist die maximale Anzahl der zu erschaffenden Bitcoins (als Block-Chains) durch eine Festlegung im Bitcoin–Protokoll auf 21 Mio. Stück begrenzt. Zum Schutz davor, dass ein einmal erschaffener Bitcoin nicht mehrfach ausgegeben oder technisch kopiert werden kann (Double-Spending-Problem), ist er durch ein kryptographisches Schlüsselpaar gesichert. Zur Inbesitznahme von Bitcoins sind seine Zugangsdaten erforderlich, die in zwei Schlüssel verankert sind.

Erzeugt werden der private- und der öffentliche Schlüssel auf dem Computer durch die Bitcoin-Open-Source-Software. Das Bitcoin-Wallet, eine Art digitale Brieftasche (die aber auch auf einen Stick gezogen oder ausgedruckt werden kann) ist für die Aufbewahrung des Schlüsselpaares zuständig. Diese Schlüssel autorisieren Transaktionen wie eine eigene Unterschrift. Über die Block-Chain (die dezentrale Datenbank des Bitcoin-Netzwerks) kann man nicht nur den derzeitigen Status der Bitcoins im Netzwerk ermitteln, sondern auch Informationen über seine bis dahin getätigten Transaktionen einsehen. Nur die im Block (Block-Chain) aufgelisteten Transaktionen gelten als bestätigt und sind damit wirksam durchgeführt. Daher können dezentral alle Besitzer von Bitcoins erkennen, wer gerade wieviel Bitcoins besitzt. Zunächst sollte der Schuldner explizit danach gefragt werden. In den derzeit gängigen Zwangsvollstreckungs- und Insolvenzantragsformularen werden Bestände an Kryptowährungen, Blockchains o.ä. nicht abgefragt. Zur Inbesitznahme sind die Zugangsdaten (Schlüsselpaare / private key – erzeugt werden der private- und der öffentliche Schlüssel durch die Bitcoin-Open-Source-Software) erforderlich. Diese Schlüssel autorisieren Transaktionen wie eine eigene Unterschrift. Über die Blockchain (die dezentrale Datenbank des Bitcoin-Netzwerks) kann man nicht nur den derzeitigen Status der Bitcoins im Netzwerk ermitteln, sondern auch Informationen über die bis dahin getätigten Transaktionen einsehen.

In einer Strafsache hat das Kammergericht zunächst festgestellt, dass Bitcoins keine Rechnungseinheit i.S. des KWG sind (KG Berlin, Urteil v. 25.9.2018, ZIP 2018, 2093 f.). Dementgegen sah die BaFin Bitcoins als Rechnungseinheit und somit als Finanzinstrument i.S.v. § 1 Abs. 11, Satz 1 Nr. 7 KWG an. Zum 1.1.2020 wurde das Kryptoverwahrgeschäft ausdrücklich als neue Tätigkeit in den Katalog der erlaubnispflichtigen Finanzdienstleistungen aufgenommen, § 1 Abs. 1a Satz 2 Nr. 6 KWG.

Zivilrechtlich werden Bitcoins nach h.M. als rechtlich nicht geschützte Immaterialgüter nach § 453 Abs. 1 Satz 1 BGB eingeordnet. Da Bitcoins schuldrechtlich verwertet werden können, besitzen sie einen Wert (Kurswert abhängig von der Nachfrage am Markt). Sie sind somit auch zugehörig zur Insolvenzmasse i.S.v. § 35 Abs. 1 InsO. Da der wesentliche Teil von Transaktionen in der Verschaffung der Verfügungsmacht über die Daten der Bitcoins liegt, ist dies vertragsrechtlich als Kauf eines „sonstigen Gegenstands" nach § 453 Abs. 1 BGB einzuordnen (MüKo-Wesermann, BGB, 7. Aufl. 2016, § 453, Rn. 6). Die Verwertung von Bitcoins ist generell über einen Bitcoin-Marktplatz (bitcoin.de), über die Bitcoin-Börse oder durch einen freihändigen Verkauf möglich. Dabei ist der richtige Zeitpunkt der Veräußerung sehr wichtig, da der Bitcoin-Kurs hoch volatil ist. Steuerlich sind die mit Spekulationen erwirtschafteten Veräußerungsgewinne steuerpflichtig. Der BFH hat Bitcoins als sonstiges Wirtschaftsgut nach § 23 Abs. 1 Nr. 2 EStG angesehen (BFH, Urteil v. 20.6.2019 - 13 V 13100/19).

3. Die Freigabe von Vermögensgegenständen

Insolvenzfrei sind die Vermögensgegenstände, die der Insolvenzverwalter aus der Insolvenzmasse freigegeben hat. Die Freigabe von einzelnen Vermögensgegenständen ist gesetzlich nicht geregelt[42]. § 35 Abs. 2 und 3 InsO sind mangels Regelungslücke für solche Fälle nicht analog anwendbar. Eine echte Freigabe liegt dann vor, wenn der Vermögensgegenstand mit dem Ziel vom Insolvenzverwalter herausgegeben wird, dass der Insolvenzschuldner oder ein Dritter eine dauerhafte Verwaltungs- und Verfügungsbefugnis über den Gegenstand erhalten soll.

In der Praxis werden regelmäßig dann Vermögensgegenstände freigegeben, wenn diese unverwertbar oder diese über ihren Wert hinaus mit Sicherungsrechten belastet sind. Die Freigabe erfolgt durch eine einseitige, empfangsbedürftige Willenserklärung. Eine solche Freigabe kann nach h.M. auch in einer Gesellschaftsinsolvenz zugunsten einer juristischen Person als Schuldnerin erfolgen. Die freigegebenen Gegenstände unterliegen als sonstiges Vermögen des Schuldners dem Vollstreckungsverbot (§ 89 Abs. 1 InsO) und sind somit für Gläubiger nicht greifbar. Die Freigabe ist vom Gläubigerausschuss grundsätzlich nicht zustimmungsbedürftig, da sie in § 160 Abs. 2 InsO nicht genannt ist. Sie ist nur dann zustimmungsbedürftig, wenn sie eine Rechtshandlung von Bedeutung (§ 160 Abs. 1 InsO) darstellt.
Eine sogenannte unechte Freigabe liegt vor, wenn an einen Aussonderungsberechtigten ein nicht massezugehöriger Gegenstand herausgegeben wird.

Für Streitigkeiten darüber, ob ein Gegenstand zur Insolvenzmasse gehört oder nicht, ist das Insolvenzgericht zuständig (§ 36 Abs. 4 InsO). Bei Streitigkeiten über den Umfang der

---

[42] Die Freigabe wird im Gesetz lediglich als Möglichkeit bei Immobilien in § 32 Abs. 3 Nr. 1 InsO erwähnt sowie in den Regelungen von § 85 Abs. 2, § 207 Abs. 3 Satz 2 InsO vorausgesetzt. Sie folgt grundlegend aus der Verwaltungs- und Verfügungsbefugnis des Verwalters, § 80 InsO.

Masse entscheidet jedoch das allgemeine Prozessgericht (AG Duisburg, ZinsO 2000, 346).

4. Der Neuerwerb

a. Allgemeines zum Neuerwerb

Zur Insolvenzmasse gehören auch die Vermögensgegenstände, die der Insolvenzschuldner während des Verfahrens neu erlangt. Dieser sogenannte Neuerwerb umfasst alle Vermögensgegenstände, die der Schuldner aufgrund von Verträgen, somit auch aus Arbeitsverhältnis, Erbschaft oder Schenkung, erwirbt.

Die Handhabung des Neuerwerbs bei Arbeitnehmern ist unter Berücksichtigung der Pfändbarkeit von Arbeitseinkommen gemäß §§ 850 ff. ZPO unproblematisch.

Jedoch ist zu beachten, dass zum pfändbaren Neuerwerb nicht nur der pfändbare Teil des Arbeitseinkommens des Schuldners gehört, sondern auch ein aus insolvenzfreien Mitteln erworbener Vermögensgegenstand und auch der Erlös aus dem Verkauf eines zunächst unpfändbaren Gegenstands. Ferner gilt dies auch für Vermögen (Sparguthaben), das der Schuldner aus pfändungsfreien Beträgen angespart hat (BGH, ZInsO 2013, 2274).

Fallbeispiel: Der Insolvenzschuldner Paul Pleite (P) hat einen 12 Jahre alten Golf III, der nicht zur Insolvenzmasse gehört, weil er damit täglich zu seinem weit entfernten Arbeitsplatz fährt. Bevor der PKW aus Altersschwäche zusammenbricht, verkauft P diesen für insgesamt 950 €. Mit dem Erlös kauft P einen Pkw-Anhänger, um diesen nunmehr mit dem Pkw seiner Frau nutzen zu können. Mit dem Pkw seiner Frau fährt er von nun an auch zur Arbeit. Gehört der Anhänger zur Insolvenzmasse?

Lösung: Der Pkw-Anhänger für 950 € ist aufgrund eines Kaufvertrages vom Insolvenzschuldner P erworben worden. Der Anhänger ist pfändbarer Neuerwerb, obwohl er aus einem Vermögen bezahlt wurde, das aus dem Verkaufserlös einer unpfändbaren Sache stammt. Eine Surrogation dergestalt, dass bei dem Erwerb von Vermögensgegenständen diese auch insolvenzfrei sind, wenn sie aus insolvenzfreien Mitteln erworben worden sind, findet nicht statt.

EXKURS: Die Pfändbarkeit des Neuerwerbs bei Strafgefangenen

Nach der rechtlichen Neuordnung des Strafvollzugs[43] haben die Bundesländer nunmehr eigene Strafvollzugsgesetze normiert, in denen die Regelungen über das Entgelt der Strafgefangenen für geleistete Arbeit fast einheitlich geregelt worden ist. Das Arbeitsentgelt eines Strafgefangenen wird der Strafvollzugsanstalt zugewiesen. Der Häftling hat einen Auszahlungsanspruch gegen die Anstalt, zumeist wegen des gutgeschriebenen Eigengelds. Bei einem Häftling kann nur dieser Auszahlungsanspruch auf das Eigengeld unter Beachtung der im Folgenden beschriebenen Einschränkungen vollumfänglich gepfändet werden, ohne dass zivilrechtliche Pfändungsschutzvorschriften Anwendung finden:

-   Zunächst wird aus dem Arbeitsentgelt jeweils das *Überbrückungsgeld* (es ist unpfändbar) zugunsten des Häftlings angespart (damit soll der notwendige Lebensunterhalt des Häftlings und seiner Angehörigen für die ersten vier Wochen nach der Entlassung gesichert werden);
-   das *Hausgeld* des Häftlings (in der Regel drei Siebtel des Arbeitsentgelts) ist regelmäßig unpfändbar und verbleibt ihm für seine privaten Bedürfnisse;
-   das darüber hinausgehende *Eigengeld* (wenn das Überbrückungsgeld voll angespart worden ist) ist voll pfändbar, die Pfändungsgrenzen von § 850c ZPO finden weder unmittelbar noch analog Anwendung (BGH, NJW 2013, 3312; BGH, ZInsO 2015, 1671).

b. Die Freigabe des Neuerwerbs

Schwierig ist die Handhabung bei dem Neuerwerb eines selbstständig tätigen Insolvenzschuldners. In einem derartigen Fall kann der Insolvenzverwalter die selbstständige Tätigkeit auf Kosten der Insolvenzmasse weiterführen und dem Insolvenzschuldner Unterhalt nach § 100 InsO zahlen[44]. Denn grundsätzlich gehören alle Einkünfte, die der selbständig tätige Schuldner nach Verfahrenseröffnung erzielt, in vollem Umfang und ohne Abzug für beruflich bedingte Ausgaben, zur Insolvenzmasse. Der Schuldner kann in solchen Fällen aber nach § 850i ZPO beim Vollstreckungsgericht beantragen, dass ihm ein Pfändungsfreibetrag belassen wird.

---

[43] FöderalismusreformG vom 28.8.2006, BGBl 2006, Teil I, 2034.
[44] Betr. Lohnansprüche gegen den Insolvenzverwalter nach einer Freigabeerklärung, LAG München, ZInsO 2009, 1872 ff.

Dem Insolvenzschuldner obliegt grundsätzlich eine Anzeige-
pflicht bei Aufnahme oder Fortsetzung einer selbständigen
Tätigkeit. Ferner hat auch der Verwalter eine Erklärungspflicht
zur Freigabe, § 35 Abs. 3 InsO. Um abschätzen zu können,
ob eine Freigabe der Tätigkeit/Neuerwerb des Insolvenzschuldners im Interesse der Insolvenzmasse geboten ist, ist
der Verwalter auf Informationen über die selbständige Tätigkeit des Schuldners angewiesen. Kann der Verwalter innerhalb der Monatsfrist die Vor- und Nachteile der Freigabe nicht
abschließend beurteilen, so soll in der Praxis vorsorglich eine
Verweigerung der Freigabe erfolgen, die der Verwalter nachträglich jedoch korrigieren kann. Im Gegensatz hierzu besteht
eine Unumkehrbarkeit der Freigabeerklärung (Negativverklä-
rung) durch den Verwalter so wie bisher auch. Jedoch verbleibt es bei einem unbefristeten Rückholrecht der Gläubigerversammlung bzw. des Gläubigerausschusses, § 35 Abs. 2
InsO.

Korrespondierend dazu ist die Abführungspflicht für selbständig tätige Schuldner in § 295a InsO neu geregelt[45] (§ 295 Abs.
2 InsO a.F. wurde aufgehoben). Weiterhin ist ein selbständig
tätiger Insolvenzschuldner zur Zahlung an den Treuhänder
verpflichtet, um die Gläubiger so zu stellen, als wäre er ein
angemessenes Dienstverhältnis eingegangen. Jedoch sind
diese Zahlungen nunmehr zeitlich konkretisiert und kalender-
jährlich bis zum 31. Januar des Folgejahres zu leisten.

Der Maßstab für die Abführungspflicht ist jedoch unverändert
geblieben. Im Regelfall wird ein fiktiver Maßstab dergestalt
angenommen, dass Zahlungen entsprechend den Einkünften
aus einem angemessenen Dienstverhältnis abzuleiten sind
(BVerfG, Beschluss vom 07.12.2016, ZinsO 2017, 158; BGH,
ZinsO 2011, 1301; BGH, NZI 2012, 721). Der tatsächliche
Gewinn oder Umsatz aus der selbständigen Tätigkeit des
Schuldners ist hierbei unerheblich.

---

[45] Vgl. oben Fn. 3.

Nach der derzeitigen Rechtsprechung hat in einem eröffneten Verfahren der Verwalter die Pflicht zur Beitreibung der vom Schuldner nach § 295a InsO abzuführenden Beträge (BGH, ZinsO 2014, 824). Dem Schuldner obliegt in diesem Zusammenhang vor allem eine umfassende Auskunftspflicht bezüglich der für die Ermittlung des fiktiven Abführungsmaßstabes maßgeblichen Umstände. Bei Nichtabführung der Beträge an den Treuhänder haben die Gläubiger das Recht, einen Antrag auf Versagung der Restschuldbefreiung zu stellen, § 296 Abs. 1 Satz 2 InsO.

In Mangelfällen, also in Fällen, in denen der Schuldner die abzuführenden Beträge nicht mehr erwirtschaften kann, hat er im Rahmen seiner Auskunftspflicht nach §§ 97 ff. InsO umfängliche und überprüfbare Angaben zu seinen tatsächlichen Einnahmen aus der selbständigen Tätigkeit zu machen, damit der Treuhänder feststellen kann, ob der Schuldner tatsächlich nicht in der Lage ist, ganz oder teilweise die abzuführenden Beträge aufzubringen. Die sofortige Aufgabe der selbständigen Tätigkeit ist nicht geboten. Aber spätestens nach dem Ablauf eines Jahres hat der Insolvenzschuldner eine Verpflichtung zum Wechsel in eine abhängige Beschäftigung bei entsprechender Gelegenheit.

Der Fortbestand von Verträgen bezüglich des freigegebenen Neuerwerbs bestimmt sich nach dem allgemeinen Zivilrecht und nicht nach den Sonderbestimmungen der InsO. Dabei ist zu berücksichtigen, dass auf die freigegebene selbständige Tätigkeit des Schuldners bezogene vertragliche Ansprüche, die nach der Freigabeerklärung entstehen (z.B. Mietverbindlichkeiten betr. der Gewerbeeinheit) nur gegen den Schuldner selbst und nicht gegen die Insolvenzmasse durchgesetzt werden können. Eine besondere Kündigung durch den Verwalter ist dazu nicht notwendig.

Die Freigabe des Neuerwerbs zugunsten des Schuldners ist in ihrer Wirkung nicht immer unbedingt vorteilhaft. Der Schuldner erhält zwar auch die Verwaltungs- und Verfügungsbefugnis über eine vor Verfahrenseröffnung bereits von ihm abgetretene Forderung zurück. Diese (Voraus-) Abtretung wird analog § 185 Abs. 2 Satz 1, 2. Alt. BGB infolge Konvaleszenz nach Verfahrensabschluss wieder wirksam. Der BGH hat seine Entscheidung zur Wirkung einer Globalzession nach Freigabe vom 18.4.2013 (ZIP 2013, 1181) mit Urteil vom 6.6.2019 (ZIP 2019, 1291) modifiziert. Demnach umfasst eine vor Verfahrenseröffnung vom Schuldner vereinbarte Globalzession auch im Falle einer zwischenzeitlichen Freigabe (§ 35 Abs. 2 InsO) selbst die nach Beendigung des Insolvenzverfahrens (durch Aufhebung, § 200 InsO) entstehenden Forderungen (aus selbständiger Tätigkeit) des Schuldners. Jedoch für den Zeitraum zwischen Freigabe (§ 35 Abs. 2 InsO) und der Verfahrensaufhebung hat der BGH seine Rechtsprechung derart geändert, dass die Forderungen, die während der Dauer des Insolvenzverfahrens entstehen (mangels eines wirksamen Erwerbs des Sicherungsgebers) nunmehr in das freigegebene Vermögen des Schuldners fallen. Diese Rechtsfolge wirkt natürlich nicht automatisch auch im Restschuldbefreiungsverfahren und bei einem Planverfahren.

II. Der Pfändungsschutz

1. Allgemeine Regelungen

Vom Grundsatz her ist beim Pfändungsschutz zu beachten, dass die Vermögensgegenstände, die nicht der Einzelzwangsvollstreckung unterliegen, auch nicht insolvenzbefangen und somit nicht massezugehörig sind. Die auch im Insolvenzrecht geltenden Vollstreckungsschutzregelungen in der ZPO sind in § 36 Abs. 1 Satz 2 InsO (mit Wirkung ab dem 31.12.2021) neu aufgelistet. Jedoch sind die Vermögensgegenstände, die nach § 811 Abs. 1 Nr. 4 und 9 ZPO nicht der Zwangsvollstreckung unterliegen, im Insolvenzverfahren doch massezugehörig, § 36 Abs. 2 Nr. 2 InsO.

Die Pfändungsschutzvorschriften, die zu Gunsten des Schuldners an der Quelle der von ihm zu erlangenden Leistungen gelten (z.B. § 850c ZPO für Arbeitseinkommen, § 851b

ZPO für Mieterträge), wirken jedoch nicht auch auf die Bankkonten des Schuldners fort, wo diese Beträge eingehen.

2. Das Pfändungsschutzkonto (P-Konto)

Die Kontenguthaben eines Vollstreckungsschuldners sind durch das sog. P-Konto (Pfändungsschutzkonto nach §§ 850k ff. ZPO) geschützt, unabhängig vom Rechtsgrund der Zahlungseingänge. Nach den Informationen der SCHUFA werden bei deutschen Banken und Sparkassen rund 2 Mio Pfändungsschutzkonten geführt. Dadurch wird es dem Schuldner ermöglicht, am bargeldlosen Zahlungsverkehr teilzunehmen. Die Vorteile des P-Kontos durch die gesetzliche Regelung sind:

➢ automatischer Pfändungsschutz auf dem Girokonto als P-Konto nach gesonderter Vereinbarung zwischen Bank und Kunden;

➢ Anspruch auf Umwandlung in P-Konto innerhalb von 4 Geschäftstagen;

➢ die Umstellung wirkt rückwirkend zum Monatsersten;

➢ der Schutz umfasst den Pfändungsfreibetrag nach § 850c ZPO als Basispfändungsschutz;

➢ Möglichkeit der Aufstockung des Sockelbetrages durch weitere Freibeträge (z.B. Kindergeld, Unterhaltsberechtigte Personen u.ä.) mittels Vorlage einer Bescheinigung beim Kreditinstitut;

➢ Berechtigte zum Ausfüllen der Bescheinigung sind Arbeitgeber, Familienkassen, Sozialleistungsträger, Schuldnerberatungsstellen, Rechtsanwälte und Steuerberater;

➢ die Einkünfte selbständig tätiger Personen werden auf dem P-Konto wie Arbeitseinkommen und Sozialleistungen behandelt;

➢ die Verfügungen des Schuldners über den pfändungsfreien Betrag sind erst auf das aus dem Vormonat übertragene Restguthaben und dann erst auf den neuen Sockelbetrag anzurechnen (first-in-first-out Prinzip);

➤ die Bank darf weder Zusatzgebühren für die Umwandlung eines allgemeinen Girokontos in ein P-Konto (BGH, Urteil v. 13.11.2012 – XI ZR 500/11; OLG Frankfurt/Main, ZIP 2019, 560 f.) noch für die Führung eines solchen (OLG Frankfurt/M, ZIP 2012, 814) erheben (sie erfüllt insoweit nur ihre gesetzlichen Verpflichtungen).

Der Pfändungsschutz ist insolvenzfest. Zum Umfang des Pfändungsschutzes ist zu berücksichtigen, dass der Betrag, über den der Schuldner in dem jeweiligen Kalendermonat nicht verfügt hat, im kommenden Monat zusätzlich zu dem Grundbetrag vom Pfändungsschutz erfasst wird. Somit hat der Schuldner die Möglichkeit, über einen längeren Zeitraum einen Betrag bis maximal dem Doppelten des pfändungsfreien Einkommens anzusparen.

In Fällen, in denen das Arbeitseinkommen des Schuldners gepfändet ist und der unpfändbare Anteil auf ein P-Konto gezahlt wird, dieser aber ständig von den Sockelbeträgen abweicht, kann das Vollstreckungsgericht den Freibetrag festsetzen (BGH ZInsO 2012, 145).

Der Gesetzgeber hat mit dem *Pfändungsschutzkonto-Fortentwicklungsgesetz*,[46] das am 1. Dezember 2021 in Kraft tritt, die Regelungsdichte zum P-Konto weiterentwickelt. Mit diesem Gesetz werden nicht nur die Kernregelungen zum P-Konto in § 850K und § 850l BGB neu gefasst, sondern auch ein neuer Unterabschnitt „Abschnitt 4 - Wirkungen des Pfändungsschutzkontos" mit den §§ 899 bis 910 ZPO eingefügt. Mit diesen gesetzlichen Neuregelungen werden zahlreiche Verbesserungen für die Schuldner und für die Handhabbarkeit der Vorschriften für den Kontopfändungsschutz eingeführt. Dazu wurden u.a. folgende Änderungen gegenüber der bisherigen Rechtslage normiert:

---

[46] Gesetz zur Fortentwicklung des Rechts des Pfändungsschutzkontos und zur Änderung von Vorschriften des Pfändungsschutzes (Pfändungsschutzkonto-Fortentwicklungsgesetz – PkoFoG) vom 22.11.2020, BGBl. I S. 2466.

> Schaffung von Pfändungsschutz bei Pfändung des Guthabens auf einem Gemeinschaftskonto;

> Verlängerung der Frist, in der nicht verbrauchtes pfändungsfreies Guthaben übertragen werden kann; diese Frist wird von einem Monat auf drei Monate verlängert;

> Normierung eines Verbots der Aufrechnung und Verrechnung bei Zahlungskonten mit negativem Saldo;

> Einführung von Pfändungsschutz bei der Nachzahlung von Leistungen, z.B. bei der Nachzahlung von Arbeitseinkommen und Sozialleistungen;

> Erweiterung der Liste der Geldleistungen, die zu einer Erhöhung des Grundfreibetrages führen;

> Erleichterung des Zugangs zu Nachweisen für die Erhöhung des Grundfreibetrags.

Ferner ist nunmehr in § 36 Abs. 1 InsO ergänzend geregelt, dass Verfügungen eines Schuldners über Guthaben, das durch ein P-Konto nicht von der Pfändung erfasst wird, auch dann wirksam sind, wenn dieses Kontoguthaben nicht durch den Insolvenzverwalter freigegeben worden ist.

In dieser umfassenden Neuregelung sind jedoch leider nicht die Problemkreise berücksichtigt worden, die durch Kontopfändungen, die vor Verfahrenseröffnung erfolgt sind, hervorgerufen werden. Nach der Rechtsprechung des BGH bleibt die durch eine derartige Pfändung erfolgte *Verstrickung* auch nach einer Insolvenzeröffnung bestehen. [47]

III. Das Aussonderungsrecht

1. Die Aussonderung, § 47 InsO

Nicht zur Insolvenzmasse gehören Gegenstände, an denen Gläubigern ein Aussonderungsrecht gem. §§ 47, 48 InsO zusteht. Das Aussonderungsrecht im Insolvenzverfahren entspricht dem Widerspruchsrecht gem. § 771 ZPO in der Ein-

---

[47] S.u. zu: Die Regelungen für das Girokonto des Schuldners.

zelzwangsvollstreckung. Die aussonderungsberechtigten Personen sind am Insolvenzverfahren direkt nicht beteiligt.

Das wichtigste Aussonderungsrecht ist das Eigentum (vgl. § 985 BGB), solange dem Besitzer kein Recht zum Besitz zusteht. Wenn der Insolvenzschuldner jedoch Miteigentümer ist, vollzieht sich die Auseinandersetzung außerhalb des Insolvenzverfahrens (§ 84 InsO). Ein Recht auf Aussonderung besteht auch bei einem Eigentumsvorbehalt (§ 449 Abs. 1 BGB) des Warenlieferanten des Insolvenzschuldners. Ferner besitzt der Leasinggeber ein Aussonderungsrecht als Eigentümer. Eine derartige Rechtsgestaltung liegt jedoch nicht vor, wenn der Vorbehaltseigentümer das Eigentum auf eine den Gegenstand finanzierende Bank überträgt. In solchen Fällen ist wie beim Sicherungseigentum nicht ein Aussonderungsrecht, sondern nur ein Anspruch auf abgesonderte Befriedigung gegeben (vgl. BGH, ZIP 2008, 842).

Auch dem Gesellschafter in der Insolvenz der Gesellschaft steht ein Aussonderungsrecht im Hinblick auf einen überlassenen Gegenstand zu. Dieser Anspruch kann aber für ein Jahr nach Eröffnung des Insolvenzverfahrens nicht geltend gemacht werden, § 135 Abs. 3 InsO. Für diese Nutzungsüberlassung hat der Gesellschafter aber einen Ausgleichsanspruch gegenüber der Insolvenzmasse, § 135 Abs. 3 Satz 2 InsO. Auch sind für solche Überlassungsvereinbarungen die Regelungen gem. §§ 103 ff. InsO anwendbar.

Bei Treuhandverhältnissen ist das Aussonderungsrecht nicht uneingeschränkt gegeben. In der Insolvenz des Treuhänders gewähren Treuhandverhältnisse sowohl bei eigennütziger als auch bei uneigennütziger Treuhand dem Treugeber ein Aussonderungsrecht. Bei einer uneigennützigen Treuhand in der Insolvenz des Treugebers gehört das Treugut zur Insolvenzmasse (kein Aussonderungsrecht). Bei eigennütziger Treuhand in der In-solvenz des Treugebers besteht kein Aussonderungsrecht, sondern nur ein Absonderungsrecht (z. B. Sicherungsübereignung, Sicherungsabtretung § 51 Nr. 1 InsO).

Verweigert der Insolvenzverwalter die Herausgabe des auszusondernden Vermögensgegenstandes oder die Anerkennung dieses Rechtes, so muss der Aussonderungsberechtigte seine Ansprüche auf dem allgemeinen Rechtsweg gegenüber dem Insolvenzverwalter geltend machen. Der Aussonderungsberechtigte ist nicht befugt, die Geschäftsräume des Insolvenzschuldners zu betreten, um die entsprechenden Vermögensgegenstände zu besichtigen, zu inventarisieren oder auch abzuholen.

Der Aussonderungsanspruch kann auch von dem Berechtigten durch eine einstweilige Verfügung gem. §§ 935, 938 ZPO (als Veräußerungs- oder Einziehungsverbot) gesichert werden. Der Aussonderungsberechtigte hat einen Anspruch gegenüber dem Insolvenzverwalter auf Auskunft zur Vorbereitung der Geltendmachung seines Aussonderungsrechtes.

2. Die Ersatzaussonderung, § 48 InsO

Ein Recht auf Ersatzaussonderung (§ 48 Satz 1 InsO) ist begründet, wenn der aussonderungsfähige Vermögensgegenstand vor oder nach der Eröffnung des Insolvenzverfahrens unberechtigt veräußert worden ist und das Recht auf Gegenleistung noch aussteht und abgetreten werden kann.

Eine pflichtwidrige Veräußerung eines Vermögensgegenstandes liegt dann nicht vor, wenn der aussonderungsberechtigte Gläubiger seine Rechte nicht innerhalb einer angemessenen Frist dargelegt und nachgewiesen hat. Es gilt insoweit zunächst die gesetzliche Eigentumsvermutung nach § 1006 BGB.

Eine Ersatzaussonderung kann nicht wegen einer Geldsumme oder eines Wertbetrages, sondern nur wegen individuell bestimmbarer Vermögensgegenstände und Rechte geltend gemacht werden. Die direkte Gegenleistung kann dem Ersatzaussonderungsberechtigten nach § 48 Satz 2 InsO nur dann gewährt werden, wenn diese Gegenleistung in der Insolvenzmasse noch unterscheidbar vorhanden ist.

Dies ist bei Geldleistungen nur dann der Fall, wenn sie auf ein Sonderkonto eingezahlt worden sind oder die Überweisungen den Betrag für den aussonderungsfähigen Vermögensgegenstand erkennen lassen, da nur die einzelnen Buchungen die Sonderungsfähigkeit ermöglichen. Wenn die Zahlungen direkt auf ein Zahlungskonto erfolgen, dann kommt es darauf an, ob ein verfügbares Guthaben besteht (zu Einzelheiten vgl. BGH, BB 2019, 712 f.).

IV. Das Absonderungsrecht

Im Gegensatz zum Aussonderungsberechtigten hat der absonderungsberechtigte Gläubiger nur ein Recht auf bevorzugte Befriedigung aus einem Vermögensgegenstand der Insolvenzmasse. Das Absonderungsrecht im Insolvenzverfahren entspricht der Klage auf vorzugsweise Befriedigung gem. § 805 ZPO in der Einzelzwangsvollstreckung.

Die absonderungsberechtigten Gläubiger sind auch gleichzeitig Insolvenzgläubiger, denen alle Mitwirkungsrechte im Insolvenzverfahren vollumfänglich zustehen. Die Anmeldung der Forderung zur Tabelle ohne eine Beschränkung auf den Ausfall bedeutet jedoch noch keinen Verzicht des Gläubigers auf sein Recht zur abgesonderten Befriedigung. Ein derartiger Verzicht kann nur wirksam zu Gunsten der Masse erklärt werden, wenn damit auch der belastete Gegenstand für die Masse frei wird.

Im Insolvenzplanverfahren bilden absonderungsberechtigte Gläubiger eine eigene Gruppe, wenn durch den Plan Eingriffe in ihre Rechtsstellung vorgenommen werden sollen (§ 222 Abs. 1 Nr. 1 InsO). Die Rechte, die für die Gläubiger zur abgesonderten Befriedigung führen, sind im Gesetz abschließend aufgezählt.

Der Gläubiger, dem Rechte an unbeweglichen Vermögensgegenständen zustehen (Grundstücke sowie Grundstückszubehör § 865 Abs. 1 ZPO i. V. m. §§ 97, 1120 BGB, grundstücksgleiche Rechte, Miteigentumsbruchteile an Grundstücken, eingetragene Schiffe und Schiffsbauwerke), kann die Verwertung gem. §§ 49, 165 InsO außerhalb des Insolvenzverfahrens durch Zwangsversteigerung und/oder Zwangsverwaltung durchführen. Jedoch hat in einem derartigen Fall der Insolvenzverwalter die Möglichkeit, ein solches Verfahren einstellen zu lassen (§ 30d Abs. 1 Satz 1 Nr. 2 – 4 ZVG). Bei einer Einstellung müssen dann aber aus der Insolvenzmasse die laufenden Zinsen für die gesicherte Forderung und der evtl. eingetretene Wertverlust des Gegenstandes gem. § 30e ZVG ersetzt werden.

Zwischen einem absonderungsberechtigten Gläubiger und einem Insolvenzverwalter kann eine Vereinbarung über die Durchführung einer *kalten (stillen) Zwangsverwaltung* getroffen werden,[48] sofern die Masse dadurch keinen Nachteil erleidet.
Für die Verwertung derartiger unbeweglicher Gegenstände haben die Grundpfandgläubiger nach § 10 Abs. 1 Nr. 1 a ZVG einen pauschalen Kostenbeitrag in Höhe von 4 % des festgestellten Verkehrswertes bezogen auf das mithaftende Grundstückszubehör an die Masse auszugleichen.

Bei Pfandrechten, die der Gläubiger aus Vertrag erworben hat, besteht kein Verwertungsrecht des Verwalters, da für dieses zwingend notwendig ist, dass er die betroffenen Gegenstände in Besitz hat. Diese Gegenstände sind außerhalb des Insolvenzverfahrens zu verwerten. Bei gesetzlichen Pfandrechten des Gläubigers, z. B. Vermieter- und Verpächterpfandrecht i.S.v. §§ 562, 581 Abs. 2 BGB (zu beachten sind hier die zeitlichen Einschränkungen gem. § 50 Abs. 2 InsO), kann der Insolvenzverwalter diese Gegenstände verwerten. Bei gesetzlichen Pfandrechten (wie Werkunternehmerpfandrecht gemäß § 647 BGB) kann der Pfandgläubiger selbst ver-

---

[48] BGH, NZI 2016, 824 ff.; die kalte Zwangsverwaltung muss im Rahmen der Festsetzung der Vergütung für den Insolvenzverwalter mit berücksichtigt werden. In derartigen Fällen ist dann nur der Überschuss bei der Berechnungsgrundlage für die Verwaltervergütung zu berücksichtigen, die zugunsten der Masse erzielt worden ist.

werten, da er in einem solchen Fall bereits im Besitz des Gegenstandes ist.

Bei Pfändungspfandrechten ist entscheidend für die Frage der Verwertung, wer zum Zeitpunkt der Insolvenzeröffnung im Besitz des Gegenstandes ist. Ist der Pfandgegenstand noch im Gewahrsam des Insolvenzschuldners (§ 808 Abs. 2 Satz 2 ZPO), so kann der Insolvenzverwalter verwerten. Verwertet jedoch der Pfandgläubiger, so steht dem Insolvenzverwalter kein Kostenbeitrag für die Masse zu.

Bei der Sicherungsübereignung oder Sicherungsabtretung von beweglichen Sachen oder Forderungen kann der Insolvenzverwalter diese freihändig verwerten, wenn er sie in seinem Besitz hat (§ 166 InsO). Diese Verwertungsvorschrift ist zwingendes Recht und kann auch nicht durch eine Vereinbarung zwischen Schuldner und Gläubiger abbedungen werden. Bei derartigen Sicherungsverträgen scheitert die Wirksamkeit jedoch häufig an der fehlenden Bestimmtheit der zu übereignenden Gegenstände. So lässt sich z.b. aus dem Begriff „Vorräte" eine Beziehung zu bestimmten Sachen nicht herleiten. Auch fehlt es in diesem Zusammenhang zumeist an einer bestimmenden Bezeichnung der Sicherungsräume.

Auch bei einer Forderungszession steht die Verwertungsbefugnis dem Insolvenzverwalter gem. § 166 Abs. 2 InsO immer zu. Ein Drittschuldner kann dann auch nicht mit befreiender Wirkung an den Zessionar leisten, da § 407 BGB mit der Verfahrenseröffnung nicht mehr anwendbar ist. Nach der Rechtsprechung kann das Einziehungsrecht des Insolvenzverwalters bei sicherungshalber abgetretenen Forderungen auch nicht durch eine Vereinbarung zwischen Sicherungsgläubiger und Drittschuldner ausgeschaltet werden. Dies umfasst auch die Berücksichtigung aufrechenbarer Gegenforderungen (BGH, ZIP 2009,768 f.).
Ein Vermieterpfandrecht begründet in der Insolvenz des Mieters für den Vermieter nach § 50 InsO ein Absonderungsrecht. Dieses geht auch einer Raumsicherungsvereinbarung vor. Egal ob diese Sicherungsübereignung Waren betrifft, die vor

ihrer Vereinbarung bereits eingebracht waren oder solche, die erst nach der Sicherungsübereignung dem Warenlager zugeführt worden sind (BGH, BB 2019, 712 f.).

Ferner gewähren Rechte aus dem kaufmännischen Zurückbehaltungsrecht gem. § 369 HGB und aus dem Zurückbehaltungsrecht wegen nützlicher Verwendungen (§§ 102, 292, 304, 538, 547, 592, 601, 670, 675, 683, 693, 850, 972, 994 ff., 1000, 1049, 1057, 1216, 2022 BGB) ein Absonderungsrecht, wobei die Verwertungsbefugnis wiederum beim Insolvenzverwalter liegt.

Im Insolvenzfall eines haftpflichtversicherten Schuldners hat der Gläubiger einer Haftpflichtforderung für diese ein Absonderungsrecht, § 115 VVG[49] und einen direkten Anspruch gegen den Versicherer. Diesen Direktanspruch kann der Gläubiger gegen die Haftpflichtversicherung erst dann klageweise geltend machen[50], wenn der Haftpflichtanspruch des Geschädigten zuvor festgestellt worden ist. Eine solche Feststellung kann zum Beispiel auch durch ein Anerkenntnis der Schadensersatzforderung durch den Insolvenzverwalter erfolgen (OLG Hamm, Urteil v. 23.4.2012, 18 U 236/10). Desweiteren ist der Gläubiger in solchen Fällen nach § 110 VVG auch noch berechtigt, die Verfahrensarten durchzuführen, die vor der Änderung des VVG üblich waren[51].

Ist der absonderungsberechtigte Gläubiger zur Verwertung berechtigt und wird diese Verwertung verzögert, so kann der Insolvenzverwalter nach § 173 Abs. 2 InsO bei dem Insolvenzgericht einen Antrag auf Fristsetzung zur Verwertung

---

[49] Der Direktanspruch nach VVG besteht für einen Entschädigungsanspruch auch, wenn der Eröffnungsantrag zurückgewiesen oder ein vorläufiger Verwalter bestellt wird.
[50] Vgl. für einen Formulierungsvorschlag zum Klageantrag OLG Brandenburg, ZInsO 2003, 183; in der Praxis ist es für den Geschädigten sinnvoll, so früh wie möglich der Haftpflichtversicherung den Streit zu verkünden.
[51] Feststellung des Entschädigungsanspruchs zur Tabelle oder Zahlungsklage gegen den Verwalter. In diesen Fällen kann der Gläubiger nach Titulierung des Anspruchs den Deckungsanspruch analog § 1282 BGB beim Versicherer einziehen (BGH, VersR 1954, 578).

stellen. Nach fruchtlosem Fristablauf wäre dann der Insolvenzverwalter zur Verwertung berechtigt.

Bei beweglichen Gegenständen, die der Verwertungsbefugnis des Insolvenzverwalters obliegen, hat dieser gegenüber einem absonderungsberechtigten Gläubiger Auskunft über den Zustand der Sache zu geben (§ 167 Abs. 1 InsO).

Er hat auch den Gläubiger über eine bevorstehende Verwertung zu benachrichtigen oder die vom Gläubiger benannten besseren Verwertungsmöglichkeiten zu nutzen, ggf. ihm den Selbsteintritt für die Verwertung zu überlassen (§ 168 InsO). Wenn der Insolvenzverwalter diese Gegenstände für die Masse weiter verwendet, so ist er verpflichtet, die durch die Nutzung entstehenden Wertverluste durch laufende Zahlungen an die absonderungsberechtigten Gläubiger auszugleichen (§ 172 Abs. 1 InsO). Auch müssen den Gläubigern die auf die gesicherte Forderung geschuldeten Zinsen ab dem Berichtstermin gem. § 169 InsO gezahlt werden.

Nach erfolgter Verwertung ist der Verwertungserlös zur Masse zu ziehen. Verwertungserlös i.S.v. § 170 InsO ist der Betrag, der tatsächlich erzielt wird und zur Masse gelangt. Auch in den Fällen, in denen der Verwalter einen Verwerter einschaltet und dieser die bei ihm entstandenen Kosten (regelm. Kostenpauschale 15 %) abzieht und dann nur den Restbetrag zur Masse weiterleitet. Die durch die Einschaltung eines Dritten/Verwerters entstandenen Kosten sind Verwertungskosten nach § 171 Abs. 2 InsO. Aus dem Verwertungserlös sind zunächst zugunsten der Insolvenzmasse die Kosten der Feststellung in Höhe von pauschal 4 % (unabhängig davon, in welcher Höhe tatsächlich Feststellungskosten angefallen sind) zu entnehmen. Der Prozentsatz ist von dem Verwertungserlös einschließlich Umsatzsteuer[52] zu berechnen. Danach sind dann die Kosten der Verwertung abzurechnen. Diese Kosten sind grundsätzlich pauschal mit 5% vom Brutto-

---

[52] OLG Nürnberg, ZInsO 2014, 206 ff.; a.A. wegen Berechnung aus dem Nettoerlös bei zum Vorsteuerabzug berechtigter Masse vgl. LG Köln, ZIP 2003, 2312: LG Halle/Saale, ZInsO 2001, 270 f.

Verwertungserlös anzusetzen. Wenn die tatsächlich entstandenen Kosten höher lagen als der gesetzliche Pauschalbetrag, dann sind die tatsächlich entstandenen Kosten anzusetzen (§ 171 Abs. 2 Satz 2 InsO). Zusätzlich zu diesen Kosten in ein Umsatzsteuerbetrag anzusetzen, wenn die Verwertung zu einer Belastung der Insolvenzmasse mit der Umsatzsteuer führt.

Bei der Auszahlung des Verwertungserlöses an die absonderungsberechtigten Gläubiger ist die Tilgungsregelung nach § 367 Abs. 1 BGB betreffend der seit Verfahrenseröffnung laufenden Zinsen zu berücksichtigen (ggf. durch Abschluss einer gesonderten Tilgungsvereinbarung, vgl. BGH ZInsO 2011, 630). Diese Zinsen wären ansonsten nachrangige Insolvenzforderungen mit (regelmäßig) geringer Aussicht auf Befriedigung.

Der Absonderungsberechtigte kann in einem Insolvenzverfahren über das Vermögen einer natürlichen Person mit beantragter Restschuldbefreiung seine Rechte auch weiter verfolgen. Er wird in der Wohlverhaltensphase des Restschuldbefreiungsverfahrens jedoch nur dann bei der Verteilung berücksichtigt, wenn er innerhalb von 2 Wochen nach der öffentlichen Bekanntmachung des Schlussverzeichnisses eine Erklärung gemäß § 190 Abs. 1 InsO abgegeben hat. Der beratende Anwalt ist gegenüber seinem Mandanten verpflichtet, die Ausschlussfrist des § 189 InsO zu wahren. Hierzu sind öffentliche Bekanntmachungen, die die Frist in Lauf setzen, vom Anwalt so regelmäßig zu kontrollieren, dass die Frist nicht versäumt werden kann[53].

V. Die Aufrechnung

Unabhängig vom Insolvenzverfahren können Gläubiger ihre offenen Forderungen auch durch Aufrechnung von Verbindlichkeiten gegenüber dem Insolvenzschuldner tilgen. Die Aufrechnung selbst bewirkt eine Art abgesonderte Befriedigung

---

(vgl. RGZ 124, 10), da das Recht der Aufrechnung in der Insolvenz grundsätzlich bestehen bleibt (§ 94 InsO). Die Aufrechnungsmöglichkeiten der Insolvenzgläubiger werden gesetzlich jedoch abweichend von § 387 BGB durch die Regelung in § 96 InsO eingeschränkt. Die Aufrechung ist demnach in folgenden Fällen unzulässig:

➢ Wenn ein Gläubiger erst nach Verfahrenseröffnung etwas zur Masse schuldig geworden ist;
➢ wenn ein Gläubiger seine Forderung erst nach Verfahrenseröffnung von einem Dritten erworben hat;
➢ wenn ein Gläubiger die Möglichkeit der Aufrechnung durch eine anfechtbare Rechtshandlung erlangt hat;
➢ wenn die Forderung des Gläubigers aus dem freien Vermögen des Schuldners zu erfüllen ist.

Ein vertraglicher Ausschluss der Möglichkeit einer Aufrechnung gilt nicht in der Insolvenz des Aufrechnungsgegners, wenn nach den Umständen des Einzelfalles angenommen werden kann, dass der Gläubiger für den Fall der Insolvenz nicht auf die Aufrechnungsmöglichkeit verzichten wollte (vgl. BGH NJW 1984, 357; NJW 1975, 442).

Als Besonderheit im Bereich des Sozialversicherungsrechts haben die Bundesgerichte einheitlich entschieden, dass ein Sozialleistungsträger, bevor über das Vermögen des Leistungsberechtigten das Insolvenzverfahren eröffnet wird, einen zweiten Leistungsträger ermächtigen kann, seine Ansprüche mit der dem zweiten Leistungsträger obliegenden Geldleistung zu verrechnen. Diese Ermächtigung ist in der Insolvenz des leistungsberechtigten Schuldners grundsätzlich wirksam[54].

VI. Die Abwicklung von Verträgen

Gegenseitige Verträge, die zum Zeitpunkt der Insolvenzeröffnung nicht oder nicht vollständig erfüllt sind, werden durch

---

[54] BGH, Urteil v. 29.5.2008, NJW 2008, 2705 ff. entgegen BayObLg, NZI 2001, 367; Anschluss an BSG, Urteil v. 10.12.2003, BSGE 92, 1 ff.

den Insolvenzverwalter nach den Regelungen gemäß §§ 103 ff. InsO abgewickelt. Für einige Vertragsarten sind Sonderregelungen nach §§ 104 ff. InsO im Gesetz aufgeführt.

1. Der Grundsatz, § 103 InsO

Für alle noch nicht vollständig erfüllten gegenseitigen Verträge des Insolvenzschuldners sind abweichend von den gesetzlichen und vertraglichen Regelungen zwingend die Normen von §§ 103 – 119 InsO anzuwenden. Das in § 103 InsO geregelte Wahlrecht des Insolvenzverwalters stellt die Grund- und Auffangnorm für die Regelung über das Schicksal von gegenseitigen Verträgen des Schuldners nach Verfahrenseröffnung dar und kommt immer dann zur Anwendung, wenn sich nicht aus den §§ 104 ff. InsO speziellere und somit vorrangige Regelungen ergeben.

Die Eröffnung des Insolvenzverfahrens bewirkt bei solchen Verträgen nicht etwa den Untergang der Hauptleistungspflicht, sondern vielmehr den Verlust der Durchsetzbarkeit dieser Pflicht. Die Eröffnung führt deshalb noch nicht zum Erlöschen der vertraglichen Erfüllungsansprüche. Sie gewährt dem Vertragspartner weder ein Rücktrittsrecht, noch entsteht ein Rückgewährschuldverhältnis (§ 103 Abs. 1 und 2 Satz 1 InsO schließen das Rücktrittsrecht vom Vertrag für beide Vertragsparteien aus). Die vertraglichen Ansprüche und Gegenansprüche verlieren bis zur Ausübung des Wahlrechts zunächst nur ihre Durchsetzbarkeit.[55]

Wählt der Insolvenzverwalter Erfüllung des Vertrages i.S.v. § 103 InsO, so hat dies die Rechtswirkung, dass die gegenseitigen Erfüllungsansprüche neu begründet werden. Der Vertragspartner hat seine Leistung zur Masse zu erbringen und die Gegenleistung muss aus der Masse erbracht werden. Der Erfüllungsanspruch des Vertragspartners auf die Gegenleis-

---

[55] Nach der älteren Rechtsprechung sollten Erfüllungsansprüche mit der Eröffnung des Verfahrens erlöschen, vgl. BGH, ZIP 1995, 926 ff.; ZIP 1997, 688 ff.

tung ist daher nicht nur einfache Insolvenzforderung, sondern Masseanspruch nach § 55 Abs. 1 Nr. 2 InsO. Dieser Grundsatz, dass der Insolvenzverwalter an die zuvor getroffenen vertraglichen Vereinbarungen gehalten ist, hat u.a. auch bei Werkverträgen zur Folge, dass er an Gewährleistungs- und Sicherheitenvereinbarungen gebunden ist. Wenn die Fälligkeit des Werklohnanspruchs an die Vorlage bestimmter Bescheinigungen gebunden ist, dann muss der Verwalter diese beibringen.

Lehnt der Verwalter hingegen die Erfüllung ab, so kann der Vertragspartner einen Schadensersatzanspruch wegen Nichterfüllung als Insolvenzforderung zur Tabelle anmelden.

ABC für ausgewählte Vertragstypen

- Aufträge, § 115 InsO
- Darlehensverträge mit Schuldner als Darlehensgeber, § 108 Abs. 2 InsO
- Dienst-, insb. Arbeits- und Ausbildungsverhältnisse, §§ 108, 113, 114 InsO
- Eigentumsvorbehalt, § 107 InsO
- Energielieferungsverträge, § 105 InsO
- Finanztermingeschäfte, § 104 InsO
- Fixgeschäfte, § 104 InsO
- Geschäftsbesorgungsverträge, § 116 InsO
- Gesellschaftsvertrag ist kein gegenseitiger Vertrag, § 84 InsO
- Gesellschaft ohne Rechtspersönlichkeit, §§ 11 Abs. 2 Nr. 1, 118 InsO
- Girovertrag, § 116 InsO
- Kaufvertrag, § 103 InsO
- Leasing, § 103 InsO
- Miet- und Pachtverträge von unbeweglichen Sachen, §§ 108-112 InsO
- Miet- und Pachtverträge von beweglichen Sachen
- Rückabwicklungsschuldverhältnisse, § 103 InsO analog
- Sukzessivlieferungsverträge, § 105 InsO
- Versicherungsverträge, § 103 InsO
- Vollmacht, § 117 InsO
- Vormerkung, § 106 InsO
- Werk- und Werklieferungsvertrag, § 103 InsO
- Zahlungsdiensterahmenvertrag, § 116 InsO

Der Insolvenzverwalter kann jedoch nur dann die Erfüllung eines Vertrags verlangen oder die Erfüllung ablehnen, wenn im Zeitpunkt der Verfahrenseröffnung noch im Synallagma stehende Hauptleistungspflichten des Vertrags ganz oder teilweise noch zu erfüllen waren.

Im Rechtsleben sehen viele Verträge sog. Lösungsklauseln (z.b. Sonderkündigungsrechte[56]) für den Fall vor, dass über das Vermögen des Vertragspartners das Insolvenzverfahren eröffnet wird. Solche insolvenzabhängigen Regelungen sind nach § 119 InsO unwirksam (BGH, ZIP 2013, 274).

2. Die Regelungen für Arbeitsverhältnisse / Insolvenzgeld

Arbeits- und Dienstverhältnisse bestehen nach Insolvenzeröffnung zu den vertraglich vereinbarten Bedingungen fort, § 108 InsO. Der Insolvenzverwalter wird nunmehr Arbeitgeber. Die Entgeltansprüche der Arbeitnehmer für Zeiträume nach Insolvenzeröffnung sind Masseverbindlichkeiten gem. § 55 Abs. 1 Nr. 2 InsO[57]. Um diese Verträge zu beenden, muss der Insolvenzverwalter die Arbeitsverhältnisse nach den allgemeinen Regelungen kündigen. Eine Kündigung kann daher nur unter Einhaltung der 3-mo-natigen bzw. einer kürzeren gesetzlichen Kündigungsfrist erfolgen. Sollte eine gesetzlich oder vertraglich vereinbarte Kündigungsfrist länger als drei Monate sein, so wird sie auf diese drei Monate gem. § 114 InsO verkürzt.

Die sonstigen Regelungen des Arbeitsrechts über die Kündigung von Arbeitsverhältnissen bleiben bestehen und müssen vom Insolvenzverwalter beachtet werden (Verfahren für Massenentlassungen, § 17 KSchG; Kündigungsgrund gem. § 1 KSchG; Anhörung des Betriebsrats, § 102 BetrVG; Kündi-

---

[56] So sieht z.B. § 6 der Statuten des DFB den Zwangsabstieg von Vereinen für den Fall der Insolvenz vor, entgegen § 119 InsO, LG Berlin, Urteil v. 26.2.2015 -35 O 56/15.

[57] Für Klagen gegen den Insolvenzverwalter wegen arbeitsvertraglicher Masseverbindlichkeiten ist das Arbeitsgericht zuständig; BGH, Beschluss v. 16.11.2006, IX ZB 57/06.

gungsschutz von Betriebsratsmitgliedern, § 15 KSchG; Kündigungsverbot gem. § 9 Abs. 1 Mutterschutzgesetz; § 18 Abs. 1 BErzGG; § 15 Berufsbildungsgesetz; §§ 2, 10 ArbPlSchG; § 78 ZDG; Kündigungsschutz für Schwerbehinderte, §§ 85, 91 SGB IX).

Der Geschäftsführer einer GmbH behält trotz Insolvenzeröffnung seine organschaftliche Stellung. Der Arbeitsvertrag mit dem Geschäftsführer kann jedoch vom Verwalter nach den o.g. Regeln gekündigt werden. Für Streitigkeiten in diesem Zusammenhang (auch für Vergütungsklagen) sind die ordentlichen Gerichte und nicht die Arbeitsgerichte zuständig.

Entgeltansprüche der Arbeitnehmer für Zeiträume vor Insolvenzeröffnung sind einfache Insolvenzforderungen (§ 38 InsO). Jedoch sind solche offenen Nettoarbeitsentgeltansprüche für Arbeitnehmer, die im Inland beschäftigt waren, betreffend eines Zeitraums der letzten 3 Monate des Arbeitsverhältnisses vor der Eröffnung des Insolvenzverfahrens durch die Regelungen des Insolvenzgeldes gesichert (§§ 183-189, 208, 314, 316, 320,324 SGB III). Dies gilt auch dann, wenn ein Insolvenzverfahren mangels Masse nicht eröffnet (§ 183 Abs. 1 Nr. 2 SGB III) oder ein Insolvenzplan vorgelegt wird.

Anspruchsberechtigt sind auch beitragsbefreite Arbeitnehmer (Studenten, Rentner, geringfügig Beschäftigte) und Geschäftsführer einer GmbH (soweit nicht die Arbeitnehmereigenschaft entfällt, weil dieser als Gesellschafter maßgeblichen Einfluss auf die Geschicke der Insolvenzschuldnerin nehmen konnte; BSG, ZIP 2007, 2185). Auch Handelsvertreter i.S.v. § 84 HGB oder Handlungsgehilfen (§ 59 HGB) sind anspruchsberechtigt, soweit sie kein selbstständiges Gewerbe betreiben. Ausgeschlossen sind nach § 184 SGB III Ansprüche wegen der Beendigung des Arbeitsverhältnisses (z.B. Abfindungen, vgl. LAG Hessen, ZInsO 2013, 2175).

Die Höhe des Anspruchs berechnet sich nach dem berücksichtigungsfähigen Bruttoarbeitsentgelt. Dieses ist jedoch begrenzt durch die im anzuwendenden Monat geltende Beitragsbemessungsgrenze der allgemeinen Rentenversicherung (BSG, Urteil vom 11.3.2014 – B 11 AL 21/12).

Der Insolvenzgeldanspruch muss vom Arbeitnehmer bei der für den Arbeitgeber örtlich zuständigen Agentur für Arbeit innerhalb einer Ausschlussfrist von 2 Monaten gestellt werden, § 324 Abs. 3 SGB III. Gibt der Arbeitnehmer -den Insolvenzgeldantrag beim Verwalter ab, so ist dieser nicht verpflichtet, den Antrag an die zuständige Agentur für Arbeit weiterzuleiten. Solche Tätigkeiten übernimmt ein Verwalter ggf. nur aus Gefälligkeit und handelt dabei nicht für oder auf Kosten der Masse. Die für den Insolvenzgeldantrag zu benutzende Formulare können als PDF-Datei von der Homepage der Agentur für Arbeit herunter geladen werden:

www.arbeitsagentur.de/startseite/formulare

3. Die Regelungen für Miet- und Pachtverhältnisse

Miet- und Pachtverhältnisse über *unbewegliche Gegenstände* und *Wohnräume* bestehen nach Insolvenzeröffnung mit Wirkung für die Masse zu den vertraglich vereinbarten Bedingungen fort. Die Ansprüche vor Insolvenzeröffnung sind Insolvenzforderungen (§ 108 Abs. 3 InsO), soweit nicht Rechte aus Absonderung aus Vermieterpfandrecht (§ 50 InsO) bestehen. Die Ansprüche nach Insolvenzeröffnung sind Masseschulden nach §§ 108 Abs. 1, 55 Abs. 1 Nr. 2, 2. Alt. InsO, und dies bereits im Monat der Verfahrenseröffnung (BGH, ZIP 2021, 863). Strenggenommen gilt dies auch für die privat genutzte Wohnung des Schuldners; obwohl dieser weiterhin berechtigt ist, diese Wohnung als Mittelpunkt seiner Lebensführung uneingeschränkt zu nutzen.

Zur Beendigung dieser Verträge müssen Kündigungen ausgesprochen werden. Wenn dem Insolvenzschuldner der unbewegliche Gegenstand/Wohnung schon bei Insolvenzeröffnung überlassen war, so steht dem Insolvenzverwalter ein Sonderkündigungsrecht nach § 109 Abs. 1 InsO zu. Betreffend der Wohnung des Insolvenzschuldners hat der Verwalter an Stelle einer Kündigung nur die Möglichkeit, eine Nichteintrittserklärung (Enthaftungserklärung) abzugeben, § 109 Abs. 1 Satz 2 InsO. Diese hat zur Folge, dass eventuelle Mietschulden nach der Eröffnung nur bis zum Ablauf der „fiktiven" Kündigungsfrist (max. 3 Monate) Masseverbindlichkeiten begründen. Die Verwaltungs- und Verfügungsbefugnis hinsichtlich des Mietverhältnisses geht mit Wirksamwerden der Enthaftungserklärung wieder auf den Schuldner über (BGH, Urteil v. 22.5.2014, NJW 2014, 2585 f.). Eine Räumungsklage hat der Vermieter gegen den Insolvenzschuldner und nicht gegen den Verwalter zu richten (vgl. BGH, Urteil v. 9.4.2014 – VIII ZR 107/13). Ferner fehlt dem Verwalter die Prozessführungsbefugnis für eine Klage gegen den Vermieter auf Auszahlung eines nach der wirksamen Enthaftungserklärung entstandenen Nebenkostenguthabens. Auch der Anspruch auf Auszahlung einer Mietkaution (bis zur gesetzlich zugelassenen Höhe, § 551 Abs. 1, 3 Satz 4 BGB) geht wieder auf den Schuldner als Mieter über bzw. der Insolvenzbeschlag entfällt (BGH, Beschluss v. 16.3.2017, ZInsO 2017, 875).

Für den Vermieter ist das Kündigungsrecht gemäß § 112 InsO für die Fälle eingeschränkt, bei denen die Kündigung auf einen vor dem Insolvenzantrag eingetretenen Zahlungsverzug oder auf eine Verschlechterung der schuldnerischen Vermögensverhältnisse gestützt wird. Nach einer wirksamen Enthaftungserklärung greift diese Kündigungssperre jedoch nicht mehr.

Fallbeispiel: Der Schuldner S (Beklagter) ist Mieter einer Wohnung des Klägers E. Der S zahlte von 3/2009 bis 10/2012 keine oder nur zum Teil seine Miete und Nebenkosten. Der E kündigte das Mietverhältnis wegen Mietrückstände in 6/2009 erstmals. In 5/2010 wurde das Verbraucherinsolvenzverfahren über das Vermögen des S eröffnet. Der Treuhänder erklärte in 7/2010 die „Freigabe" des Mietverhältnisses. In 1/2012 wurde das Insolvenzverfahren aufgehoben und in 10/2012 kündigte der E wiederum wegen Mietrückständen. Greift die Kündigung im Restschuldbefreiungsverfahren durch?

Lösung: Die Kündigung ist wirksam, der S muss die Wohnung räumen. Der E kann seine Kündigung aus 10/2012 auf Zahlungsverzug des S nach § 543 Abs. 2 Satz 1 Nr. 3 b BGB auch auf vor der Insolvenzantragstellung aufgelaufene Mietrückstände stützen. Der zuständige Treuhänder hatte die Ent-

haftungserklärung nach § 109 Abs. 1 Satz 2 InsO gegenüber E ausgesprochen. Dies bewirkte, dass das Mietverhältnis nicht mehr massebefangen war, sondern in die Verfügungsbefugnis des S zurückfiel.
Mit dem Wirksamwerden dieser „Freigabe" entfällt auch die Kündigungssperre von § 112 Nr. 1 InsO. Der Vermieter ist ab diesem Zeitpunkt nicht gehindert eine Kündigung auf Mietrückstände zu stützen, die noch aus der Zeit vor Insolvenzeröffnung stammen. Der Verzug des Mieters betreffend der Mietzahlungen endet nicht mit Verfahrenseröffnung. Der soziale Mieterschutz wird auch im Insolvenzfall dadurch gewährleistet, dass der Mieter die Kündigungsfolgen durch Zahlung der Rückstände (§ 569 Abs. 3 Nr. 2 Satz 1 BGB) aus seinem pfändungsfreien Vermögen abwenden kann; aber auch durch Zahlung von Dritten, insbes. von öffentlichen Stellen ist dies im laufenden Verfahren möglich (BGH, NJW 2015, 3087; Pape, NZM 2015, 314).

4. Die Regelungen für das Girokonto des Schuldners

Mit Verfahrenseröffnung wird kraft Gesetzes die Kontoverbindung des Schuldners mit seiner Bank, auch der Vertrag über das Girokonto beendet. In der Praxis hingegen führt die Bank das Konto des Schuldners mit gleicher Kontonummer weiter (regelmäßig als sog. Guthabenkonto), wenn der Verwalter/Treuhänder dies freigegeben hat. Rechtlich ist in diesem Zusammenhang weiterhin ungeklärt, ob diese Handhabung eine Vereinbarung über eine neue Kontoeröffnung oder eine über die Weiterführung des bereits vorhandenen Kontos darstellt.

In der Praxis ist häufig die Fragestellung vakant, ob die auf dem Konto lastenden (alt) Pfändungen nach Verfahrenseröffnung noch wirksam sind oder entfallen (außerhalb der Problematik der Rückschlagsperre, § 88 InsO). Zumeist vertreten die Banken die Auffassung, dass auch bei dem Konto nach Verfahrenseröffnung die vollstreckungsrechtliche Verstrickung weiterhin vorliegt. Während der Laufzeit des Insolvenzverfahrens sind Zwangsvollstreckungsmaßnahmen einzelner Insolvenzgläubiger gem. § 89 InsO unwirksam. Für die Durchführung einer Vollstreckungserinnerung nach § 89 Abs. 3 InsO, § 766 ZPO (Aussetzung der Vollziehung des Pfändungs- und Überweisungsbeschlusses für die Dauer des Insolvenzverfahrens) ist der Rechtspfleger des Insolvenzgerichts zuständig (vgl. AG Hamburg, ZIP 2021, 1828). Die vor Verfahrenseröffnung eingetretene Verstrickung wirkt gem. § 836 Abs. 2 ZPO auch gegenüber der Bank als Drittschuldner so lange fort, bis sie aufgehoben worden ist (BGH, ZIP 2021, 96 f. = WM 2020, 2428). Sie ist nur für die Dauer des Insolvenzverfahrens ausgesetzt. Ein Pfändungspfandrecht entsteht an den Geldern, die nach Verfahrenseröffnung auf dem Konto eingehen jedoch nicht. Ein solches entsteht bei einer Kontopfändung erst mit dem Geldeingang auf dem Konto und nicht bereits zum Zeitpunkt der Zustellung des Pfändungs- und Überweisungsbeschlusses (BGH, ZIP 2003, 808). Der Verwalter kann auf eine „zuvor" bereits gepfändeten Forderung gegenüber einer Bank nur dann zu Gunsten der Masse zugreifen (evt. Herausgabe- bzw. Zahlungsklage), wenn er für die Aufhebung der Verstrickung sorgt. Ansonsten lebt die Sicherung des Vollstreckungsgläubigers wieder auf, wenn der betroffene Vermögensgegenstand vom Verwalter freigegeben worden ist oder das Insolvenzverfahren (ohne Verwertung des Gegenstands) aufgehoben wurde.

EXKURS: Das Basiskonto / Konto für „Jedermann"

Jeder Verbraucher hat (seit dem 18.06.2016) gegenüber jeder Privatbank, Sparkasse sowie Volks- und Raiffeisenbank nach dem Zahlungskontengesetz[58] (ZKG) einen durchsetzbaren Rechtsanspruch auf die Führung eines Girokontos mit Mindestfunktionen. Der Anspruch auf ein Basiskonto steht regelmäßig jedem Verbraucher zu, der sich rechtmäßig in einem Land der EU aufhält, §§ 1, 2 Abs. 1 ZKG. Demnach stehen in Deutschland jeder natürlichen Person, die nach § 13 BGB als Verbraucher anzusehen ist, die im ZKG niedergelegten Rechtsansprüche zu.

Zur Errichtung eines solchen Basiskontos ist ein Antrag des Verbrauchers notwendig, den die Bank formal annehmen muss. Für einen solchen Antrag hat der Gesetzgeber ein Muster als Anlage 3 zum ZKG vorgegeben. Dieser Musterantrag ist jedoch nicht verpflichtend, weder für den Verbraucher noch für die Bank. In Fällen, in denen das Formular genutzt und vom Antragstel-

---

[58] „Gesetz über die Vergleichbarkeit von Zahlungskontoentgelten, den Wechsel von Zahlungskonten sowie den Zugang zu Zahlungskonten mit grundlegenden Funktionen", kurz: Zahlungskontogesetz, (ZKG), BGBl. I 2016, S. 720 ff., in Kraft seit dem 18.6.2016; mit diesem neuen Gesetz wurde die Europäische-Zahlungskonten Richtlinie 2014/92/EU umgesetzt – Umsetzungsfrist war der 18.9.2016. Grundlegend zum ZKG u.a. Grote, ZInsO 2016, 1239 ff.

ler vollständig ausgefüllt worden ist, kann die Bank den Eröffnungsantrag nicht mit der Begründung ablehnen, dass der Antrag unvollständig sei, § 33 Abs. 2 Satz 3 ZKG. Auch die Nutzung des Basiskontos als ein Pfändungsschutzkonto nach § 850k ZPO kann auf dem Antrag ergänzt werden.

Bei dem Eröffnungsantrag eines Basiskontos reicht es aus, wenn der Verbraucher eine postalische Anschrift angibt. Dies kann auch die Adresse eines Freundes, eines Verwandten oder Bekannten, sogar auch die Anschrift einer Beratungsstelle sein. Entscheidend ist, dass die Bank den antragstellenden Verbraucher postalisch erreichen kann. Somit steht das Recht zur Kontoführung auch Obdachlosen und anderen Personen ohne festen Wohnsitz zu, § 31 Abs. 1 Satz 2 ZKG. Vor allem profitieren Asylbewerber und Flüchtlinge, die derzeit noch keinen dauerhaften Anspruch auf Aufenthalt haben, sondern nur geduldet werden oder aus tatsächlichen oder rechtlichen Gründen nicht abgeschoben werden können, von dieser Regelung, §§ 2 Abs. 1, 31 Abs. 1 Satz 2 ZKG. Diese Personen können bereits mit ungenügenden Ausweispapieren ein Basiskonto errichten.

Jeder Verbraucher hat jedoch nur Anspruch auf die Errichtung und Führung eines einzigen Basiskontos. Die Bank kann daher die Eröffnung ablehnen, wenn auf den Antragsteller bereits – oder noch - innerhalb der EU ein (anderes) Zahlungskonto eingerichtet ist und er dieses auch tatsächlich noch nutzen und damit am bargeldlosen Zahlungsverkehr teilnehmen kann, § 35 Abs. 1 ZKG. Das „Basiskonto" soll wie ein Zahlungskonto mit den grundlegenden Funktionen eines Girokontos ausgestattet sein, § 30 Abs. 1 ZKG. Mit einem solchen Konto soll grundsätzlich eine ausreichende Teilhabe des Verbrauchers am Zahlungsverkehr ermöglicht werden.

Das Entgelt für ein Basiskonto muss nach § 41 Abs. 2 ZKG den marktüblichen Entgelten anderer Konten am Markt (nicht nur bei der kontoführenden Bank) entsprechen. Dabei wird von der Rechtsprechung nicht vorausgesetzt, dass das Konto kostendeckend geführt werden muss (betr. Inhaltskontrolle gem. § 307 Abs. 3 Satz 1 BGB).

5. Die Regelungen für sonstige einzelne Vertragstypen

Verträge über bewegliche Sachen, insbesondere auch Kfz-Leasingverträge u.ä. fallen nicht unter die Regelungen für Miet- und Pachtverhältnisse gem. §§ 108 ff. InsO (s.o.). Bei derartigen Vertragsarten steht dem Insolvenzverwalter das Wahlrecht gem. § 103 InsO zu. Um die Möglichkeit der Ausübung des Wahlrechts für den Insolvenzverwalter zu sichern, ist in der Insolvenz des Mieters eine Kündigung durch den Vermieter (Leasinggesellschaft) ab Eröffnungsantrag ausgeschlossen (§ 112 InsO). Abweichende Vereinbarungen in den

Miet- oder Leasingbedingungen sind nach § 119 InsO unwirksam (zu beachten abweichende Regelungen in der Insolvenz des Vermieters bzw. Leasinggebers, § 108 Abs. 1 Satz 2 InsO).

Bei Verträgen über teilbare Leistungen (Sukzessivlieferungsverträge, Wiederkehrschuldverhältnisse, so z.b. auch bei Energielieferverträgen, u.u. bei Miet- und Pachtverträgen von beweglichen Sachen) kann der Insolvenzverwalter nur für die Zukunft Erfüllung gem. § 105 InsO verlangen. Insoweit ist er auch nicht für die Vergangenheit zur vollen Erfüllung des Vertrages, insbesondere zur Zahlung der Rückstände, verpflichtet. Diese Rückstände aus der Vergangenheit kann der Vertragspartner nur als Forderung (§ 38 InsO) zur Insolvenztabelle anmelden.

Die Regelung von § 104 InsO über Fixgeschäfte, Finanzdienstleistungen und vertragliches Liquidationsnetting normiert nunmehr eine nachhaltige Privilegierung u.a. der Banken und der Energiewirtschaft.[59] Demnach ist es diesen Instituten aufgrund der Regelung nunmehr leichter möglich, sich von bestehenden Verträgen zu lösen. Bei festgesetzten Zeit- oder Termingeschäften tritt dieses Zeitmoment erst nach Insolvenzeröffnung ein. Somit kann ein Gläubiger nicht die Erfüllung verlangen, sondern vielmehr nur eine Schadensersatzforderung wegen Nichterfüllung. Entscheidend sind auch die Regelungen in Abs. 3, nach denen § 119 InsO eingeschränkt wird, wenn die Einzelverträge Bestandteil eines Rahmen- oder einheitlichen Vertrags sind.

Betreffend der Vormerkung stellt die Regelung gem. § 106 InsO eine Ausnahmevorschrift dar, durch die dem Vormerkungsberechtigten ein Anspruch auf Erfüllung gewährt wird. Dabei ist dieser Anspruch auf die Übereignung an den Käufer begrenzt.

---

[59] Zur alten Regelung, in Kraft bis zum 29.12.2016 vgl. BGH –IX ZR 314/14, ZInsO 2016, 1299.

Aufträge, Vollmachten und Geschäftsbesorgungsverträge (streitig beim Handelsvertretervertrag i.S.v. § 84 HGB, ausführlich Krüger, ZInsO 2010, 507 f.) erlöschen kraft Gesetzes mit Insolvenzeröffnung (§§ 115 Abs. 1, 116 Satz 1, 117 InsO).

VII. Die Anreicherung der Insolvenzmasse durch die Insolvenzanfechtung

1. Die Grundlagen der Insolvenzanfechtung

Der Insolvenzverwalter hat nach Eröffnung des Insolvenzverfahrens die Möglichkeit, Vermögensverschiebungen oder Schmälerungen des Vermögens des Insolvenzschuldners rückgängig zu machen. Damit soll eine gleichmäßige Befriedigung der Insolvenzgläubiger dergestalt sichergestellt werden, dass für den Umfang des Vermögens des Insolvenzschuldners auf einen Zeitpunkt vor Insolvenzeröffnung abgestellt wird. Mit diesem Ziel sollen auch Vermögensverschiebungen in der Krise des Schuldners rückgängig gemacht werden, um eine Bevorzugung einzelner Gläubiger zu Lasten der Gläubigergesamtheit zu verhindern. Die Gläubiger, die in den letzten Wochen und Monaten vor dem Eröffnungsantrag das sogenannte Gläubigerrennen aus unterschiedlichen Gründen gewonnen haben, müssen sich nach der durchgeführten Insolvenzanfechtung wiederum bei den sonstigen Gläubigern einreihen; als Tabellenforderung nach § 38 InsO.

Die Begründetheit einer Insolvenzanfechtung ist rechtlich nicht davon abhängig, dass der Verwalter eine solche erklärt oder sich ausdrücklich auf einen solchen Anspruch beruft. Die Durchführung eines Insolvenzanfechtungsanspruchs erfolgt regelmäßig durch einseitige Willenserklärung des Insolvenzverwalters oder durch Erhebung der Klage. Eine solche muss den Gegenstand der Anfechtung und die Tatsachen genau bezeichnen, aus denen das Gericht die Anfechtungsberechtigung herleiten werden soll. Die Anfechtung selbst muss auch im Prozess nicht ausdrücklich erklärt werden. Der schuldrechtliche Rückgewähranspruch (§§ 129 ff., 143 Abs. 1 InsO) entsteht kraft Gesetzes bereits mit Verfahrenseröffnung.

Dem Insolvenzverwalter steht aufgrund des Rückgewähr-
schuldverhältnisses auch ein einklagbarer Anspruch auf Aus-
kunftserteilung gegenüber dem Anfechtungsgegner zu. Dabei
muss jedoch der Anfechtungsanspruch dem Grunde nach
feststehen.

2. Der Anwendungsbereich, § 129 InsO

Für alle in den §§ 130–137 InsO geregelten Anfechtungstatbestände müssen jeweils die in § 129 InsO niedergelegten
Voraussetzungen erfüllt sein.

Rechtshandlung im Sinne des Anfechtungsrechts ist jedes
Handeln und Unterlassen, dass eine rechtliche Wirkung auslöst. Hierzu gehören Verfügungen, Willenserklärungen und
rechtsgeschäftliche Handlungen, die das Vermögen des Insolvenzschuldners zum Nachteil der Gläubiger verändert haben. Auch Rechtshandlungen des vorläufigen Insolvenzverwalters sind grundsätzlich anfechtbar. Unterlassungen sind,
soweit sie wissentlich und willentlich geschehen, den positiven
Handlungen gem. § 129 Abs. 2 InsO gleichgestellt. Die
Rechtshandlung muss auch grundsätzlich *vor* Eröffnung des
Insolvenzverfahrens vorgenommen worden sein (§ 140 InsO).

Die *objektive Gläubigerbenachteiligung* setzt voraus, dass die
Gläubiger in ihrer Gesamtheit durch die Rechtshandlung objektiv benachteiligt worden sind. Dies liegt dann vor, wenn sich
die Befriedigung der Gläubiger im Falle des Unterbleibens der
angefochtenen Handlung günstiger gestaltet hätte. So z. B.
bei Rechtshandlungen, die die Insolvenzmasse vermindern,
bei Rechtshandlungen, die die Insolvenzforderungen erhöhen
oder auch bei Rechtshandlungen, die zu einer Erschwerung
von Zugriffsmöglichkeiten bzw. der Verwertbarkeit von Gegenständen führen.

Für die Erfüllung der Gläubigerbenachteiligung genügt auch
eine *mittelbare Benachteiligung* (außer bei den Anfechtungstatbeständen gem. §§ 132 Abs. 1, 133 Abs. 2 InsO). Eine solche liegt dann vor, wenn die Benachteiligung dadurch eintritt,

dass zu der Rechtshandlung ein Umstand hinzutritt, der erst später die Handlung zu einer benachteiligenden macht. Die Anfechtung einer mittelbaren Zuwendung liegt nach der derzeitigen Rechtsprechung auch dann vor, wenn der Schuldner über neue Gelder aus einer lediglich geduldeten Kontoüberziehung verfügt und diese Gelder durch eine Rechtshandlung einem Gläubiger direkt zukommen lässt.

Eine Gläubigerbenachteiligung liegt jedoch dann nicht vor, wenn die vorhandene Insolvenzmasse zur Befriedigung aller nicht nachrangigen Forderungen (§ 38 InsO) ausreicht (vgl. BGH, ZInsO 2013, 609). Auch wird eine einmal eingetretene Gläubigerbenachteiligung nachträglich dadurch wieder aufgehoben, dass der Anfechtungsgegner den anfechtbar erhaltenen Vermögensgegenstand vor Verfahrenseröffnung in das Vermögen des Insolvenzschuldners zurückführt.

EXKURS: Anfechtungsschutz nach COVInsAG

Als eine der Folgen der Aussetzung der Insolvenzantragspflichten ist in § 2 Abs. 1 Nr. 5 COVInsAG ein spezieller Anfechtungsschutz geregelt. Demnach sind Zahlungen bis zum 31.03.2022, die die Gläubiger benachteiligen, nicht als solche im Sinne des Anfechtungsrechts anzusehen, wenn sie auf Forderungen geleistet wurden, die dem Insolvenzschuldner bis zum 28.02.2021 von den Gläubigern gestundet wurden, sofern bis zum 18.2.2021 noch kein Insolvenzverfahren eröffnet worden ist. Diese spezielle Suspendierung des Anfechtungsrechts wirkt allgemein auf den 01.03.2020 zurück (unechte Rückwirkung). Mit dieser Regelung werden alle Gläubiger privilegiert, die bei der Unterstützung von pandemiebedingten Krisen der Schuldner diese durch Stundungen unterstützt haben.

3. Das Bargeschäft

Das Bargeschäft gem. § 142 InsO bewirkt, dass die Benachteiligung der Gläubiger, die in der anfechtbaren Leistung des Schuldners begründet ist, außer Betracht bleibt, da sie durch eine Gegenleistung wieder ausgeglichen wird. Ansonsten wäre ein Schuldner in der Krise praktisch vom Geschäftsverkehr ausgeschlossen, weil die von ihm abgeschlossenen und durchgeführten Bargeschäfte auch der Anfechtung unterliegen würden.

Die *Gleichwertigkeit der gegenseitigen Leistungen* muss nicht nur zum Zeitpunkt des Vertragsschlusses, sondern auch zum Zeitpunkt des Leistungsaustausches bestanden haben. Die Leistungen und die Gegenleistungen müssen nicht unmittelbar Zug um Zug erfolgen. Unerheblich ist dabei, ob dieses Vermögen der Masse erhalten bleibt oder vom Insolvenzschuldner beiseite gebracht worden ist.

Die *Unmittelbarkeit zwischen Leistung und gleichwertiger Gegenleistung* ist in § 142 Abs. 2 Satz 1 InsO derart konkretisiert, dass ein enger zeitlicher Zusammenhang erforderlich ist. Jedoch lässt sich nach dem Gesetz der für ein Bargeschäft unschädliche Zeitraum nicht allgemein festlegen. Der im Gesetz definierte „enge zeitliche Zusammenhang" wird sich an der bisherigen Rechtsprechung des BGH orientieren und richtet sich im Wesentlichen nach der Art der ausgetauschten Leistungen und danach, in welcher Zeitspanne sich der Austausch nach den Gepflogenheiten des Geschäftsverkehrs allgemein vollzieht. Da diese Gepflogenheiten nach Branchen, Regionen sowie saisonal unterschiedlich zu bewerten sind, wird auch in diesem Fall eine Konkretisierung der Rechtsprechung erforderlich sein. Wenn ein zeitlicher Abstand zwischen diesen beiden Leistungsakten besteht, dann muss dieser von der zugrunde liegenden Vereinbarung zwischen den Vertragsparteien oder nach den Gepflogenheiten des Geschäftsverkehrs gedeckt sein.

Ein solches Bargeschäft kann generell nur unter den Voraussetzungen des § 133 Abs. 1 InsO, also bei einer vorsätzlichen Benachteiligung der Insolvenzgläubiger angefochten werden. Durch die Änderungen im Recht der Insolvenzanfechtung[60] mit Wirkung ab dem 5.4.2017 wurde das Bargeschäftsprivileg zur Eingrenzung der Vorsatzanfechtung jedoch auf die Fälle beschränkt, bei denen der Schuldner „unlauter" handelt, § 142 Abs. 1 InsO. Ein unlauteres Verhalten des Schuldners soll nach dem Willen des Gesetzgebers mehr voraussetzen als

---

[60] Gesetz zur Verbesserung der Rechtssicherheit bei Anfechtungen nach der Insolvenzordnung und nach dem Anfechtungsgesetz v. 29.03.2017, BGBl. I 2017, 654 ff.

die Vornahme der Rechtshandlung in dem Bewusstsein, nicht mehr in der Lage zu sein, alle Gläubiger zu befriedigen. Vielmehr muss ein besonderer Unwert erkennbar sein, also u.a. bei einer gezielten Benachteiligung von Gläubigern.

Ferner hat der Gesetzgeber in § 142 Abs. 2 Satz 2 und 3 InsO die umstrittene Rechtsprechung zum Bargeschäftsprivileg des BAG[61] normiert. Demnach liegt ein enger zeitlicher Zusammenhang bei Arbeitsverträgen vor, wenn zwischen der tatsächlichen Arbeitsleistung und der Zahlung des Arbeitsentgelts der Zeitraum von drei Monaten nicht überschritten wird.

EXKURS: Beraterhonorare

Zahlungen vom Schuldner vor Insolvenzantrag an beratende Rechtsanwälte (oder andere Fachberater) sind nach der Rechtsprechung als ein Bargeschäft i.S.v. § 142 InsO zu bewerten, wenn zwischen der Zahlung und der Erbringung der anwaltlichen Leistung (gleichwertige Gegenleistung) nicht mehr als 30 Tage (Unmittelbarkeit) liegen. Durch die Begründung eines Bargeschäftes wird jedoch nur die Anfechtbarkeit nach §§ 130, 131 InsO ausgeschlossen. Es verbleiben darüber hinaus auch noch Anfechtungstatbestände nach §§ 134 und 133 Abs. 1 InsO. In der Rechtsprechung hat sich jedoch zuletzt die beraterfreundliche Auffassung durchgesetzt, dass die Anfechtungsregelung von § 133 Abs. 1 InsO nicht die Absicherung eines beratenden Rechtsanwalts durch Vorschusszahlungen bei erkannter bzw. unterstellter Krise des Schuldners ausschließt. Dabei wird unterstellt, dass der Schuldner unmittelbar eine gleichwertige Gegenleistung erhalten hat.

Jedoch ist die Kenntnis des Beraters von der drohenden Zahlungsunfähigkeit ein starkes Beweisanzeichen bei der Anfechtung nach § 133 Abs. 1 InsO (ausführlich zu den Voraussetzungen vgl. OLG Düsseldorf, ZIP 2020, 2294 – in diesem Fall waren die Berater beim Krisengespräch mit der Bank zugegen). Wenn sich während des Tätigkeitszeitraums herausstellt, dass eine erfolgreiche Sanierung des Mandanten nicht möglich sein wird, dann scheidet die Gleichwertigkeit auch einer angemessenen Vergütung aus. Die anfechtbaren Zahlungen stellen dann auch keine zur Fortführung des Unternehmens unentbehrliche Gegenleistungen mehr dar, die der Gläubigergemeinschaft nutzen. Deshalb ist in der Praxis von den Beratern darauf zu achten, dass diese ihre Arbeitsschritte und Erkenntnisse sorgfältig dokumentieren, damit sie auch in einem Anfechtungsprozess der ihnen obliegenden Darlegungs- und Beweislast für ein Bargeschäft nachkommen können.

---

[61] BAG, Urteil v. 29.1.2014 -6 AZR 345/12; Urteil v. 27.2.2014 -6 AZR 367/13; LAG Sachsen-Anhalt, Urteil v. 23.2.2016 -6 Sa 412/14.

4. Die einzelnen Anfechtungstatbestände

Die einzelnen Anfechtungstatbestände sind nicht nur innerhalb der Tatbestandsvoraussetzungen weit aufgefächert, sondern auch anhand einer zeitlichen Abfolge gegliedert. Grundsätzlich lassen sich die Anfechtungstatbestände in drei Hauptgruppen aufteilen:

- ➤ Deckungsanfechtung (§§ 130, 131 InsO),
- ➤ Vorsatzanfechtung (§ 133 InsO)
- ➤ und die gesonderten Tatbestände (§§ 134, 132, 135, 136 InsO), zwischen denen gravierende Unterschiede bestehen.

Die letzte Reform im Bereich der Insolvenzanfechtung trat am 05.04.2017 in Kraft.[62] Ferner erfolgten gesetzliche Einschränkungen der Insolvenzanfechtungstatbestände durch die Regelungen von § 2 Abs. 1 Nr. 2 bis 5, Abs. 2 und 3 COVInsAG, zumindest zeitlich begrenzt für den Zeitraum vom 13.03.2020 bis zum 30.9.2020.

Das zentrale Tatbestandsmerkmal bei der Deckungs- und Vorsatzanfechtung ist der Begriff der Zahlungsunfähigkeit. Das Vorliegen der Zahlungsunfähigkeit bei einem Insolvenzschuldner zum Zeitpunkt der anfechtbaren Handlung kann durch die Aufstellung einer *Liquiditätsbilanz* nachgewiesen werden. In dieser werden in zeitlicher Reihenfolge die fälligen Forderungen den tatsächlich verfügbaren Zahlungsmitteln gegenüber gestellt (Liquidität 2. Grades). Die Zahlungsunfähigkeit kann im Anfechtungsrecht aber auch auf andere Weise dann festgestellt werden, wenn der Schuldner einen wesentlichen Teil seiner fälligen Verbindlichkeiten nicht zahlen konnte (die Beweislast liegt beim Insolvenzverwalter). Im Rahmen einer Gesamtschau von Indizien für die Zahlungseinstellung können u.a. die Insolvenzforderungen, die zum Anfechtungszeitpunkt schon fällig waren, den vorhande-

---

[62] Die wesentlichen Änderungen finden auf Insolvenzverfahren Anwendung, die nach dem 05.04.2017 eröffnet worden sind, § 103j EGInsO; ausführlich und kritisch hierzu u.a. Pape, ZInsO 2018, 296 ff.

nen liquiden Mitteln gegenüber gestellt werden (BGH, Urteil vom 12.9.2019 – IX R 342/18). Bei der Beurteilung der einzelnen Indizien fallen einzelne Zahlungsrückstände dann besonders ins Gewicht, wenn sie aus Vertragsverhältnissen resultieren, die für den Geschäftsbetrieb des Schuldners von existenzieller Bedeutung sind. Hat der Insolvenzschuldner zum Anfechtungszeitpunkt bereits seine *Zahlungen eingestellt*, dann begründet dies auch für Insolvenzanfechtungstatbestände die gesetzliche Vermutung der Zahlungsunfähigkeit nach § 17 Abs. 2 Satz 2 InsO.

Jedoch bleibt es dem Anfechtungsgegner unbenommen, der Annahme der Zahlungsunfähigkeit des Schuldners mit dem Antrag auf Erstellung einer Liquiditätsbilanz durch einen Sachverständigen entgegenzutreten. Dies kann auch deshalb erfolgen, um die Beweiswirkung der für die Zahlungsunfähigkeit sprechenden Indizien zu erschüttern, oder auch, um die Vermutung des § 17 Abs. 2 Satz2 InsO zu widerlegen.

a. Die Vorsatzanfechtung, § 133 InsO

Die Anfechtung betreffend einer vorsätzlichen Benachteiligung nach § 133 InsO ist auch nach der Gesetzesänderung eine Art Generalklausel und basiert dogmatisch weniger auf dem Grundsatz der gleichmäßigen Gläubigerbefriedigung als mehr auf der Sanktion missbilligender Schuldnerverfügungen. Sie setzt eine Rechtshandlung des Schuldners und einen Gläubigerbenachteiligungsvorsatz zum Zeitpunkt der Rechtshandlung voraus. Der Anfechtungsgegner, also der, der das vom Schuldner weggegebene Vermögen erhalten hat, muss auch Kenntnis vom Benachteiligungsvorsatz des Schuldners gehabt haben[63]. Der Grundtatbestand von § 133 Abs. 1 InsO (der in der Praxis häufigste Anwendungsfall) blieb nach der Gesetzesänderung unverändert. Er wurde aber durch die neu eingeführten Absätze 2 und 3 modifiziert. Der Gesetzgeber

---

[63] Ein eigener Benachteiligungsvorsatz des Anfechtungsgegners ist nicht erforderlich, BGH, ZInsO 2011, 1453.

hat in diesen Vorschriften für die Anfechtung von (kongruenten) Deckungshandlungen diverse Einschränkungen normiert.

aa. Die Anfechtung von Rechtshandlungen nach Abs. 1

Der Begriff „*Rechtshandlung*" i.S.v. Abs. 1 erfasst jedes Handeln des Schuldners, das eine rechtliche Wirkung auslöst, soweit die Handlung das Vermögen des Schuldners zum Nachteil der Gläubiger verändern kann. Dabei werden regelmäßig Zahlungen des Schuldners auf Vollstreckungsmaßnahmen nicht als eine Rechtshandlung angesehen, da diese dem Schuldner keinen eigenen Handlungsspielraum lassen.

Zur Abgrenzung, wann ein eigenständiges und willensgeleitetes Schuldnerhandeln in der Zwangsvollstreckung vorliegt, gibt es zahlreiche Einzelfallentscheidungen (ohne dass eine klare Grenzziehung sich bisher ergeben hat). Entscheidend für die Abgrenzung ist generell, dass die vom Gläubiger ausgelöste Drucksituation, die zur Zahlung führt, nicht durch den Pfändungsdruck überlagert wird.[64] Anfechtbar ist jede selbstbestimmte Rechtshandlung des Schuldners. Auch eine solche, die zur Förderung oder zum Erfolg der Vollstreckungsmaßnahme beigetragen hat (z.B. beim „*Fettmachen*" von gepfändeten Konten, vgl. BGH, ZInsO 2017, 1479). Selbst wenn der Schuldner über das Konto eines Dritten eigenes Vermögen an seine Gläubiger zahlt (im Rahmen eines sog. cashmanagements), begründet dies eine Rechtshandlung des Schuldners mit dem Indiz der Gläubigerbenachteiligung (BGH, ZIP 2013, 2262). Auch die Bestellung von (Kredit)sicherheiten zu Gunsten einer Bank als Nachsicherung (für bis dato ungesicherte Kreditverträge oder Verstärkung der Sicherheiten) ist eine anfechtbare (inkongruente) Rechtshandlung, wenn sie mit Gläubigerbenachteiligungsabsicht erfolgte (LG Aachen, ZInsO 2019, 1373).

Weiterhin verlangt der Tatbestand einen *Gläubigerbenachteiligungsvorsatz*, also den Vorsatz des Schuldners, seine

---

[64] Zur Anfechtung von Bußgeldzahlungen trotz angedrohter Erzwingungshaft vgl. OLG Köln- 2 U 17/17, ZInsO 2017, 2553 f.

(sonstigen) Gläubiger mit der Rechtshandlung zu benachteiligen. Dabei ist es ausreichend, wenn er es nur für möglich gehalten hat, dass sich seine Rechtshandlung zum Nachteil der Gläubiger auswirkt und er diesen Erfolg billigend in Kauf genommen hat. Ein unlauteres Zusammenwirken zwischen Schuldner und Gläubiger ist nicht erforderlich. Die Beweislast für den Benachteiligungsvorsatz liegt bei dem Insolvenzverwalter.

Nach der Rechtsprechung fehlt es beim Anfechtungsgegner bereits an einer Gläubigerbenachteiligung, wenn die Zahlungen vom Schuldner aufgrund und zur Erfüllung eines Sanierungskonzepts, und somit ohne Benachteiligungsabsicht, erfolgt sind.[65]

Der Anfechtungsgegner muss auch *Kenntnis* zum Zeitpunkt der Rechtshandlung (§ 140 InsO) von dem Benachteiligungsvorsatz des Schuldners gehabt haben. Dabei ist es nicht erforderlich, dass der Anfechtungsgegner alle Umstände der Gläubigerbenachteiligung des Schuldners im Einzelnen kennt. Vielmehr ist es ausreichend, wenn er im Allgemeinen von dem Benachteiligungsvorsatz gewusst hat. Aus diesem Grunde muss der Anfechtungsgegner die Rechtshandlung des Schuldners, die zur Benachteiligung der Gläubiger geführt hat, nicht im Einzelnen kennen.
Die Kenntnis des Anfechtungsgegners von dem Benachteiligungsvorsatz wird nach § 133 Abs. 1 Satz 2 InsO vermutet, wenn der Anfechtungsgegner die objektive Gläubigerbenachteiligung (z.B. Nichtausführung eines Dauerauftrages, Rückgabe einer Lastschrift wegen fehlender Liquidität, dauerhaft schleppende Begleichung von unstrittigen Forderungen – vgl. OLG Oldenburg, ZIP 2015, 1988; o.ä.) kennt. Auch wenn der Schuldner trotz mehrfacher Mahnungen mit einer erheblichen Forderung in Rückstand gerät, wird die Kenntnis des Anfechtungsgegners von der (drohenden) Zahlungsunfähigkeit des Schuldners vermutet; insbesondere, wenn beide in einem en-

---

[65] Zu den Anforderungen, die der BGH an derartige Sanierungskonzepte stellt vgl. BGH, ZIP 2016, 1235; BGH, ZIP 2018, 1794.

gen Marktsegment tätig sind und verspätete Zahlungen dort „zwingend Zahlungsunfähigkeit indiziert." Jedoch kann allein aus der Kenntnis einer drohenden Zahlungsunfähigkeit (§ 18 InsO) nicht auf das Vorliegen des Gläubigerbenachteiligungsvorsatzes geschlossen werden.

Die *Zahlungsunfähigkeit* bei festgestellter Zahlungseinstellung nach § 17 Abs. 2 Satz 2 InsO wurde bisher allgemein vermutet. Nach der neueren Tendenz der Rechtsprechung werden nun strengere Anforderungen an die Feststellung der Zahlungsunfähigkeit gestellt. Wenn keine ausdrückliche Erklärung des Schuldners in dieser Hinsicht vorliegt, dann sollen gleichwertige Umstände im Rahmen einer Gesamtwürdigung nach § 286 ZPO herangezogen werden (BGH, ZIP 2021, 1447 = Änderung der Rechtsprechung).
Die Tatsachen und die Umstände, aus denen in diesem Zusammenhang die Kenntnis geschlossen werden kann, stellen lediglich mehr oder weniger gewichtige Beweisanzeichen dar. Eine Vermutungswirkung kommt ihnen nicht zu.

Auch genügt es nicht (mehr), dass der Anfechtungsgegner die festgestellte Zahlungsunfähigkeit zum Zeitpunkt der Rechtshandlung kannte. Vielmehr fordert die neuere Rechtsprechung ergänzend, dass im Rahmen einer Gesamtwürdigung zusätzlich festgestellt werden muss, dass auch zukünftig der Schuldner nicht in der Lage gewesen sei, seine fälligen Verbindlichkeiten zahlen zu können (vgl. Bork, EWiR 2021, 467).

In Anfechtungsstreitigkeiten, bei denen der Insolvenzverwalter sich zum Nachweis der Zahlungsunfähigkeit des Schuldners auf ein oder mehrere Beweisanzeichen oder auf die gesetzliche Vermutung der Zahlungseinstellung stützt, steht es dem Anfechtungsgegner prozessual zu, sich zur Entkräftung der Beweisanzeichen und zur Widerlegung der Vermutung durch einen Sachverständigen eine Liquiditätsbilanz erstellen zu lassen (BGH, ZInsO 2015, 1056 f.).

bb. Die Anfechtung von Deckungshandlungen nach Abs. 2 und 3

Nach § 133 Abs. 2 InsO wird der Anfechtungszeitraum bei Deckungshandlungen auf vier Jahre begrenzt. Insbesondere, um derartige Anfechtungstatbestände auch für die Wirtschaftspraxis kalkulierbar zu gestalten.

Auch die Anfechtungsfrist bezüglich einer inkongruenten Deckungshandlung[66] ist nunmehr auf vier Jahre beschränkt. Dies ergibt sich vor allem gesetzestechnisch daraus, dass Abs. 2, im Gegensatz zu Abs. 3 Satz 1, nicht zwischen kongruenten und inkongruenten Deckungshandlungen differenziert, sondern alle Deckungshandlungen bewusst dem kürzeren Anfechtungszeitraum unterwirft. Für alle sonstigen Rechtshandlungen, die keine Deckungen zum Gegenstand haben, verbleibt es bei dem 10-jährigen Anfechtungszeitraum nach § 133 Abs. 1 InsO. Demnach wird sichergestellt, dass eine für die Gläubiger nachteilige Vereinbarung (ggf. speziell für den Insolvenzfall), aber auch Vermögensverschiebungen zeitlich weit vor der Krise, nicht generell anfechtungssicher sind.

Durch die einschränkende Regelung von § 133 Abs. 3 InsO, die (gesetzestechnisch) nur für kongruente Deckungshandlungen gilt, wird die zunächst in Abs. 1 begründete Beweislastumkehr zu Gunsten des Insolvenzverwalters (Vermutung der Kenntnis des Anfechtungsgegners) abgeschwächt. Daher reicht auf Seiten des Anfechtungsgegners nunmehr die Kenntnis einer nur drohenden Zahlungsunfähigkeit zur Begründung des Anfechtungstatbestandes nicht mehr aus. Viel-

---

[66] Eine inkongruente Deckung i.S.v. § 131 InsO liegt dann vor, wenn der Insolvenzgläubiger eine Sicherung oder Befriedigung erlangt hat, die er nicht, nicht in der Art oder nicht zu der Zeit zu beanspruchen hatte. Nach der Rechtsprechung ist eine im Wege der Zwangsvollstreckung oder unter Vollstreckungsdruck erlangte Befriedigung oder Sicherung während der letzten drei Monate vor Insolvenzantragstellung (innerhalb der sog. gesetzlichen Krise) inkongruent. Vor allem, da das Prioritätsprinzip (beherrschendes Prinzip im Bereich der Einzelzwangsvollstreckung) eingeschränkt bzw. durchbrochen wird, wenn für die Gesamtheit der Gläubiger nicht mehr die Aussicht besteht, aus dem Vermögen des Schuldners eine volle Deckung zu erhalten.

mehr muss der Anfechtungsgegner zur Zeit der Deckungshandlung die eingetretene Zahlungsunfähigkeit des Schuldners kennen.

cc. Die Zahlungen auf Zahlungsvereinbarungen

Betreffend der seit Jahren streitigen Anfechtungen von Leistungen auf Teilzahlungs- oder Ratenzahlungsvereinbarungen
ist ergänzend in Abs. 3 Satz 2 InsO nunmehr eine Gegenvermutung mit dem Inhalt normiert, dass derjenige, der eine Zahlungsvereinbarung getroffen oder eine Zahlungserleichterung
gewährt hat, die Zahlungsunfähigkeit des Schuldners nicht
kennt. Dies bedeutet, dass zur Widerlegung dieser Gegenvermutung der Insolvenzverwalter bei der Durchsetzung der
Anfechtung konkrete Umstände darlegen und beweisen muss,
die darauf schließen lassen, dass dem Anfechtungsgegner die
Zahlungsunfähigkeit des Schuldners zum Zeitpunkt der angefochtenen Deckungshandlung tatsächlich bekannt war. Dabei
reicht es nicht aus, dass der Insolvenzverwalter vorträgt, dass
allein die Gewährung einer Zahlungserleichterung auf Bitten
des Schuldners ein Indiz für eine Zahlungseinstellung darstellt. Jedoch könnte der Insolvenzverwalter einzelne (auch
vom Gesetzgeber im Regierungsentwurf dargelegte) Vermu-
tungsregeln vortragen, wie z.B., dass der Schuldner die Ra-
tenzahlungsvereinbarung tatsächlich nicht eingehalten hat, bei
neu entstandenen Forderungen in erheblichen Zahlungsrück-
stand geraten ist, dass der Schuldner gegenüber anderen
Gläubigern erhebliche fällige Verbindlichkeiten hatte, die er
nicht (auch nicht ratenweise) bedienen konnte, oder auch,
dass der Anfechtungsgegner Kenntnis von Tatsachen hatte,
dass der Schuldner bis zuletzt nur seine Forderungen (und
nicht fällige Forderungen anderer Gläubiger) bedienen wird.
Die Vermutung kann auch durch den Nachweis widerlegt werden, dass der Anfechtungsgegner Umstände kannte, die bereits vor der vereinbarten Zahlungserleichterung bestanden
und aus denen auf eine bestehende und fortgesetzte Zahlungsunfähigkeit geschlossen werden konnte (BGH, NJW
2020, 2404, mit Anm. Schubert). In diesem Zusammenhang
verbleibt es bei dem Grundsatz, dass eine einmal erworbene

Kenntnis vom Benachteiligungsvorsatz nicht dadurch negiert werden kann, dass der Gläubiger der Auffassung ist, der Schuldner habe seine Zahlungsunfähigkeit zurückerlangt.

Die im Gesetzestext von Abs. 3 Satz 2 InsO eingeführten Begriffe „Zahlungsvereinbarung" und „Zahlungserleichterung" sind unklar und auslegungsbedürftig. Die Vermutungsregelung greift zur Zeit der Handlung. Damit wirkt diese Gegenvermutung über den Zeitpunkt, in dem die Zahlungsvereinbarung bzw. Zahlungserleichterung tatsächlich zwischen den Vertragsparteien vereinbart worden ist, zeitlich in die Zukunft (bzw. auch zurück). Diese neue gesetzliche Gegenvermutung könnte u.a. Gläubiger motivieren, sich ggf. selbst bei ihren Schuldnern um eine Zahlungsvereinbarung oder Zahlungserleichterung (abgefasst in schriftlicher Form) zu bemühen; vor allem, wenn diese mit Zahlungen stocken. Bis zur Klärung durch die Rechtsprechung bleibt auch die Frage offen, ob eine nachträglich vereinbarte Zahlungsvereinbarung oder auch nachträglich gewährte Zahlungserleichterung von dieser Vermutungsregelung mit umfasst wird.

Ferner wird von der Rechtsprechung die Frage zu klären sein, ob ein Insolvenzverwalter eine Zahlungsvereinbarung oder Vereinbarung zur Zahlungserleichterung als solche gem. der allgemeinen Regelung von § 133 Abs. 1 InsO anfechten kann, mit der Folge, dass die für den Gläubiger streitende Gegenvermutung nach Abs. 3 Satz 2 InsO nicht wirksam mehr erhoben werden kann.

b. Die Deckungsanfechtung bei kongruenter Deckung, § 130 InsO

Hauptanwendungsfälle für die Insolvenzanfechtung sind die besonderen Insolvenzanfechtungsgründe der §§ 130 – 132 InsO. Die Deckungsanfechtung hat nach der Rechtsprechung grundsätzlich Vorrang vor der Anfechtung unentgeltlicher Leistungen nach § 134 InsO (BGH, ZInsO 2016, 572).

Eine kongruente Deckung i.S.v. § 130 InsO liegt dann vor, wenn die Rechtshandlung einem Insolvenzgläubiger eine Sicherung oder Befriedigung gewährt, welche dieser in der gewährten Form zu dem Zeitpunkt genauso beanspruchen durfte (Erfüllung, Aufrechnung, außer bei einer anfechtbar geschaffenen Aufrechnungslage nach § 96 Abs. 1 Nr. 3).

Bei dieser Anfechtungsart muss der Insolvenzgläubiger zum Zeitpunkt der Vornahme der Rechtshandlung (§ 140 InsO) Kenntnis von der *Zahlungsunfähigkeit* (s.o.) des Insolvenzschuldners gehabt haben.

Die Zurechnung der Kenntnis von Dritten erfolgt nach § 166 BGB. Hier ist wichtig, dass nach der Rechtsprechung die Kenntnis des sog. Wissensvertreters, also einer Person, die nach der Arbeitsorganisation des Geschäftsherren dazu berufen ist, im Rechtsverkehr als dessen Repräsentant bestimmte Aufgaben in eigener Verantwortung zu erledigen und dabei die anfallenden Informationen zur Kenntnis zu nehmen und weiterzuleiten (so auch Prozessbevollmächtigte), dem Anfechtungsgegner zugerechnet wird.

Nach § 130 Abs. 2 InsO genügt jedoch auch die Kenntnis von Umständen, die zwingend auf die Zahlungsunfähigkeit oder den Insolvenzeröffnungsantrag schließen lassen. Dies ist dann der Fall, wenn eine Person mit der entsprechenden Verkehrsauffassung an Tatsachen die Erwartungen knüpfen kann, dass der Schuldner wesentliche Zahlungen so gut wie sicher nicht wird erbringen können. Diese Auslegung deckt sich mit der Regelung des § 17 Abs. 2 Satz 2 InsO, bei der eine gesetzliche Vermutung hinsichtlich des Eintritts der Zahlungsunfähigkeit aufgestellt wird, wenn der Insolvenzschuldner seine Zahlungen tatsächlich eingestellt hat.

Die Beweislast wird gem. § 130 Abs. 3 InsO zugunsten des Insolvenzverwalters dann umgekehrt, wenn die anfechtbare Handlung durch nahestehende Personen vorgenommen worden ist, wobei der nichteheliche Partner des Schuldners nicht als eine nahe stehende Person i.S.v. § 138 InsO angesehen wird (BGH, ZIP 2011, 873).

c. Die Deckungsanfechtung bei inkongruenter Deckung, § 131 InsO

Eine inkongruente Deckung i.S.v. § 131 InsO liegt vor, wenn der Gläubiger die bewirkte Leistung (Sicherung oder Befriedigung einer Forderung) durch den Insolvenzschuldner im Zeitpunkt der Leistung nicht oder nicht in der Art oder nicht zu der Zeit zu beanspruchen hatte. Dies ist dann der Fall, wenn etwas an Erfüllungs Statt oder erfüllungshalber („nicht in der Art" z. B. bei Abtretung statt Zahlung einer Forderung, Hingabe einer Sicherheit ohne einen vertraglichen Anspruch darauf) gegeben wird. Ferner auch dann, wenn eine Forderung zu einem Zeitpunkt befriedigt wird, wenn sie noch nicht fällig ist[67] („nicht zu der Zeit"), bei einer Zahlung auf eine Zwangsvollstreckungsmaßnahme[68], bei einer Zahlung zur Abwehr von einer Zwangsvollstreckungsmaßnahme (Zahlung an den Gerichtsvollzieher, Vollstreckungsbeamten, Zahlung aufgrund eines Pfändungs- und Überweisungsbeschlusses u.ä.), bzw. zur Abwehr eines angedrohten Insolvenzantrags (BGH, ZIP 2013, 838) oder selbst bei der Zahlung eines Dritten auf Anweisung des Schuldners direkt an den Gläubiger.

Fallbeispiel: Wie oben, nur dass im Wege der Zwangsvollstreckung der Vollstreckungsbeamte des Zollamtes zugunsten einer Krankenkasse (K) am 10. August noch einen Barbetrag in Höhe von 2.000 € von der Pleite GmbH (P) erhalten hat. Ist dieser Betrag anfechtbar?

Lösung: Hier hat die K zum Nachteil der Gläubiger einen Monat vor dem Insolvenzantrag eine Zahlung von P erhalten. Diese Zahlung hatte sie nicht in der Art und Weise (also im Rahmen von Zwangsvollstreckungsmaßnahmen) zu beanspruchen. Die Zahlung von 2.000 € ist gem. §§ 129, 131 Abs. 1 Nr. 1 InsO anfechtbar.

Fallbeispiel: (vgl. BGH, ZIP 2004, 145 ff.) Wie oben, jedoch vollstreckt die K nicht, sondern teilt der P mit, dass sie bei einer Nichtzahlung der fälligen

---

[67] Dem steht das Recht, eine Leistung vor Fälligkeit bewirken zu können, § 271 Abs. 2 BGB nicht entgegen, insbesondere bei Zahlung unter Ausnutzung eines befristet eingeräumten Skontos, BGH, ZInsO 2010, 1090.

[68] A.A. AG Reinbeck, ZIP 2012, 189, das in dieser ständigen Rechtsprechung des BGH eine Überschreitung der Grenzen der richterlichen Rechtsfortbildung und somit einen Verstoß gegen den Grundsatz der Gewaltenteilung sieht.

Beiträge einen Insolvenzantrag über das Vermögen der P stellen werde. Jetzt zahlt die P die 2.000 € am 10. August. Ist die Zahlung anfechtbar?

Lösung: Auch hier hat die K zum Nachteil der Gläubiger einen Monat vor dem Insolvenzantrag eine Zahlung von P erhalten. Die P hat jedoch nicht ganz freiwillig gezahlt, sondern zur Abwendung eines angedrohten Insolvenzantrages. Auch dies begründet eine inkongruente Deckung. Die Zahlung von 2.000 € ist gem. §§ 129, 131 Abs. 1 Nr. 1 InsO anfechtbar.

Eine Anfechtung kann gem. § 131 Abs. 1 Nr. 3 InsO nur bei dem Vorliegen der Kenntnis von der Benachteiligung der übrigen Gläubiger, angefochten werden. Dies ist dann der Fall, wenn der Anfechtungsgegner damit rechnen konnte, dass der Schuldner seine Gläubiger in absehbarer Zeit nicht mehr befriedigen kann.

Neben der positiven Kenntnis genügt hier wiederum auch die Kenntnis von *Umständen*, die zwingend auf die Gläubigerbenachteiligung schließen lassen (§ 131 Abs. 2 Satz 1 InsO).

Auch bei diesem Anfechtungstatbestand tritt die Umkehr der Beweislast ein, wenn die anfechtbare Handlung gegenüber einer nahestehenden Person (§ 131 Abs. 2 Satz 2, 138 InsO) vorgenommen worden ist.

d. Die Anfechtung unmittelbar nachteiliger Rechtshandlungen, § 132 InsO

Die Anfechtung von unmittelbar nachteiligen Rechtshandlungen (§ 132 Abs. 1 InsO) betrifft nicht die Rechtsgeschäfte, bei denen die Vertragspartner eine Sicherung oder Befriedigung bereits erlangt haben. Diese sind nach den Regeln gemäß §§ 130, 131 InsO anfechtbar.

Die Regelung des § 132 Abs. 1 InsO umfasst alle Rechtsgeschäfte, somit auch einseitige Rechtsgeschäfte (z.B. die Kündigung eines für den Insolvenzschuldner günstigen Vertrages), und solche gegenseitigen Rechtsgeschäfte, die der Schuldner noch nicht voll erfüllt hat.

Fallbeispiel: (vgl. BGH, ZIP 2003, 855 f.) Viktor (V) ist vom Insolvenzgericht zum vorläufigen Insolvenzverwalter mit Zustimmungsvorbehalt über das Vermögen der Pleite GmbH (P) bestellt worden. Das KFZ der P sollte zu dem KFZ-Meister (M) zur Reparatur gebracht werden. Dieser macht gegenüber V die Reparatur und die anschließende Herausgabe des KFZ davon abhängig, dass seine alten Rechnungen über 2.500 € und die neue Reparaturrechnung über 1.000 € von P gezahlt werden. P überweist mit Zustimmung von V 3.500 € an M. Das Insolvenzverfahren wird eröffnet. Kann V die Zahlung anfechten?

Lösung: Die Zahlung als Rechtshandlung wurde nach dem Eröffnungsantrag durchgeführt. Der M hatte Kenntnis von der vorläufigen Insolvenzverwaltung. Der objektive Wert der durchzuführenden Reparatur war niedriger als der Gesamtbetrag, der an M gezahlt wurde. Die unmittelbare Gläubigerbenachteiligung i.S.v. § 132 Abs. 1 InsO ist anhand des Wertverhältnisses der konkret ausgetauschten Leistungen zu beurteilen (vgl. auch BGH, ZIP 2003, 810 f.). Hier hat M auch die Altforderung in Höhe von 2.500 € verlangt. Ein schutzwürdiger Vertrauenstatbestand ist durch die Zahlung bei M nicht begründet worden. Er konnte nach Treu und Glauben nicht damit rechnen, eine endgültige Rechtsposition erlangt zu haben. Die Zahlung des Betrages in Höhe von 2.500 € (Altforderung) ist gem. §§ 129, 132 Abs. 1 Nr. 2 InsO anfechtbar, weil der M seine Leistung von der Bezahlung einer Altforderung abhängig gemacht hat (sog. Druckzahlung).

Die Regelung des § 132 Abs. 2 InsO bildet eine eigenständige Anfechtungsnorm, die vorrangig auf das Unterlassen (§ 129 Abs. 2 InsO) abstellt. Hierbei genügt auch eine nur mittelbare Gläubigerbenachteiligung.

Anfechtbare Rechtshandlungen in diesem Zusammenhang sind u.a. dann gegeben, wenn der Insolvenzschuldner durch sie ein Recht verliert (z.B. es unterlässt, die Ersitzung zu unterbrechen), ein Recht nicht mehr geltend machen kann (z.B. beim Unterlassen von gebotenen Rechtsmitteln) oder auch ein Anspruch gegen ihn durchsetzbar wird (z.B. wenn die Verjährungseinrede nicht erhoben wird).

e. Die Anfechtung unentgeltlicher Leistungen, § 134 InsO

Die Anfechtbarkeit von unentgeltlichen Leistungen (§ 134 InsO) umfasst grundsätzlich alle Arten von Verfügungen und Rechtsgeschäften des Insolvenzschuldners. Daher beschränkt sich der Anwendungsbereich von § 134 InsO nicht nur auf die Leistungen und Rechtsgeschäfte, die bestehende Rechte mit unmittelbarer Wirkung aufheben, übertragen, belasten oder verändern, sondern auch auf das Unterlassen eines Rechtsbehelfs und auch den Verzicht auf die Unterbrechung einer Verjährungs-, Entziehungs- oder Ausschlussfrist.

Der Begriff „Unentgeltlichkeit" wird weit ausgelegt. Die Unentgeltlichkeit ist daher nicht allgemein nur als Schenkung zu verstehen, sondern vielmehr als objektive Wertdifferenz zwischen der Leistung des Schuldners und der Gegenleistung des Empfängers. Diese Formel (regelmäßig für Austauschverträge anzuwenden) ist von der Rechtsprechung derart erweitert worden, dass für die Annahme einer Entgeltlichkeit auch eine freiwillige Leistung, wie die aufschiebende Einstellung eines Strafverfahrens als Gegenleistung, genügt.

In einem Zwei-Personen-Verhältnis ist eine Leistung dann nicht als eine unentgeltliche Leistung i.S.v. § 134 Abs. 1 InsO anfechtbar, wenn der Schuldner irrtümlich annimmt, zu einer entgeltlichen Leistung verpflichtet zu sein (BGH, ZIP 2017,1233, betr. Zahlung von Kreditbearbeitungsgebühren).
Der BGH hat in dieser Entscheidung zunächst unter Berücksichtigung seiner bisherigen Rechtsprechung festgestellt, dass eine unentgeltliche Leistung eine Einigung über die Unentgeltlichkeit der Leistung als solche nicht voraussetzt und die Regelung von § 134 Abs. 1 InsO auf der gesetzlichen Wertung beruht, dass ein in Vermögensverfall geratener Schuldner sich nicht auf Kosten seiner Gläubiger freigiebig zeigen darf. Dabei ist entscheidend, dass der Schuldner, statt seine Gläubiger zu befriedigen, diesen Personen Mittel durch unentgeltliche Leistungen entzogen hat, die anderenfalls im Zeitpunkt der Insolvenz zur Befriedigung den Gläubigern zur Verfügung gestanden hätten.
Auch bei einem beiderseitigen Irrtum über die Werthaltigkeit der Gegenleistung scheidet die Anfechtung nach § 134 InsO aus (vgl. BGH, ZIP 2016, 2312, betr. Anfechtung von einem objektiv wertlosen GmbH-Anteil).
Ferner liegt in einem Zwei-Personen-Verhältnis eine unentgeltliche Leistung dann nicht vor, wenn nicht der Empfänger (Anfechtungsgegner) selbst, sondern ein Dritter die ausgleichende Gegenleistung erbringt; sofern zwischen der Leistung

des Schuldners und der Gegenleistung durch den Dritten ein ausreichender rechtlicher Zusammenhang besteht.[69]

In einem Drei-Person-Verhältnis kann auch die Tilgung von Verbindlichkeiten eines Dritten durch den Schuldner eine unentgeltliche Leistung begründen. Die Begleichung einer fremden Schuld ist anfechtbar, wenn die getilgte Forderung wertlos ist und wirtschaftlich kein Verlust des Zuwendungsempfängers entsteht, der als Gegenleistung für die Zuwendung angesehen werden könnte. Die getilgte Forderung wird immer dann als werthaltig angesehen, wenn der Zuwendungsempfänger

> ➢ durch Pfändung auf werthaltige Rückgriffansprüche gegen den Insolvenzschuldner zugreifen kann,
> ➢ der Empfänger sich durch Aufrechnung gegen eine Forderung seines Schuldners Befriedigung verschaffen kann
> ➢ oder wenn für die getilgte Verbindlichkeit werthaltige Sicherungen weiterer Personen bestanden, die der Gläubiger infolge der Zahlung durch den Dritten verliert.

Jedoch werden nach der h. M. die Gläubiger nicht benachteiligt, wenn ein Dritter die Verbindlichkeiten des späteren Insolvenzschuldners mit Mitteln begleicht, die nicht in dessen haftendes Vermögen gelangt sind. Durch eine solche *Zahlung auf Kredit* kommt es lediglich zu einem Gläubigerwechsel in der Person des zahlenden Dritten. Die Masse wird mit dem Rückgriffsanspruch des Zahlenden belastet, der jedoch durch die getilgte Schuld beim Zahlungsempfänger bereits ausgeglichen worden ist. Anders verhält es sich jedoch bei einer *Zahlung (Anweisung) auf Schuld*. In einem derartigen Fall liegt eine Gläubigerbenachteiligung vor, da der Schuldner mit der Zahlung an den Dritten seine Forderung gegen den Angewiesenen verliert.

---

[69] Betreffend der anfechtbaren Gebrauchsüberlassung eines Grundstücks, BGH, ZInsO 2018, 2018, 1842 f.

Wenn jedoch der Insolvenzschuldner Gegenstände aus seinem Vermögen unter Wert veräußert, um wieder an liquide Mittel zu gelangen (z.B. bei Notverkäufen), dann liegt keine unentgeltliche Leistung vor, wenn die Vertragsparteien die Gegenleistung tatsächlich als angemessen angesehen haben.

f. Die Anfechtung von Gesellschafterdarlehen, § 135 InsO

Die gesetzlichen Regelungen zur Behandlung von kapitalersetzenden Darlehen in der Insolvenz sind durch das sog. MoMiG[70] grundlegend erneuert worden. Gesellschafterdarlehen werden nicht mehr als materielles Eigenkapital, sondern allgemein als Verbindlichkeiten der Gesellschaft behandelt. Sie können vom Gesellschafter jedoch nur als nachrangige Forderung nach § 39 Abs. 1, Nr. 5 InsO zur Insolvenztabelle angemeldet werden.

Die vom Gesellschafter an die Gesellschaft geleisteten Darlehensbeträge können grundsätzlich wieder an diesen zurückgezahlt werden. Solche Rückzahlungen sind vor allem dann unkritisch, wenn sie nicht in Insolvenznähe der Gesellschaft erfolgen. Da der eigenkapitalersetzende Charakter der Zahlungen nicht mehr vorliegen muss (eine Krise der Gesellschaft muss nicht mehr vorliegen, BGH, ZIP 2015, 1130), sind sämtliche Befriedigungen und Sicherungen innerhalb der kritischen Zeit (Befriedigung bis zu einem Jahr, Gewährung von Sicherheiten bis zu zehn Jahren vor dem Insolvenzantrag) nach §§ 135, 143 InsO anfechtbar. Dies auch dann, wenn im Einzelfall die Insolvenz durch ein plötzliches externes Ereignis verursacht worden ist.

Die Fälle einer Doppelsicherung, bei denen Verbindlichkeiten gegenüber Dritten (regelmäßig Darlehensgeber) mittels Sicherheiten des Gesellschafters und auch durch Sicherheiten

---

[70] Gesetz zur Modernisierung des GmbH-Rechts und zur Bekämpfung von Missbräuchen; die Regelungen sind anzuwenden auf Insolvenzverfahren, die nach dem Inkrafttreten (1.11.2008) eröffnet worden sind, Art. 103 d EGInsO. Die bisherigen Regelungen, §§ 32a, 32b GmbHG, § 129a, 172a HGB sind aufgehoben worden; jedoch sollen die Rechtsprechungsgrundsätze, die zu diesen „Novellenregelungen" ergangen sind, im Anfechtungsrecht auch anwendbar sein, BGH, ZIP 2013, 1629.

der Gesellschaft abgesichert und nach Verfahrenseröffnung durch Verwertung der Gesellschaftssicherheiten befriedigt worden sind, waren vom Gesetzgeber zunächst nicht berücksichtigt worden. Eine Anfechtung nach § 135 InsO scheitert bereits daran, dass in derartigen Fällen keine Rechtshandlung vor Insolvenzeröffnung vorliegt. Nach der Rechtsprechung ist aber in solchen Fällen der Gesellschafter zur Erstattung des an den befriedigten Gläubiger geleisteten Betrags zur Insolvenzmasse verpflichtet (BGH, ZIP 2011, 2417).

Der Anwendungsbereich der Anfechtungsrechte nach § 135 InsO ist rechtsformneutral, so dass auch Personengesellschaften erfasst werden, bei denen keine natürliche Person uneingeschränkt haftet (z.B. GmbH & Co. KG).

In § 135 Abs. 3 InsO ist die sog. kapitalersetzende Nutzungsüberlassung geregelt. Der Insolvenzverwalter hat keinen Anspruch auf unentgeltliche Nutzung von Betriebsvermögen/ Anlagen, die ein Gesellschafter an die insolvente Gesellschaft vermietet hat. Einen Anspruch auf Aussonderung (Herausgabe) nach § 47 InsO kann der Gesellschafter gegen die Insolvenzschuldnerin betreffend überlassener Gegenstände bis zu einem Jahr nach Verfahrenseröffnung nicht geltend machen (Aussonderungssperre), wenn dieser Gegenstand für die Fortführung des Unternehmens von erheblicher Bedeutung ist (BGH, ZInsO 2015, 559). Der Gesellschafter hat in solchen Fällen einen Anspruch auf Nutzungsausgleich gegen die Masse, § 55 Abs. 1 InsO. Die Höhe des Anspruchs errechnet sich aus dem Durchschnitt der im letzten Jahr vor Verfahrenseröffnung geleisteten Überlassungsvergütung (Miete, Pacht, Zinsen, Nutzungsentschädigung) den Gegenstand betreffend.

5. Die nahestehenden Personen, § 138 InsO

Bei einigen Insolvenzanfechtungstatbeständen wird die Darlegungs- und Beweislast zu Gunsten des Insolvenzverwalters erleichtert, wenn der Anfechtungsgegner eine dem Insolvenzschuldner nahestehende Person ist. Dem liegt die Annahme

zugrunde, dass solchen Personen aus persönlichen, gesellschaftsrechtlichen oder ähnlichen Gründen regelmäßig besondere Informationsmöglichkeiten über die wirtschaftlichen
Verhältnisse des Schuldners zustehen und daher solche Personen auch (aus persönlicher- oder wirtschaftlicher Verbun-
denheit mit dem Schuldner) eher Verträge zum Schaden der
Gläubiger abschließen. Die einzelnen Personen und Perso-
nengruppen werden in § 138 InsO aufgezählt. Dies betrifft
jedoch nicht nur natürliche Personen, sondern auch gleichgestellte juristische Personen, wenn der Insolvenzschuldner oder
eine in § 138 Abs. 1 Nr. 1 – 3 InsO genannte Person Mitglied
des Vertretungsorgans dieser Gesellschaft ist, § 138 Abs. 1
Nr. 4 InsO.

6. Die Rechtsfolgen der Insolvenzanfechtung (Rechtslage seit dem 5.4.2017)

Der Insolvenzanfechtungsanspruch zielt auf Rückgewähr in
Natur der vom Insolvenzschuldner weggegebenen Vermögenswerte ab (§ 143 Abs. 1 Satz 1 InsO). Der aus der Anfechtung sich ergebende Rückgewähranspruch kann auch an Dritte abgetreten werden. Ist eine Rückgewähr der entsprechenden Vermögensgegenstände nicht möglich, so muss der Anfechtungsgegner Wertersatz in Geld leisten (nach den Regeln
der Bereicherungshaftung gem. § 143 Abs. 1 Satz 2 InsO i. V.
m. §§ 819, 818 Abs. 4, 292 Abs. 1, 989, 990 BGB). In einem
derartigen Fall ist der Wert zu erstatten, den der Anfechtungs-
gegenstand selbst für die Masse haben würde, wenn die anfechtbare Handlung unterblieben wäre.

Mit dem Zweck der Insolvenzanfechtung, eine optimale gemeinschaftliche Gläubigerbefriedigung zu gewährleisten, ist
es nicht vereinbar, dass ein solcher Gläubiger die Zinsen und
Nutzungen behalten kann, die er mittels eines anfechtbaren
Betrages vor Insolvenzeröffnung gezogen (oder schuldhaft
nicht gezogen) hat. Die bisher gesetzlich geregelte übermäßi-

ge Zinsbelastung des Anfechtungsgegners[71] ist mit der Gesetzesänderung aufgehoben worden. Die Neuregelung von § 143 Abs. 1 Satz 3 InsO führt zur Begrenzung der Prozesszinsen und der Nutzungsherausgabeansprüche auf Tatbestände, bei denen die Voraussetzungen des Schuldnerverzugs oder des § 291 BGB Anwendung finden. Im Ergebnis sind daher Nutzungen nicht mehr vom Zeitpunkt der Vornahme der anfechtbaren Rechtshandlung an zurück zu gewähren (z.B. Nutzungen für Zeiträume vor Verfahrenseröffnung bis zur Durchführung der Anfechtung). Diese Regelung gilt auch für vor dem 5.4.2017 laufende Insolvenzverfahren. Die Übergangsvorschrift in Art. 103j Abs. 2 EGInsO normiert, dass die in § 143 Abs. 1 Satz 3 InsO eingeführte Begrenzungsregelung auch auf Verfahren anzuwenden ist, die bereits vor dem Inkrafttreten des Gesetzes eröffnet wurden.

Unabhängig vom Anfechtungsgrund lebt die Forderung des Anfechtungsgegners als eine einfache Insolvenzforderung wieder auf, wenn er das Erlangte zur Masse zurückerstattet hat (§ 144 Abs. 2 Satz 2 InsO). Voraussetzung ist die tatsächliche Rückgewähr. Allein die Geltendmachung oder Titulierung eines Anfechtungsanspruchs reichen zur Begründung der Forderungsanmeldung nicht aus. Für den Fall, dass sich die Gegenleistung der angefochtenen Leistung noch unterscheidbar in der Insolvenzmasse befindet, steht dem Anfechtungsgegner nach § 144 Abs. 2 Satz 1 InsO ein Masseanspruch zu. Dieser Masseanspruch wird mit der Rückgewähr fällig und basiert auf der gleichen Grundlage wie der Rückgewähranspruch, so dass er gem. § 273 BGB Zug um Zug zu erfüllen ist. Dem Anfechtungsgegner steht kein Zurückbehaltungsrecht zu (§ 144 Abs. 2 Satz 2 InsO).

Der Anfechtungsanspruch verjährt nach § 146 Abs. 1 InsO nach den allgemeinen zivilrechtlichen Verjährungsregelungen. Die Verjährungsfrist beträgt drei Jahre (§ 195 BGB). Die Frist

---

[71] In Folge einer Insolvenzanfechtung musste der Anfechtungsgegner den Hauptforderungsbetrag ab dem Zeitpunkt der Insolvenzeröffnung verzinsen (Prozesszinsurteil, BGH, ZIP 2007, 488).

beginnt regelmäßig nach § 199 Abs. 1 BGB mit dem Schluss des Jahres, in welchem der Anspruch entstanden ist. Der Anfechtungsanspruch entsteht mit Eröffnung des Insolvenzverfahrens. Wenn ein Verwalter die Unzulässigkeit einer Aufrechnung oder Verrechnung gegenüber einem Gläubiger geltend macht, der diese durch eine anfechtbare Rechtshandlung erlangt hat, dann muss diese Anfechtung nicht innerhalb der Anfechtungsfrist geltend gemacht werden, sondern kann auch nach den verjährten Zeiträumen als Gegeneinrede genutzt werden (BGH, ZIP 2008, 1593).

EXKURS: Die Anfechtung von Geldstrafen

Strafrechtlich vor Verfahrenseröffnung zu einer Geldstrafe verurteilte Schuldner zahlen unter Umständen ihre Geldstrafe (oder Auflage zur Einstellung gem. § 153a StPO) in anfechtbarer Weise. Insbesondere bei Kenntnis der Strafbehörden von der Zahlungsunfähigkeit des Schuldners. Wenn in einem eröffneten Insolvenzverfahren die Anfechtungsvoraussetzungen nach §§ 129, 130 ff. InsO vorliegen, dann kann der Verwalter die Zahlungen, die auf eine Geldstrafe geleistet wurden, anfechten. Diese Beträge werden faktisch der Masse entzogen, sodass die Gesamtheit der Gläubiger zugunsten der Staatskasse benachteiligt wird. Nach Auffassung der Rechtsprechung führt dies dazu, dass die Gläubigergemeinschaft und nicht etwa der verurteilte Schuldner, die Strafe zu tragen hat. Eine derartige Strafe soll aber als staatlich auferlegtes Übel den Verurteilten persönlich treffen (vgl. u.a. BGH Urteil v. 14.10.2012 – IXZR 16/10; Urteil v. 10.7.2014 – IX ZR 280/13).

Selbst Zahlungen auf eine Geldauflage zur Einstellung eines Strafverfahrens (§ 153a StPO) können angefochten werden, wenn die Staatsanwaltschaft wusste, dass die Zahlungsunfähigkeit des Schuldners zumindest drohte und die geleisteten Zahlungen seine Gläubiger benachteiligten (vgl. u.a. BGH, ZInsO 2014, 1947 f.).

Nach Rückzahlung der angefochtenen Geldstrafe lebt die Forderung der Landeskasse gegen den verurteilten Schuldner wieder auf (§§ 143 Abs. 1, 144 InsO). Die Staatsanwaltschaft ist in einem solchen Fall nicht daran gehindert, die Strafvollstreckung nach der StPO durchzuführen. Das insolvenzrechtliche Vollstreckungsverbot greift nur bei zivilrechtlichen, nicht aber bei strafrechtlichen Vollstreckungen. Nach den Grundsätzen der Strafvollstreckung soll eine zügige und nachdrückliche Vollstreckung erfolgen. Wenn die Erbringung der Geldstrafe uneinbringlich ist, dann kann auch eine Ersatzfreiheitsstrafe angeordnet werden, § 43 StGB (ein Verurteilter im Insolvenzverfahren kann nicht anders oder besser behandelt werden wie andere Verurteilte). Der Schuldner kann aber eine Ersatzfreiheitsstrafe entweder durch Zahlungen aus seinen pfändungsfreien Einkünften oder durch Ableistung von gemeinnütziger Arbeit abwenden. Auf Antrag hat die Vollstreckungsbehörde über Zahlungserleichterungen wie Ratenzahlung oder Stundung zu entscheiden (§ 459a StPO).

F. Die Sonderinsolvenzverfahren

I. Das Verbraucherinsolvenzverfahren

1. Die allgemeinen Grundsätze

Über das Vermögen von natürlichen Personen, die keine oder nur eine geringfügige selbständige wirtschaftliche Tätigkeit ausüben, wird nicht ein Regelinsolvenzverfahren, sondern ein Verbraucherinsolvenzverfahren durchgeführt. Der Gesetzgeber hat zunächst mit der Insolvenzrechtsreform[72] aus dem Jahre 2013 versucht, das Verfahren in sich zu straffen und Verkürzungstatbestände normiert; bei gleichzeitiger Verschärfung der Tatbestände, die zu einer Versagung der Restschuldbefreiung führen. Mit der Neuregelung zum Restschuldbefreiungsverfahren[73] für alle Erstverfahren, die ab dem 1.10.2020 beantragt worden sind, hat der Gesetzgeber die EU-Richtlinienvorgaben umgesetzt, und vor allem die Restschuldbefreiungszeit auf nunmehr 36 Monate festgesetzt.

Trotz der allgemein guten Wirtschaftslage in den letzten Jahren vor der Corona-Pandemie, mit stabiler, in den meisten Branchen sogar steigender Konjunktur, sinkender Arbeitslosigkeit und niedrigen Zinsen, rutschten aber immer mehr Bürger in die Schuldenfalle. Im Bereich der Verbraucherinsolvenz ist aktuell festzustellen, dass die Überschuldung von Privatpersonen in Deutschland seit Jahren ansteigt. Nach dem Schuldneratlas Deutschland[74] 2020 kann fast jeder zehnte

---

[72] Gesetz zur Verkürzung des Restschuldbefreiungsverfahrens und zur Stärkung der Gläubigerrechte vom 15. Juli 2013, BGBl. 2013, Teil 1, S. 2379 ff., gilt für alle Verfahren, die seit dem 1.7.2014 beantragt worden sind.
[73] Gesetz zur weiteren Verkürzung des Restschuldbefreiungsverfahrens und zur Anpassung pandemiebedingter Vorschriften im Gesellschafts-, Genossenschafts-, Vereins- und Stiftungsrecht sowie im Miet- und Pachtrecht vom 22.12.2020 (BGBl. I S. 3328).
[74] www.boniversum.de/studien/schuldneratlas

Deutsche seine Schulden nicht zurückzahlen. Die Überschuldungsquote liegt derzeit bei 9,87% (rund 6,85 Mio. überschuldete Personen / 3,42 Mio. verschuldete Haushalte). Dabei ist zu beachten, dass der stärkste Anstieg der Überschuldungsquote bei Menschen ab dem 70. Lebensjahr festzustellen ist (470.000 Personen, Steigerung in 2020 von 89.000 Personen). Mit andauernder Zahlungsunfähigkeit dieser Personen, zum Teil einhergehend mit längerfristiger Arbeitslosigkeit, stehen diese und ihre Familien vor der Situation, dass für sie nur noch eine Verbraucherinsolvenz mit anschließender Restschuldbefreiung als Ausweg aus der Überschuldung in Frage kommt.

Das Verbraucherinsolvenzverfahren setzt sich aus mehreren hintereinander geschalteten Verfahrensabschnitten zusammen, die chronologisch hintereinander durchgeführt werden müssen.

Verfahrensschritte des Verbraucherinsolvenzverfahrens

1. Das außergerichtliche Schuldenbereinigungsverfahren
2. Das gerichtliche Schuldenbereinigungsverfahren
3. Das vereinfachte Insolvenzverfahren
4. Das Restschuldbefreiungsverfahren

Ein Überspringen von einzelnen Verfahrensschritten ist nicht möglich.

2. Die Abgrenzung von Regel- und Verbraucherinsolvenz

Das Abgrenzungskriterium zwischen einem Verbraucher- (Aktenkennung: IK) und einem Regelinsolvenzverfahren ist der Verbraucherbegriff i.S.v. § 304 InsO. Demnach sind alle natürlichen Personen, die keine selbstständige wirtschaftliche Tätigkeit ausüben oder ausgeübt haben Verbraucher. Wenn der Schuldner vor dem Zeitpunkt der Eröffnungsantragstellung schon einmal eine selbstständige wirtschaftliche Tätigkeit ausgeübt hat, so ist er aufgrund der Rechtslage nur dann als Verbraucher anzusehen, wenn seine Vermögensverhältnisse überschaubar sind und gegen ihn keine Forderungen aus Arbeitsverhältnissen bestehen. Unter das Abgrenzungskriterium gem. § 304 Abs. 1 Satz 2 InsO betreffend der Forderungen aus Arbeitsverhältnissen fallen auch Lohnansprüche, die wegen eines Antrags auf Insolvenzgeld auf die Bundesagentur für Arbeit übergegangen sind, sowie Forderungen von Sozialversicherungsträgern und Lohnsteuerforderungen betreffend Dritter.[75]

Die Überschaubarkeit der Vermögensverhältnisse ist in § 304 Abs. 2 InsO dergestalt geregelt, dass der Schuldner zum Zeitpunkt der Antragstellung weniger als 20 Gläubiger haben muss. Unbeachtlich hierbei ist, ob die Gläubiger und Verbindlichkeiten des Insolvenzschuldners vollständig oder überwiegend aus der Zeit seiner selbstständigen Tätigkeit herrühren. § 304 Abs. 1 Satz 2 InsO ist eine Generalklausel (überschaubare Vermögensverhältnisse). Daher können auch weitere Kriterien zur Einordnung des Insolvenzschuldners in das Regelinsolvenzverfahren mit herangezogen werden, so etwa bei Grundbesitz des Insolvenzschuldners, Beteiligungen an Gesellschaften, diversen Anfechtungstatbeständen o.ä.. Hat das Insolvenzgericht nach pflichtgemäßem Ermessen zu entscheiden, ob ein Regel- oder Verbraucherinsolvenzverfahren geboten ist, dann ist im Zweifel von einer Regelinsolvenz auszugehen (LG Hamburg, ZIP 2013, 425).

Der BGH (ZIP 2009, 626 f.) hat klargestellt, dass der geschäftsführende Mehrheitsgesellschafter einer GmbH selbst dann eine selbstständige wirtschaftliche Tätigkeit i.S.v. § 304 InsO ausübt, wenn die GmbH nur als persönlich haftende Gesellschafterin einer GmbH & Co. KG agiert.

3. Das außergerichtliche Schuldenbereinigungsverfahren

Das zunächst durchzuführende außergerichtliche Schuldenbereinigungsverfahren ist in der Praxis häufig nicht erfolgreich,

---

[75] Eigene Berufsgenossenschaftsbeiträge des Schuldners fallen nicht unter Forderungen aus Arbeitsverhältnissen, BGH, ZInsO 2009, 2216.

da diverse Gläubiger und Gläubigergruppen grundsätzlich ihre Zustimmung nicht erteilen.

Um eine sachgerechte Durchführung einer außergerichtlichen Schuldenbereinigung sicherzustellen, sollte der Schuldner von Anfang an einen Rechtsanwalt oder eine Schuldnerberatungsstelle hinzuziehen. Wenn die vom Insolvenzschuldner selbstständig durchgeführte außergerichtliche Schuldenbereinigung scheitert, so muss er ohnehin die Bestätigung „einer geeigneten Person oder Stelle" gemäß § 305 Abs. 1 Nr. 1 InsO vorlegen (s.o.).

Mindestanforderungen an den Inhalt eines außergerichtlichen Schuldenbereinigungsplans

- Vermögensverzeichnis und tatsächliche Einkommensverhältnisse des Schuldners,
- ein Gläubigerverzeichnis und ein Verzeichnis aller gegen den Schuldner gerichteten Forderungen,
- eine Regelung, die den Gläubigern darlegt, wie eine angemessene Schuldenbereinigung in einem festgelegten Zeitraum (regelmäßig 6 Jahre) durchgeführt werden soll (unter Berücksichtigung der Gläubigerinteressen, der Vermögens-, Einkommens- und Familienverhältnisse des Schuldners),
- gestalterische Stellungnahme, wenn Bürgschaften, Pfandrechte und sonstige Sicherheiten der Gläubiger bei der Schuldenregulierung betroffen sind,
- Angaben darüber, ob in den letzten Jahren anfechtbare Rechtshandlungen (§§ 133, 134 InsO) vorgenommen worden sind
- Verfallsklausel, wenn der Schuldner die im Plan niedergelegten Regelungen zur Schuldenbereinigung nicht einhält.

Die Form und die Ausgestaltung eines außergerichtlichen Schuldenbereinigungsplanes sind gesetzlich nicht vorgegeben. Der Insolvenzschuldner muss den Plan schriftlich aufstellen und den Gläubigern diesen mit der Bitte um Stellungnahme und Zustimmung übermitteln.[76] Für das Vermögensverzeichnis und der sonstigen Angaben, die den Gläubigern mitzuteilen sind, kann der Insolvenzschuldner auch schon die amtlichen Vordrucke zur Hilfe nehmen, die er hinterher bei der

---

[76] Zum außergerichtlichen Einigungsversuch, vgl. Lissner, ZInsO 2014, 229 ff.

Anmeldung des gerichtlichen Verfahrens benötigt. Diese Formularsätze erhält man bei jedem Insolvenzgericht. Auch können diese Formularsätze unproblematisch aus dem Internet
heruntergeladen werden.

Bei der Ausgestaltung des Regulierungsvorschlages ist das
Gleichbehandlungsgebot des § 294 Abs. 2 InsO nicht unbedingt zu beachten. Der Schuldner kann mit unterschiedlichen
Gläubigern auch unterschiedliche Regelungen treffen. Wenn
der Schuldner den anderen Gläubigern jedoch mitteilt, dass er
alle gleich behandeln werde und dies später unterlässt, so
können die ungleich behandelten Gläubiger ihre Zustimmung
auch nachträglich noch wegen arglistiger Täuschung (§ 123
BGB) anfechten.

Der Schuldner kann seinen Gläubigern auch eine Einmalzahlung anbieten, bei der der Betrag z. B. von Dritten zur Verfügung gestellt wird. Bei einer entsprechenden Quote werden
regelmäßig die Gläubiger eine hohe Bereitschaft zeigen, einer
derartigen Schuldenregulierung zuzustimmen. Der Schuldner
muss sich aber auch bewusst sein, dass die Gläubiger bei
derartigen Angeboten auch soweit wie möglich überprüfen
werden, ob der bereitgestellte Betrag wirklich aus dem Vermögen eines Dritten stammt.

Sollten sich Anhaltspunkte dafür ergeben, dass der angebote-
ne Betrag tatsächlich oder auf Umwegen aus dem Vermögen
des Insolvenzschuldners stammt, so besteht für die Gläubiger
die Möglichkeit, unter Anwendung des Anfechtungsgesetzes
eine Rückgewähr des Vermögens oder die Duldung der
Zwangsvollstreckung in das Vermögen (§ 7 AnfG) individuell
durchzusetzen.

Auch kann die angestrebte Restschuldbefreiung nach § 298
Abs. 1 InsO nicht schon deshalb versagt werden, weil während des Verfahrens keine Beträge an die Gläubiger ausgezahlt werden konnten (ein sog. Null-Plan). Ein solcher ist zulässig, da das Gesetz selbst keine Mindestquote verlangt.

Die Durchführung eines außergerichtlichen Schuldenbereinigungsversuches hindert die Gläubiger nicht daran, gleichzeitig auch Einzelzwangsvollstreckungsmaßnahmen durchzuführen. Die Vollstreckungsverbote gem. §§ 89, 294 InsO werden erst mit Eröffnung des Insolvenzverfahrens wirksam. In diesem Verfahrensabschnitt kann jedoch das Vollstreckungsgericht dem Schuldner auf Antrag Vollstreckungsschutz gem. § 765a ZPO gewähren. Die Gläubiger sollten jedoch bei der Durchführung von Einzelzwangsvollstreckungsmaßnahmen in diesem Verfahrensabschnitt beachten, dass nach der Eröffnung des Insolvenzverfahrens die durch die Vollstreckung erhaltenen Sicherheiten oder Zahlungen der Rückschlagsperre (§ 88 InsO) unterfallen oder angefochten werden können. Dabei ist zu berücksichtigen, dass in einem solchen Verfahren, wenn der Schuldner den Insolvenzantrag gestellt hat, die Rückschlagsperre Zwangsvollstreckungsmaßnahmen erfasst, die in den letzten drei Monaten vor dem Insolvenzantrag oder später bewirkt wurden (§ 312 Abs. 1 Satz 3 InsO, § 88 Abs. 2 InsO n.F.).

Wenn alle Gläubiger dem Schuldenbereinigungsplan zustimmen, ist ein außergerichtlicher Vergleich (§ 779 Abs. 2 BGB) zwischen diesen Parteien zustande gekommen. Dieser Vergleich ist kein Vollstreckungstitel. Er kann aber durch notarielle Beurkundung als sogenannte Unterwerfungserklärung zu einem vollstreckbaren Titel ausgestaltet werden (§ 794 Abs. 1 Nr. 1 ZPO). Wenn nicht alle Gläubiger dem außergerichtlichen Schuldenbereinigungsversuch zustimmen oder sich erst gar nicht bei dem Insolvenzschuldner oder seinem Bevollmächtigten melden, dann ist die außergerichtliche Schuldenbereinigung gescheitert. Das Schweigen der Gläubiger gilt als Ablehnung.

Nach dem Scheitern des außergerichtlichen Schuldenbereinigungsversuches kann der Insolvenzschuldner einen erneuten außergerichtlichen Versuch unternehmen oder stattdessen unmittelbar das gerichtliche Verfahren beantragen. Der Antrag muss innerhalb der 6-Monatsfrist nach § 305 Abs. 1 Nr. 1 InsO gestellt werden. Für die Berechnung dieser Frist ist nicht das Datum der Bescheinigung, sondern der Zeitpunkt des endgültigen Scheiterns des Einigungsversuchs maßgebend.

4. Der Antrag auf Verbraucherinsolvenz

Für die im Verbraucherinsolvenzverfahren nach § 305 Abs. 1 InsO zu stellenden Anträge und für die mit dem Antrag vorzulegenden Bescheinigungen sind die eingeführten amtlichen Vordrucke[77] zu verwenden, § 305 Abs. 5 Satz 1 InsO. Diese Vordrucke können entweder bei einem Insolvenzgericht abgeholt oder aus dem Internet nebst Info-Flyer zur Restschuldbefreiung heruntergeladen werden.

Aus der Regelung gem. § 305 Abs. 1 InsO ergibt sich die Pflicht des Insolvenzschuldners, zusammen mit dem Antrag auf Eröffnung des Insolvenzverfahrens oder unverzüglich danach eine Bescheinigung über das Scheitern des außergerichtlichen Einigungsversuchs vorzulegen. Diverse Insolvenzgerichte verschärfen durchgehend ihre Anforderungen an die Kriterien der persönlichen Beratung und der eingehenden Prüfung der Einkommens- und Vermögensverhältnisse des Schuldners. So fordern einige Insolvenzgerichte einen geeigneten Nachweis für eine "Face to Face" Beratung. Wenn z.B. zwischen dem Wohnsitz des Schuldners und dem Kanzleisitz des Beraters eine größere Entfernung liegt (bei einer Entfernung von 300 Km, AG Göttingen, ZInsO 2017, 296; LG Hamburg, ZInsO 2017, 239) wird vermutet, dass keine persönliche Beratung erfolgt ist. Eine telefonische Beratung (Vgl. BVerfG , NZI 2020, 1060; AG Oldenburg, ZVI 2021, 68; a.A. AG Hamburg, NZI 2020, 789 – auch unter Berücksichtigung der pandemischen Einschränkungen) wird regelmäßig als unzulässig angesehen. In derartigen Fällen wird die ausgestellte Bescheinigung dann als untauglich angesehen mit der Folge, dass der Antrag als unzulässig (wegen Fehlen der nach § 305 Abs. 1 Nr. 1 InsO erforderlichen Bescheinigung) zurückgewie-

---

[77] Verordnung zur Änderung der Verbraucherinsolvenzvordruckverordnung v. 22.12.2020, die neuen Formulare sind demnach für alle Verbraucherinsolvenzverfahren, die nach dem 31.3.2021 beantragt worden sind zwingend vorgeschrieben.

sen wird. Dementgegen wird eine Beratung via Skype (LG Münster, ZVI 2017, 190) als zulässig angesehen.

Das Insolvenzgericht darf den Antrag wegen Unvollständigkeit nur dann zurückweisen, wenn der Schuldner die vorgeschriebenen amtlichen Formulare nicht vollständig ausgefüllt hat (Schutz vor unangemessenen Auflagen durch einige Gerichte, vor allem in Süddeutschland).
Der Antrag gilt jedoch weiterhin als zurückgenommen, wenn der Schuldner Ergänzungsaufforderungen der Gerichte nicht rechtzeitig nachkommt. Ein Beschwerderecht hiergegen gibt es nicht (notfalls steht es dem Schuldner frei, einen neuen Antrag zu stellen).

EXKURS: Der Auskunftsanspruch gegenüber Auskunfteien

Auskunfteien (wie z.B. Schufa, Creditreform, Bürgel, Infoscore u.a.) bewerten vor einem Vertragsschluss die Bonität der Verbraucher, insbesondere für Banken u.a. Unternehmungen. Als Auskunft wird ein sog. Scoringwert ermittelt. Dafür speichern die Auskunfteien nicht nur persönliche Daten der Schuldner, sondern durch Negativmerkmale wie Mahnverfahren, Haftbefehle und Insolvenzen. In den letzten Jahren hat die Bedeutung des sog. Scoringverfahrens zur Beurteilung der Zahlungsfähigkeit von Kunden erheblich zugenommen; nicht nur bei Verbraucherkreditverträgen, sondern nunmehr auch bei fast allen Verträgen im Versandhandel, e-Commerce, Telekommunikations – und Energielieferverträgen und vielen Versicherungsverträgen. Dabei werden beim Scoring nun nicht mehr nur die klassischen Bankdaten beurteilt, sondern vermehrt auch das Wohnumfeld (Adressdaten) und sogar „links" und „friends" im Internet und im social network. Damit schwindet die Transparenz der Daten und der Auskunft selbst. Der BGH hat mit Urteil v. 28.1.2014 – VI ZR 156/13 entschieden, dass jeder, der durch eine Bonitätsauskunft betroffen ist, einen Anspruch gegenüber der Schufa auf Auskunft hat, welche personenbezogenen und kreditrelevanten Daten über seine Person dort gespeicherten und welche davon in den mitgeteilten Scoringwert (Wahrscheinlichkeitsprognose) eingeflossen sind. Die Datenschutzregelung verlangt nach dieser Rechtsprechung jedoch nur die Offenlegung der in das Scoringverfahren eingeflossenen Daten, nicht aber die Gewichtung der einzelnen Mermale im Scoring. Die sog. Scoreformel (abstrakte Methode der Wahrscheinlichkeitsprognose) ist geschütztes Geschäftsgeheimnis und nicht offen zu legen.

Im Bereich der Restschuldbefreiungsverfahren ist die Tendenz der neuen Rechtsprechung beachtlich. Danach hat jeder Schuldner einen Löschungsanspruch betreffend das Merkmal „Restschuldbefreiung" gegen eine Auskunftstei, wenn diese das Merkmal nicht 6 Monate nach Veröffentlichung im Insolvenzbekanntmachungsportal gelöscht hat (OLG Schleswig, ZIP 2021, 1507 – nicht rechtskräftig; hierzu Thüsing, EWiR 2021, 436). Das berechtigte Interesse nach Art. 6 Abs. 1 Buchst. f DSGVO liegt nicht vor, vielmehr widerspricht es der gesetzlichen Wertung in § 3 InsoBekV.

5. Das gerichtliche Schuldenbereinigungsverfahren

Nach dem Insolvenzantrag wird zunächst gem. § 305 Abs. 1 Satz 1 InsO das gerichtliche Schuldenbereinigungsverfahren durchgeführt. Der Insolvenzschuldner muss seinem Eröffnungsantrag einen Schuldenbereinigungsplan beifügen (§ 305 Abs. 1, Nr. 4 InsO). Hierbei kann der Schuldner wiederum die Schuldenregulierungsvorschläge, die er bereits im außergerichtlichen Schuldenbereinigungsverfahren den Gläubigern unterbreitet hat vorbringen, selbst, wenn diese von allen Gläubigern abgelehnt worden sind.

Ein Eigenantrag mit Restschuldbefreiung kann auch dann noch wirksam vom Schuldner gestellt werden, wenn zuvor ein Gläubigerantrag mangels Masse abgewiesen worden ist (BGH, ZInsO 2006, 99 f.).

Bis zur Entscheidung über den Schuldenbereinigungsplan ruht das Verfahren über den Eröffnungsantrag. Dieser Zeitraum soll jedoch drei Monate nicht überschreiten (§ 306 Abs. 1 InsO). Die Frist beginnt mit dem Eingang des Eröffnungsantrages.

Das Insolvenzgericht kann nach § 306 Abs. 1 Satz 2 InsO die Durchführung des gerichtlichen Schuldenbereinigungsverfahrens ablehnen und die Fortsetzung des ruhenden Insolvenzverfahrens anordnen, wenn es nach seiner freien Überzeugung zu der Auffassung gelangt ist, dass der Schuldenbereinigungsplan voraussichtlich von den Gläubigern nicht angenommen werden wird. In einem derartigen Fall findet der sofortige Übergang zu dem vereinfachten Insolvenzverfahren statt.

Bei der Durchführung des gerichtlichen Schuldenbereinigungsverfahrens wird der Schuldenbereinigungsplan vom

Gericht den Gläubigern zugestellt mit der Aufforderung zur Stellungnahme. In diesem Verfahrensabschnitt gilt das Einverständnis eines Gläubigers mit dem Plan nach Ablauf der Stellungnahmefrist als erteilt, wenn er schweigt oder nicht fristgerecht seine Stellungnahme abgibt (§ 307 Abs. 2 InsO). Die gesetzliche Stellungnahmefrist von einem Monat ist eine Notfrist.

Wenn nicht sämtliche Gläubiger dem Schuldenbereinigungsversuch zugestimmt haben, muss das Insolvenzgericht entscheiden, ob dieser Versuch nunmehr endgültig gescheitert ist oder ob die fehlenden Zustimmungen von einzelnen Gläubigern durch eine gerichtliche Entscheidung ersetzt werden können oder ob die Möglichkeit eines weiteren Versuchs (abgeänderter Schuldenbereinigungsplan, § 307 Abs. 3 Satz 1 InsO) besteht.

Das Insolvenzgericht kann die Zustimmung von widersprechenden Gläubigern gem. § 309 InsO ersetzen, wenn mehr als die Hälfte der Gläubiger dem Schuldenbereinigungsplan zugestimmt haben und diese mehr als die Hälfte der Forderungen repräsentieren. Dies setzt jedoch einen Antrag eines Gläubigers oder des Schuldners voraus.

Ist der gerichtliche Schuldenbereinigungsversuch erfolgreich, stellt das Gericht das Ergebnis durch Beschluss fest. Mit der Annahme dieses Schuldenbereinigungsplanes gelten die Anträge auf Insolvenzeröffnung als zurückgenommen (§ 308 Abs. 2 InsO). Der Plan hat die Wirkung eines Prozessvergleichs (§ 308 Abs. 1 Satz 2 InsO, § 794 Abs. 1 Nr. 1 ZPO). Der Feststellungsbeschluss des Insolvenzgerichts mit dem Auszug aus dem Schuldenbereinigungsplan ist ein Vollstreckungstitel für die Gläubiger.

6. Die Eröffnung des Insolvenzverfahrens

Wenn der gerichtliche Schuldenbereinigungsversuch gescheitert ist, wird das Insolvenzantragsverfahren von Amts wegen wieder aufgenommen (§ 311 InsO), ohne dass ein erneuter Antrag gestellt werden muss.

Der Weg zur Restschuldbefreiung

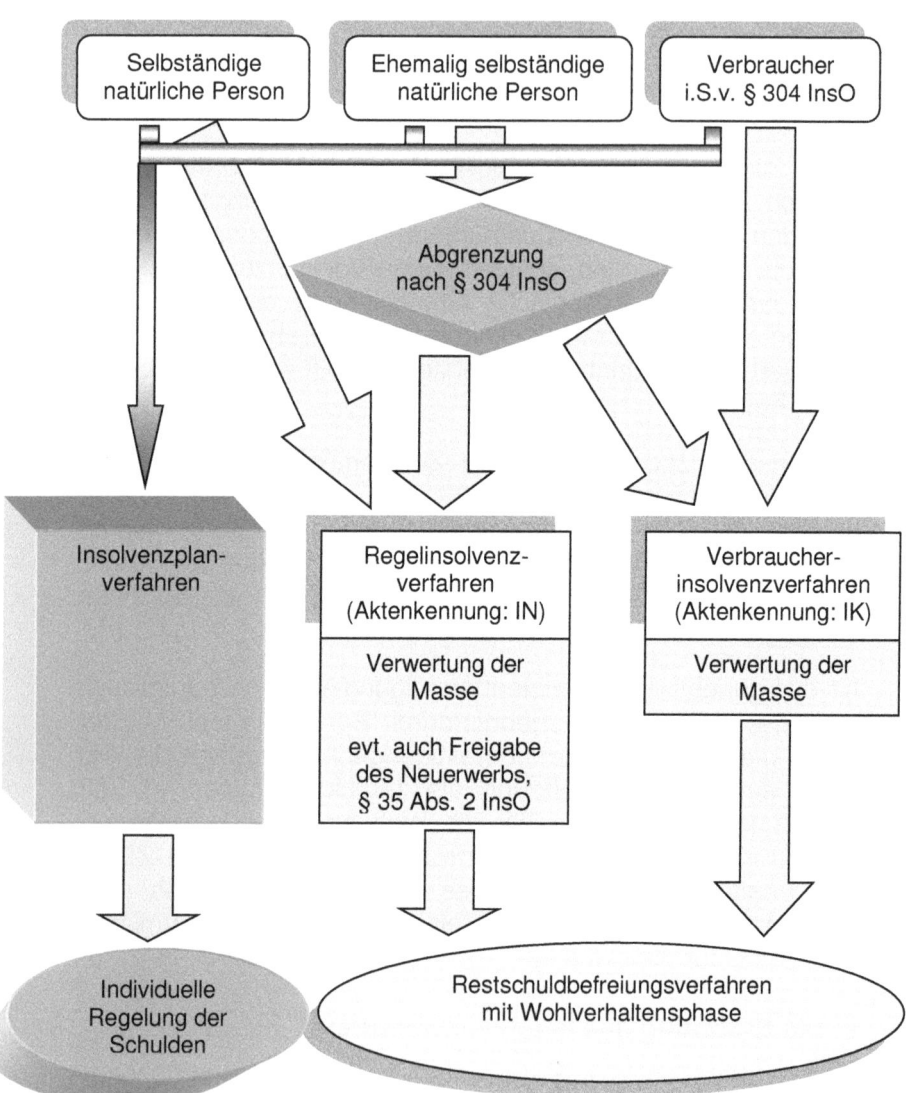

Die speziell für das Verbraucherinsolvenzverfahren angedachten Regelungen gem. §§ 312 – 314 InsO sind weitgehend für Verfahren, die ab dem 1.7.2014 *beantragt* worden sind[78], gestrichen bzw. neu normiert worden. Dies hat folgende Konsequenzen:

➢ Das *Insolvenzplanverfahren* ist nicht nur bei Regelinsolvenzverfahren, sondern auch bei Verbraucherinsolvenzverfahren anzuwenden.

➢ Die Möglichkeit der *Eigenverwaltung* gibt es bei Verbraucherinsolvenzverfahren nicht, § 270 Abs. 2 InsO.

➢ Ein *Verzicht auf den Berichtstermin* (§ 29 Abs. 2 InsO) erfolgt, wenn die Vermögensverhältnisse des Schuldners überschaubar und die Zahl der Gläubiger oder die Höhe der Verbindlichkeiten gering sind.

➢ Nach § 88 Abs. 2 InsO beträgt die Frist für die Rückschlagsperre *drei Monate*, wenn das Verbraucherinsolvenzverfahren auf Eigenantrag eröffnet worden ist.

➢ Eine *Vereinbarung zur Verwertung* von Vermögensgegenständen ist zwischen dem Insolvenzverwalter und dem Schuldner möglich, ohne dass jedoch eine entsprechende Fristbestimmung durch das Gericht erforderlich ist.

Das vereinfachte Verbraucherinsolvenzverfahren ist auf eine schnelle Bereinigung der Vermögenslage des Schuldners und auf eine zeitnahe Auszahlung einer Quote auf die in der Insolvenztabelle anerkannten Forderungen ausgerichtet. Nach dem Abschluss der Masseverwertung erteilt der Verwalter die Schlussrechnung, auf der die Verteilung erfolgt, § 196 Abs. 1 InsO. Nach erfolgter Schlussverteilung beschließt das Insolvenzgericht die Aufhebung des Insolvenzverfahrens, § 200 Abs. 1 InsO.

Damit erhält der Schuldner sowohl die Verfügungs- wie auch die Verwaltungsmacht über sein Vermögen zurück (soweit er

---

[78] Die Neuregelungen des Gesetzes zur Verkürzung des Restschuldbefreiungsverfahrens und zur Stärkung der Gläubigerrechte vom 15. Juli 2013, BGBl. 2013, Teil 1, S. 2379 ff., dort Art. 9; Art 103h EGInsO n.F.

nicht für ein Restschuldbefreiungsverfahren die pfändbaren Beträge gem. § 287 Abs. 2 InsO zur Masse abgetreten hat).

II. Die Restschuldbefreiung

Das Verfahren der Restschuldbefreiung[79] nach §§ 286 ff. InsO können grundsätzlich alle natürlichen Personen, egal ob diese zuvor ein Regelinsolvenzverfahren oder ein Verbraucherinsolvenzverfahren durchgeführt haben, beantragen. Es ist der Verfahrensabschnitt, der sich an das Insolvenzverfahren anschließt. Die Restschuldbefreiung hat das Ziel, dass der Schuldner von den Schulden befreit wird, die nach Beendigung des Insolvenzverfahrens noch nicht getilgt sind. Andernfalls würde er weiterhin voll für diese Verbindlichkeiten haften (§ 201 InsO). Die Restschuldbefreiungszeit (auch Wohlverhaltensperiode genannt) beträgt nach derzeitigem Recht insgesamt 3 Jahre (für Verfahren, die vor dem 1.10.2020 beantragt wurden bis zu 6 Jahre – mit Verkürzungsoptionen, s.u.), gerechnet ab Eröffnung des Insolvenzverfahrens.

1. Der Restschuldbefreiungsantrag

Der Restschuldbefreiungsantrag durch den Schuldner setzt im Verbraucherinsolvenzverfahren und im Regelinsolvenzverfahren nach § 287 Abs. 1 InsO zwingend voraus, dass dieser einen Eigenantrag auf Eröffnung des Insolvenzverfahrens gestellt hat. Selbst bei einem Fremdantrag ist der Schuldner vom Gericht nach § 20 Abs. 2 InsO darauf hinzuweisen, dass er zur Erlangung der Restschuldbefreiung einen Eigenantrag stellen muss. Der Schuldner kann nach dem Eröffnungsbeschluss keinen eigenen Antrag nebst Antrag auf Restschuldbefreiung mehr stellen, selbst wenn der Beschluss noch nicht rechtskräftig ist.

---

[79] Ausführlich hierzu u.a. Pape, ZInsO 2017, 2717 f.; Krüger, Ad Legendum, 2016, 280 ff.; das Verfahren selbst ist verfassungskonform, vgl. BGH, NZI 2004, 510; BVerfG, NZI 2003, 162; NZI 2004, 222.

Für den Antrag besteht Formularzwang[80], § 305 Absatz 5 Satz 2 InsO; schon allein deshalb, um eine einheitliche und einfache Rechtsanwendung in derartigen Masseverfahren sicher zu stellen.

Der Antrag des Schuldners auf Restschuldbefreiung ist nach § 287a Abs. 2 InsO n.F. unzulässig, wenn ihm

> ➢ in den *letzten 11 Jahren*[81] vor dem Antrag bereits *eine Restschuldbefreiung erteilt* worden ist,
> ➢ wenn die Restschuldbefreiung in den *letzten 5 Jahren* vor dem Antrag auf Eröffnung des Insolvenzverfahrens oder nach diesem Antrag nach § 297 InsO (wegen rechtskräftig verurteilter Insolvenzstraftaten) versagt worden ist,
> ➢ dem Schuldner die Restschuldbefreiung in den *letzten drei Jahren* vor/bzw. nach Antragstellung nach § 290 Abs. 1 Nr. 5, 6 oder 7 oder nach § 296 InsO versagt worden ist,
> ➢ auch im Falle des § 297a InsO, wenn eine nachträgliche Versagung auf Gründe nach § 290 Abs. 1 Nr. 5, 6 oder 7 InsO gestützt worden ist (nachträglich bekannt gewordene Versagungsgründe).

Das Gericht entscheidet über die Zulässigkeit eines Restschuldbefreiungsantrags bereits mit der Eingangsentscheidung. Diese umfasst auch bereits die Ankündigung der Restschuldbefreiung.

Wenn ein Schuldner im Schlusstermin oder in der Wohlverhaltensphase aufgrund eines (aussichtsreichen) Versagungsantrages eines Gläubigers den Antrag auf Restschuldbefreiung zurücknimmt, hat er sofort wieder die Möglichkeit (auch mit Beantragung von Verfahrenskostenstundung), erneut in das

---

[80] Aufgrund der Ermächtigung ist das jeweils gültige Formular veröffentlicht in der *Verbraucherinsolvenzformularverordnung* (VbrInsFV).

[81] Die Sperrfrist beträgt für Verfahren vor dem 1.10.2020 insgesamt 10 Jahre, § 287a Abs. 2 Satz 1 Nr. 1 InsO a.F.

Verfahren zu gehen.[82] Wenn es zu einer Versagung kommt, müsste er mit einer dreijährigen Sperrfrist nach § 287a Abs. 2 Nr. 2 InsO rechnen.

Die Restschuldbefreiung setzt voraus, dass der Schuldner seine pfändbaren laufenden Bezüge seit Insolvenzeröffnung an den Treuhänder nach § 287 InsO abtritt. Diese Abtretung erstreckt sich in der Regel aber nicht auf Forderungen des Schuldners aus einer selbstständigen Tätigkeit. Die Erwerbsobliegenheit des Schuldners erstreckt sich vom Beginn der Abtretungsfrist an bis zur Beendigung des Verfahrens, § 287b InsO.

2. Die Regelungen zur Restschuldbefreiung (mit Wirkung ab dem 1.10.2020)

Vor dem Hintergrund einer Einigung auf europäischer Ebene zur Verkürzung der Laufzeit von Verbraucherinsolvenzen (vgl. zur Richtlinie EU 2019/1023 oben Fn. 4) hat der Gesetzgeber einen regelmäßigen *Entschuldungszeitraum von 3 Jahren* eingeführt. Nach der Richtlinienvorgabe sollen insolvente Unternehmerinnen und Unternehmer einen Zugang zu mindestens einem Verfahren haben, das eine vollständige Entschuldung nach spätestens drei Jahren ermöglicht. Im deutschen Recht werden weiterhin unternehmerisch tätige Personen (wie in der Richtlinie nur vorgesehen) und auch Verbraucher gleich behandelt.

Die Neuregelungen im Restschuldbefreiungsverfahren traten rückwirkend ab dem 01.10.2020 in Kraft.[83] Durch die Neuregelung von § 287 Abs. 2 InsO sind zwei neue Zeiträume für die Abtretungsfrist normiert worden:

---

[82] Vgl. AG Göttingen, NZI 2017, 401; die Rücknahme ist nur dann unzulässig, wenn das Gericht bereits die Restschuldbefreiung versagt hat, vgl. BGH, Beschluss v. 22.9.2016 – IX ZB 50/15.

[83] Eingeführt durch das Gesetz zur weiteren Verkürzung des Restschuldbefreiungsverfahrens und zur Anpassung pandemiebedingter Vorschriften im Gesellschafts-, Genossenschafts-, Vereins- und Stiftungsrecht sowie im Miet- und Pachtrecht vom 22.12.2020 (BGBl. I S. 3328).

> ➢ Die regelmäßige Abtretungsfrist beträgt nunmehr drei Jahre[84];
> ➢ für Zweitverfahren (erneute Verfahren) beträgt sie fünf Jahre.

Auch für die Insolvenzanträge mit Antrag auf Restschuldbefreiung, die zwischen dem 17.12.2019 und dem 30.09.2020 eingegangen sind, gelten verkürzte Abtretungsfristen nach dem Staffelprinzip. Die Staffelung ist über Art. 103k Abs. 2 EGInsO geregelt. Bei diesem Verfahren gilt weiterhin die Verkürzungsmöglichkeit auf insgesamt fünf Jahre bei Kostendeckung, § 300 Abs. 1 Nr. 3 InsO a. F. sowie die Verkürzungsmöglichkeit auf drei Jahre bei Kostendeckung und 35 % Mindestquote, § 300 Abs. 1 Nr. 2 InsO a. F.

Die Sperrfrist für erneute Anträge nach einer schon einmal erteilten Restschuldbefreiung ist von zehn Jahren (altes Recht) auf elf Jahre angehoben worden, wenn die Restschuldbefreiung im Erstverfahren nach drei Jahren erteilt worden ist, § 287a Abs. 2 Satz 1 Nr. 2 InsO.

Der Eintritt der Restschuldbefreiungswirkung ist nunmehr vom Zeitpunkt der Entscheidung des Insolvenzgerichts abgekoppelt. Die Restschuldbefreiung zugunsten des Schuldners wirkt automatisch mit Ablauf der 3-jährigen Abtretungsfrist (§ 300 Abs. 1 Satz 3 InsO); unabhängig davon, wann die Entscheidung durch das Insolvenzgericht ergeht oder diese öffentlich bekannt gemacht wird, § 300 Abs. 3 und 4 InsO. Bei asymmetrischen Insolvenzverfahren, bei denen das Insolvenzverfahren zum Zeitpunkt der Erteilung der Restschuldbefreiung noch nicht abgeschlossen ist, gilt die bisher entwickelte Rechtsprechung weiter, dass zu diesem Zeitpunkt automatisch die Restschuldbefreiungswirkung eintritt.

Mit der Erteilung der Restschuldbefreiung treten Tätigkeitsverbote außer Kraft. Damit soll bewirkt werden, dass der

---

[84] Die verkürzte Dauer der Abtretungserklärung auf drei Jahre gilt für alle Verfahren bei Antragstellung ab dem 01.10.2020.

Schuldner bei Wiederaufnahme von Tätigkeiten nicht mehr eine Aufhebung der Untersagungsverfügung oder Gestattung der Tätigkeit erwirken muss. Dies betrifft Verfügungen, die dem Schuldner die Aufnahme oder Fortführung von unternehmerischen Tätigkeiten untersagt haben und gilt für alle Verbote, die sich mittelbar auf die Insolvenz, sowie auf Tatbestände, wie Vermögensverfall oder ungeordnete Vermögensverhältnisse stützen, § 301 Abs. 4 InsO. Dies gilt jedoch nicht für Verbote der Ausübung von erlaubnis- oder zulassungspflichtigen Tätigkeiten wie bei der Rücknahme, Widerruf oder Versagung der Erlaubnis infolge des Erlaubnis- oder Zulassungsvorbehalts (so z. B. bei Rechtsanwälten, Steuerberatern, Wirtschaftsprüfern, o. ä.).

Die Regelung von § 300 Abs. 1 Satz 1 InsO bleibt weiterhin die zentrale Vorschrift zur Erteilung der Restschuldbefreiung. Nach Ablauf der Abtretungsfrist ist über die Erteilung der Restschuldbefreiung vom zuständigen Gericht zu entscheiden. Die Entscheidung ergeht wie bisher im Beschlusswege (nach Anhörung von Schuldnern, Insolvenzverwalter/Treuhänder und Gläubiger), § 300 Abs. 1 Satz 2 InsO. Bei Verfahrensüberschreitungen wird die erteilte Restschuldbefreiung ab dem Zeitpunkt des Ablaufes der Abtretungsfrist (taggleich) erteilt, § 300 Abs. 1 S. 3 InsO.

3. Die Obliegenheiten des Schuldners im Verfahren

Während der Verfahrenslaufzeit muss sich der Schuldner „redlich" verhalten, § 295 InsO. Er darf nicht gegen den Sinn und Zweck der Restschuldbefreiung verstoßen, indem er etwa Vermögensgegenstände bei Seite schafft oder sich erneut übermäßig verschuldet. Der Schuldner muss sich spätestens in der Wohlverhaltensperiode (zwischen Beendigung des Insolvenzverfahrens und dem Ende der Abtretungsfrist, § 295 Abs. 1 Satz 1 InsO) an diese Obliegenheiten halten.

Der Schuldner sollte eine angemessene Erwerbstätigkeit ausüben und, wenn er ohne Beschäftigung ist, sich um eine solche bemühen und keine zumutbare Tätigkeit ablehnen. Bei

Verletzung dieser Obliegenheit ergibt sich ein Versagungsgrund aus § 290 Abs. 1 Nr. 7 InsO. Die Art und der Umfang der Erwerbsobliegenheit, die der Schuldner neben einer Kinderbetreuung erfüllen muss, richtet sich grundsätzlich im Einzelfall nach den speziellen familiären Verpflichtungen (LG Hamburg, ZInsO 2019, 1337). Ein arbeitsloser Schuldner muss sich bei der Bundesagentur für Arbeit arbeitssuchend melden und laufend Kontakt zu den dort für ihn zuständigen Mitarbeitern halten. Sind einem arbeitslosen Schuldner vom Insolvenzgericht die Verfahrenskosten gestundet worden, so ist er verpflichtet, sich zwei- bis dreimal wöchentlich um eine angemessene Erwerbstätigkeit zu bewerben. Ansonsten kann das Insolvenzgericht die Verfahrenskostenstundung nach §§ 4a, 4c Nr. 4 Fall 2 InsO aufheben und das Verfahren mangels Masse abweisen.

Selbst wenn keine pfändbaren Beträge während des Verfahrens aus dem Neuerwerb des Schuldners zur Insolvenzmasse gelangen, steht dies einer Erteilung der Restschuldbefreiung nicht entgegen. Das Risiko der Arbeitslosigkeit des Insolvenzschuldners trifft insoweit die Gläubiger. Erkennt der Schuldner in der Wohlverhaltensperiode jedoch, dass er mit seiner selbstständigen Tätigkeit nicht genug Geld erwirtschaftet, so braucht er diese Tätigkeit nicht sofort aufzugeben, muss sich aber nachweisbar zumindest um eine angemessene abhängige Beschäftigung bemühen.

Im Restschuldbefreiungsverfahren sind durch die Gesetzesnovelle neue Abführungsobliegenheiten normiert worden. Nach § 295 Satz 1 Nr. 2 InsO ist das Vermögen von Todes wegen (Erbschaft oder künftiges Erbrecht) sowie nunmehr auch Schenkungen zur Hälfte des Wertes und ergänzend auch Gewinne aus einer Lotterie, Ausspielung oder in einem anderen Spiel mit Gewinnmöglichkeiten zum gesamten Wert an den Treuhänder herauszugeben. Als Begrenzung ist geregelt, dass gebräuchliche Gelegenheitsgeschenke und Gewinne von geringem Wert ausgenommen sind, § 295 Satz 1 Nr. 2 InsO.

Dabei ist leider nicht ausdrücklich vom Gesetzgeber geregelt worden, wie der Rahmen des Gebräuchlichen abzuschätzen ist, wo also die *Bagatellgrenze bei Schenkungen* liegt. In diesem Zusammenhang wird die Rechtsprechung zur Definition von gebräuchlichen Gelegenheitsgeschenken i. S. v. § 134 Abs. 2 InsO (BGH, Urteil vom 04.02.2016, ZinsO 2016, 632, Rz. 34) entsprechend anzuwenden sein. Dabei liegt die Höchstgrenze für jede Einzelzuwendung bei rd. 200,00 € (ohne Kumulierung von Zuwendungen verschiedener Schenker) und die Jahresgrenze bei Zuwendungen vom selben Schenker bei insgesamt 500,00 €. Bei Überschreitung der Höchstgrenze hat diese eine Freibetragswirkung, so dass die Herausgabeobliegenheit auf die Hälfte des die Höchstgrenze überschreitenden Betrages sich beschränkt. Bei Sachzuwendungen wird der vom Schuldner zu realisierende Wert der Zuwendung angenommen. Dabei hat der Schuldner die Möglichkeit, nach § 295 Satz 2 InsO einen Klärungsbeschluss herbeizuführen.

Die Herausgabeobliegenheit des Insolvenzschuldners konkretisiert sich dahingehend, dass er nicht die Zuwendungen und die Gewinne an den Treuhänder herauszugeben hat, sondern nur den Wert in Geld. Ein eigenes Verwertungsrecht des Treuhänders besteht nicht (BGH, Beschluss vom 10.01.2013, ZinsO 2013, 306). Beim Klärungsbeschluss gem. § 295 Satz 2 InsO n. F. obliegt die Zuständigkeit dem Rechtspfleger beim Insolvenzgericht, §§ 3 Nr. 2 Buchst. e, 18 RPflG. Gegen den Beschluss ist eine Erinnerung nach § 11 RPflG statthaft.

In der Wohlverhaltensphase des Verbraucherinsolvenzverfahrens gelten die Regelungen gem. §§ 87 ff. InsO nicht mehr, da das laufende Insolvenzverfahren dann bereits aufgehoben ist. Somit können Gläubiger des Insolvenzschuldners neu begründete Forderungen (die nach Verfahrenseröffnung entstanden sind) klageweise geltend machen.

4. Die Obliegenheiten des selbständig tätigen Schuldners

Dem *selbstständig tätigen Insolvenzschuldner* im Restschuldbefreiungsverfahren obliegt die Pflicht, die Beträge an die Masse zu zahlen, die im Falle einer unselbstständigen Tätigkeit pfändbar wären, § 295a Abs. 1 InsO; auch dann, wenn der Neuerwerb nach § 35 Abs. 2 InsO freigegeben worden ist (zu den Einzelheiten s.o. „Die Freigabe des Neuerwerbs"). Das fiktive, auf die Pfändungstabelle nach § 850c ZPO anzuwendende Nettoeinkommen ist aus einem angemessenen, dem Schuldner möglichen (evt. mit der selbständigen Tätigkeit vergleichbaren) Dienstverhältnis zu ermitteln; wobei jedoch ein etwaiger Gewinn oder Verlust außer Betracht bleibt. Ein selbständig tätiger Schuldner bleibt daher auch nach Freigabe des Neuerwerbs verpflichtet, dem Treuhänder nach Aufforderung Auskunft über seine Erwerbstätigkeit zu erteilen. Er hat den Verwalter umfassend über all die Umstände zu informieren, die für die Ermittlung der fiktiven Berechnung erforderlich sind (z.B. welche Tätigkeit er ausübt, welche Ausbildung und welchen beruflichen Werdegang er hat). Seine Angaben kann der Schuldner auch durch die Vorlage eines Gehaltsvergleichs glaubhaft machen.[85] Jedoch ist der Schuldner nicht verpflichtet, Auskunft über einen erzielten Gewinn aus der freigegebenen Tätigkeit zu erteilen (umfassend BVerfG, Beschluss v. 7.12.2016, ZIP 2017, 433). Selbst wenn der Schuldner nur einen geringen wirtschaftlichen Gewinn mit dem freigegebenen Neuerwerb erzielt, ist er nicht verpflichtet, ein abhängiges Dienstverhältnis einzugehen.

5. Die Erteilung der Restschuldbefreiung

Nach Ablauf der Wohlverhaltensperiode wird nach Rechnungslegung des Treuhänders (§ 292 Abs. 3 InsO) vom Insolvenzgericht über die Erteilung der Restschuldbefreiung entschieden (§ 300 InsO). Dieser Beschluss muss nach Ablauf der Abtretungsfrist erfolgen, unabhängig davon, ob das Insol-

---

[85] www.gehaltsvergleich.com

venzverfahren bereits beendet ist oder nicht, § 300 Abs. 1 InsO.

Ein noch nicht aufgehobenes Insolvenzverfahren (Divergenz zwischen Insolvenz- und Restschuldbefreiungsverfahren) wird weitergeführt (z.B. zur Verwertung der restlichen Masse), obwohl der Schuldner schon die Restschuldbefreiung erhalten hat. Jedoch entfällt nach § 300a Abs. 1 InsO der Insolvenzbeschlag der „pfändbaren" Vermögensgegenstände, die der Schuldner nach Erteilung der Restschuldbefreiung erwirbt. Dieses Vermögen muss der Verwalter in der Zeitspanne zwischen dem Ablauf der 3 Jahre (bis zu 6 Jahre bei Verfahren die bis zum 30.9.2020 beantragt worden sind, s.o.) und der rechtskräftigen Entscheidung über die Erteilung der Restschuldbefreiung zwar noch vereinnahmen, aber dann für den Schuldner treuhänderisch verwalten, § 300a Abs. 2 InsO.

Bei geringfügigen Einnahmen in der laufenden Wohlverhaltensphase kann der Treuhänder die Verteilung der Masse längstens bis zum Ende der Abtretungsfrist/Verfahrensende aussetzen, § 292 Abs. 1 Satz 4, 5 InsO. Daher muss bei Verfahren mit geringer Masse nicht mehr jedes Jahr abgerechnet werden; die Verteilung kann aufgeschoben werden.

6. Die vorzeitige Erteilung der Restschuldbefreiung (nach dem Recht bis zum 30.09.2020)

Einem Schuldner kann für Verfahren, die bis zu 30.9.2020 beantragt worden sind, eine Restschuldbefreiung *auf Antrag vorzeitig erteilt werden*, wenn die Kosten des Verfahrens gezahlt sind und im Verfahren kein Insolvenzgläubiger (§ 38 InsO) eine Forderung zur Tabelle angemeldet hat oder wenn die Forderungen der Insolvenzgläubiger befriedigt sind und der Schuldner auch die sonstigen Masseverbindlichkeiten berichtigt hat, § 300 Abs. 1 Satz 2 Nr. 1 InsO.

Auf Antrag des Schuldners kann diesem die Restschuldbefreiung vorzeitig nach *drei Jahren Laufzeit* (Abtretungsfrist nach Verfahrenseröffnung) erteilt werden, wenn innerhalb dieses Zeitraums der Masse ein Betrag zugeflossen ist, der eine Mindestquote an die festgestellten Insolvenzgläubiger in Höhe von 35 % Ausschüttungen sicherstellt und zu diesem Zeitpunkt auch die Verfahrenskosten vollständig ausgeglichen sind, § 300 Abs. 1 Satz 2 Nr. 2 InsO (dabei ist unerheblich, ob die Massebeiträge durch Drittmittel oder durch Neuerwerb/Verwertungserlöse aufgefüllt worden sind). Wenn die Beträge durch Dritte zur Masse gezahlt worden sind, dann hat der Schuldner grundsätzlich die Herkunft dieser Mittel gegenüber dem Gericht zu erklären und die Richtigkeit und Vollständigkeit seiner Angaben glaubhaft zu versichern, § 300 Abs. 2 InsO. Wenn der Schuldner die Mittel nicht rechtzeitig bis zum Ablauf der 3-Jahresfrist aufbringen konnte, so bleibt ihm im eröffneten Verfahren nur noch die Möglichkeit, ein Insolvenzplanverfahren nach §§ 217 ff. InsO durchzuführen. Auch ist in der Wohlverhaltensphase ein Vergleich des Schuldners mit seinen Gläubigern dergestalt möglich, dass die Ansprüche der Gläubiger durch Teilzahlungen und Teilerlass erlöschen.

Die Erreichung der Mindestquote von 35 % bei gleichzeitiger Verfahrenskostendeckung birgt erhebliche Risiken für den Schuldner.[86] Der dem Verwalter zur Masse überwiesene Betrag aus Drittmitteln kann nicht zurückgefordert werden, wenn eine vorzeitige Restschuldbefreiung wegen Nichterreichung der Quote von 35 % nicht erzielt werden kann. Auch gibt es nicht die Möglichkeit einer Ausgleichszahlung zur Erreichung der 35 %-Quote, wenn die Kosten des Verfahrens insoweit Teile der Masse aufzehren. Ferner ist in diesem Zusammenhang nicht geklärt, ob bei der Berechnung der Vergütung des Verwalters die an die Masse gezahlten Drittmittel mit einzubeziehen sind oder nicht. Somit müsste der Schuldner deutlich mehr als 35 % (man geht in der Praxis von 50 – 55 % aus) an Mitteln aufbringen, um die Mindestquote erreichen zu können.

---

[86] Der Schuldner hat keinen verlässlichen Auskunftsanspruch hinsichtlich der Kosten des Verfahrens, BGH ZinsO 2011, 777 f.

Der Schuldner kann einen Antrag auf Verkürzung der Restschuldbefreiungszeit auf *fünf Jahre* stellen, wenn er bis zu diesem Zeitpunkt die aufgelaufenen Kosten des Verfahrens beglichen hat, § 300 Abs. 1 Satz 2 Nr. 3 InsO. Keine Voraussetzung ist, dass die sonstigen Masseverbindlichkeiten zu diesem Zeitpunkt auch ausgeglichen sind. Diese Verkürzungsregelung ist hauptsächlich dafür gedacht, dass im Bereich der Verfahrenskostenstundung die Schuldner angeregt werden, zum Teil auch durch Ratenzahlungen, die Verfahrenskosten vollständig bis zu diesem Zeitpunkt auszugleichen. Die Verkürzung gilt jedoch auch für alle sonstigen Fälle ohne Verfahrenskostenstundung.

Der Antrag auf vorzeitige Restschuldbefreiung kann auch wirksam außerhalb der Dreijahresfrist gestellt werden (BGH, Beschluss v. 19.9.2019 – IX ZB 23/19). Weder der Insolvenzverwalter noch das Insolvenzgericht sind verpflichtet, den Schuldner von Amts wegen auf die Möglichkeit eines Antrags zur Verkürzung hinzuweisen.

7. Die Wirkung der Restschuldbefreiung

Der Restschuldbefreiungsbeschluss ist vom Gericht öffentlich bekannt zu machen und bewirkt, dass alle Insolvenzforderungen gegen den Schuldner, auch solche die nicht angemeldet oder im Schlussverzeichnis niedergelegt sind, grundsätzlich erlöschen (§ 301 Abs. 1 InsO). Nach der Erteilung der Restschuldbefreiung kann ein Altgläubiger (betreffend Verbindlichkeiten aus der Zeit vor der Insolvenzeröffnung), egal ob er als Insolvenzgläubiger am Verfahren teilgenommen hat oder nicht, gegen den Schuldner seine Forderung nicht mehr geltend machen. Die Wirkung der Restschuldbefreiung wird derzeit dogmatisch unterschiedlich eingeordnet. Zum einen als rechtliches Erlöschen der Verbindlichkeit[87], nach der h.M. als Einrede, die die Durchsetzung/Vollstreckung der Forderung durch den Gläubiger verhindert. Die der Restschuldbefreiung unterfallenden Forderungen sind dann unvollkommene Ver-

---

[87] Schulte, Die europäische Restschuldbefreiung, 2001, 57 f.

bindlichkeiten, die nicht mehr erzwingbar sind. Jedoch wird die Aufrechnungslage[88] dadurch nicht beseitigt. Wenn ein Gläubiger dennoch die Zwangsvollstreckung gegen den Schuldner betreibt, dann muss dieser seine Rechte aus der erteilten Restschuldbefreiung durch eine Vollstreckungsgegenklage geltend machen.

Von der Wirkung der Restschuldbefreiung werden jedoch nicht alle Verbindlichkeiten des Schuldners erfasst. § 302 InsO regelt die Arten von Verbindlichkeiten, die nicht mit der Erteilung der Restschuldbefreiung erlassen werden:

> ➢ Verbindlichkeiten aus vorsätzlich begangener unerlaubter Handlung (darunter fallen z.B. alle Schadensersatzforderungen gegen den Insolvenzschuldner aus Betrug, Diebstahl, Untreue, § 266a StGB - nicht richtig angemeldete oder nicht abgeführte Beiträge zur Sozialversicherung[89]),
> ➢ Verbindlichkeiten aus rückständigem gesetzlichen Unterhalt (wenn der Schuldner ihn pflichtwidrig nicht gezahlt hat),
> ➢ Verbindlichkeiten aus einem Steuerschuldverhältnis, wenn diesbezüglich der Schuldner wegen einer Steuerstraftat nach §§ 370, 373 oder 374 AO rechtskräftig verurteilt worden ist. Diese sind auch dann ausgenommen, wenn die Verurteilung im Bundeszentralregister bereits getilgt wurde oder zu tilgen ist (BGH, NJW-RR 2020, 1504; hierzu Pape, ZInsO 2021, 221). Bei der Forderungsanmeldung müssen noch keine Umstände angegeben werden, aus denen sich eine Steuerstraftat ergibt. Das Attribut „Zusammenhang mit einer Steuerstraftat" kann bis zum Ablauf der Abtretungsfrist auch nachträglich noch angemeldet werden.

---

[88] Vgl. insbes. OLG Oldenburg, ZInsO 2014, 671 f.; MünchKomm-InsO/ Stephan, 2. Aufl., § 301 InsO, Rn. 18, durch einen Erst-Recht-Schluss aus § 301 Abs. 2 InsO.
[89] Eine Verurteilung zum Schadensersatz nach §§ 823 Abs. 2 BGB i.V.m. § 266a StGB begründet noch nicht zwingend, dass der Anspruch gegen den Schuldner auf einer vorsätzlich unerlaubten Handlung beruht und deshalb von einer Restschuldbefreiung ausgenommen ist, BGH, ZInsO 2010, 38 f.

Dabei erstreckt sich diese Regelung nicht nur auf die Steuerschuld, die der Verurteilung zugrunde liegt, sondern auch auf die Steuernebenforderungen (Säumniszuschläge, Zinsen u.ä.). Die rechtskräftige Verurteilung wegen einer Steuerstraftat muss noch nicht zum Zeitpunkt der Forderungsanmeldung vorliegen. Ob eine solche bis zum Schlusstermin oder bis zur Entscheidung über die Restschuldbefreiung vorliegen muss, ist abschließend in der Rechtsprechung noch nicht geklärt (vgl. FG Berlin-Brandenburg, ZInsO 2021, 2106). Auch ist streitig, ob für eine Attributsklage betreffend „Zusammenhang mit einer Steuerstraftat" der Finanz- oder der Zivilrechtsweg eröffnet ist.

Es ist jedoch nicht möglich, dass der Schuldgrund einer vorsätzlich begangenen unerlaubten Handlung in den Allgemeinen Geschäftsbedingungen zu einem Vertragsverhältnis vom Schuldner schon vor dem Verfahren anerkannt wird. Der teilweise oder auch vollständige Verzicht auf eine Restschuldbefreiung in solchen AGB ist unwirksam (BGH, ZIP 2015, 1692, betr. Formularurkunden eines Inkassounternehmens).

Derartige Forderungen werden jedoch nur dann von der Restschuldbefreiung ausgenommen, wenn der Gläubiger die Forderung nicht bis zum Schlusstermin mit dem Rechtsgrund der vorsätzlich begangenen unerlaubten Handlung nach § 174 Abs. 2 InsO zur Tabelle angemeldet hat s.o. (BGH, Urteil vom 19.12.2019 −IX ZR 53/18)[90] Das Insolvenzgericht hat den Insolvenzschuldner auf eine derart angemeldete Forderung hinzuweisen, da diesem auch ein eigenes Widerspruchsrecht gegen die Forderungsanmeldung zusteht, § 175 Abs. 2 InsO. Auch Zinsansprüche auf derartige Forderungen werden nicht von der Restschuldbefreiung erfasst.

---

[90] Vgl. OLG Hamm, ZInsO 2019, 797 f., in diesem Fall soll es ausreichen, dass eine rechtskräftige strafrechtliche Verurteilung als ausgenommene Forderung nach § 302 Nr. 1, 3. Alt. InsO (Steuerstraftat) bis zur Entscheidung über die Restschuldbefreiung vorliegt und nicht schon zum Schlusstermin.

Die Gläubiger einer solchen Forderung können nach Beendigung des Verfahrens (Erteilung der Restschuldbefreiung) vollumfänglich in das Vermögen des Schuldners vollstrecken[91].

8. Die Versagung der Restschuldbefreiung

Die Versagung der Restschuldbefreiung ist nur dann zulässig, wenn ein Insolvenzgläubiger die Verletzung eines Versagungsgrundes nach § 290 InsO dem Insolvenzgericht schriftlich bis zum Schlusstermin oder bis zur Einstellung bei Masseunzulänglichkeit (§ 211 InsO) darlegt und ihn nach den für den Zivilprozess geltenden Regeln glaubhaft macht, § 290 Abs. 2 InsO. Inkassounternehmen, die Gläubiger im Insolvenzverfahren vertreten haben, sind nicht befugt, derartige Anträge zu stellen.[92] Auch der bestellte Treuhänder kann derartige Versagungsanträge nicht stellen.

Die gesetzlich abschließend aufgeführten Versagungsgründe für die Restschuldbefreiung sind:

- ➢ § 290 Abs. 1 Nr. 1 InsO, Verurteilung des Schuldners in den letzten fünf Jahren zu einer Geldstrafe von mehr als 90 Tagessätzen oder zu einer Freiheitsstrafe von mehr drei Monaten wegen einer Insolvenzstraftat nach §§ 283 – 283 c StGB;
- ➢ § 290 Abs. 1 Nr. 2 InsO, wegen falscher oder unvollständiger Angaben über die Vermögensverhältnisse in den letzten drei Jahren vor dem Eröffnungsantrag, um einen Kredit zu erhalten oder Leistungen aus öffentlichen Kassen zu beziehen bzw. zu vermeiden;
- ➢ § 290 Abs. 1 Nr. 3 InsO, dieser Aufhebungsgrund entfällt, da dieser Sachverhalt nunmehr in § 287 a Abs. 2 InsO n.F. geregelt ist;
- ➢ § 290 Abs. 1 Nr. 4 InsO, wegen Vermögensverschwendung oder Verletzung der Insolvenzantragspflicht, dieser Versagungsgrund ist von bisher einem

---

[91] Vollstreckungstitel ist dabei der Tabellenauszug, § 201 Abs. 2 InsO.
[92] AG Göttingen, Beschluss v. 15.7.2016; AG Köln, ZInsO 2013, 682; a.A. AG Coburg, ZInsO 2016, 1709.

Jahr auf drei Jahre vor Antragstellung verlängert worden;

> § 290 Abs. 1 Nr. 5 InsO, Versagung wegen vorsätzlich oder grob fahrlässiger Verletzung der Auskunfts- und Mitwirkungspflichten[93], dieser Versagungsgrund ist insoweit auch auf die Pflichten im Antragsverfahren erweitert worden; insbesondere auch bei einer „Flucht" des Schuldners bei unbekanntem Aufenthaltsort, da im Restschuldbefreiungsverfahren weder das Insolvenzgericht noch der Treuhänder zur amtsmäßigen Ermittlung des Wohnorts verpflichtet ist; Beschlüsse können in solchen Fällen öffentlich bekannt gemacht werden (BGH, Beschluss v. 16.5.2013 – IX ZB 272/11); auch das Nichtabführen von pfändbarem Arbeitseinkommen an die Insolvenzmasse verletzt die Mitwirkungspflicht (BGH, Beschluss v. 31.7.2013 – IX ZA 37/12);

> § 290 Abs. 1 Nr. 6 InsO, Versagung wegen falscher Angaben in der Abtretungserklärung sowie in dem vorzulegenden Vermögens- und Einkommensverzeichnis;

> § 290 Abs. 1 Nr. 7 InsO, Versagung wegen Verletzung der Erwerbsobliegenheit des Schuldners; auch zur alten Rechtslage galt die Erwerbsobliegenheit des Schuldners, d.h., dass er sich um eine angemessenen Beschäftigung bemühen muss, also selbst und ernsthaft aktiv werden oder zumindest sich bei der Agentur für Arbeit arbeitssuchend melden und regelmäßigen Kontakt zu dem zuständigen Sachbearbeiter dort halten muss;[94]

> Nach § 295 Satz 1 Nr. 5 InsO darf der Schuldner keine unangemessenen Verbindlichkeiten i. S. v. § 290 Abs. 1 Nr. 4 InsO im Verfahren neu begründen. Für die Frage, wann und in welchem Umfang eine unangemessene Verbindlichkeit vorliegt, sollen dieselben Maßstäbe gelten, wie bei § 290 Abs. 1 Nr. 4 InsO. Dabei muss

---

[93] Zur Versagung der Restschuldbefreiung bei unterlassener Mitteilung einer Beschäftigungsaufnahme, AG Göttingen, Beschluss v. 3.7.2013 -74 IN 259/09
[94] LG Essen, Beschluss v. 24.9.2013, -7 T 71/13, JurBüro 2014, 42 f.

eine Beeinträchtigung der Befriedigungsaussichten der Insolvenzgläubiger vorliegen, wenn der Schuldner neues Vermögen erlangt, um das dann die Insolvenzgläubiger mit dem durch die Begründung von unangemessenen Verbindlichkeiten vorhandenen Neugläubigern konkurrieren müssen. Dieser Versagungsgrund wird jedoch in der Praxis nur in extremen Ausnahmefällen anwendbar sein, da die Gläubiger im Insolvenzverfahren auf die pfändbaren und verwerteten Vermögensgegenstände zurückgreifen, die Neugläubiger jedoch im Verfahren selbst nur auf die unpfändbaren Beträge zurückgreifen können. Auch ist die Begründung von Verbindlichkeiten noch nicht mit einer Beeinträchtigung von Befriedigungsaussichten verbunden, sondern erst deren Zahlung bzw. Rückzahlung. Neugläubiger haben, unter Berücksichtigung der Regelung von § 296 Abs. 1 InsO, kein Antragsrecht.

➢ Versagung wegen Insolvenzstraftaten (§ 297 InsO);
➢ Versagung wegen Nichtzahlung der Treuhändervergütung, § 298 InsO.

Das Insolvenzgericht sammelt zunächst nur die Versagungsanträge und verwahrt diese in der Akte. Erst nach dem Schlusstermin- bzw. Einstellungstermin soll eine Entscheidung über den Versagungsantrag[95] ergehen, § 290 Abs. 2 Satz 2 InsO. Die nach § 302 Nr. 1, 3. Alt. InsO festgeschriebene rechtskräftige strafrechtliche Verurteilung (Verurteilung wegen Steuerhinterziehung)[96] muss bis zur Entscheidung über die Restschuldbefreiung vorliegen und nicht schon beim Schlusstermin. Entgegen dem Wortlaut des Gesetzes hat das AG Göttingen in einem Beschluss v. 21.10.2014 (NJW-Spezial 23/2014, 726) auch eine Versagungsentscheidung vor dem

---

[95] Unzulässige oder unbegründete Versagungsanträge können nach der h.M. umgehend abgewiesen werden, vgl. u.a. Schmerbach/Semmelbeck, NZI 2014, 547, 550.
[96] Die sachliche Zuständigkeit für eine (negative) Feststellungsklage, dass eine Forderung nach § 302 Nr. 1, 3. Alt. InsO nicht von der Restschuldbefreiung mit umfasst ist, liegt bei den Zivilgerichten; OLG Hamm, ZInsO 2019, 797 a.A. BFH, ZInsO 2018, 2674.

Schlusstermin für zulässig erklärt. Es sieht in der gesetzlichen Regelung keine bindende Verfahrensvorschrift, sondern eine durch das Insolvenzgericht flexibel interpretierbare Bestimmung zur Verfahrensentlastung. Insbesondere sollen auch die praktischen Schwierigkeiten mit einer solch frühen Entscheidung umgangen werden, die aus der langen zeitlichen Spanne zwischen Versagungsantrag und Versagungsentscheidung nach Schluss- oder Einstellungstermin entstehen können.

Auch noch nach dem Schlusstermin oder der Einstellung des Verfahrens (§ 210 InsO) kann ein Insolvenzgläubiger die Versagung der Restschuldbefreiung beantragen, wenn sich erst dann herausstellt, dass ein Versagungsgrund nach § 290 Abs. 1 InsO vorgelegen hat und auch glaubhaft gemacht werden kann, dass das Bestehen dieses Grundes ihm erst in den letzten sechs Monaten vor Antragstellung bekannt geworden ist.

Eine Versagung der Restschuldbefreiung kann nach § 298 Abs. 1 InsO auch dann erfolgen, wenn der Treuhänder den Insolvenzschuldner zur Zahlung des ausstehenden Vergütungsbeitrags aufgefordert hat und dieser nicht zahlt (und er auch für diesen Verfahrensabschnitt keinen Verfahrenskostenstundungsbeschluss hat). Diese Aufforderung durch den Treuhänder muss neben einer bestimmten Zahlungsfrist den Insolvenzschuldner auch ausdrücklich auf die Möglichkeit der Versagung der Restschuldbefreiung hinweisen.

Die Pflicht, den Insolvenzschuldner in der Wohlverhaltensperiode zu überwachen, obliegt dem Treuhänder erst dann, wenn die Gläubigerversammlung eine derartige Überwachungspflicht angeordnet hat und auch bereit war, die zusätzlichen Kosten zu tragen.

EXKURS: Entschädigungszahlung vom Schuldner für die Nutzung der eigenen Immobilie

Bewohnt der Schuldner eine Wohnung, die in seinem Eigentum steht selbst, so steht im Insolvenzverfahren seine eigene Zahlungspflicht wegen der rechtsgrundlosen Nutzung der Wohnung in Rede und nicht seine Pflicht, den Insolvenzverwalter bei der Geltendmachung dieses Anspruchs zu unterstützen. Die Zahlungsverpflichtung des Schuldners ergibt sich aus dem Anspruch auf Herausgabe einer ungerechtfertigten Bereicherung. Nach der Rechtsprechung stellt die Verpflichtung des Schuldners, während des Insolvenzverfahrens für die Nutzung der eigenen Wohnung eine Entschädigung zu zahlen, keine Mitwirkungspflicht im Sinne von § 290 Abs. 1 Nr. 5 InsO dar. Die Weigerung des Schuldners, eine solche Entschädigung zu zahlen, rechtfertigt nicht die Versagung der Restschuldbefreiung, BGH, Beschluss v. 19.11.2015 - IX ZB 59/14, ZInsO 2016, 34 f.; AG Göttingen, NZI 2015, 330, 331 mit Anmerkung Cranshaw; vgl. auch LG Dessau-Roßlau, VuR 2013, 191 f., mit Anmerkung Kohte.

III. Das Insolvenzplanverfahren

Der Insolvenzplan (§§ 217 ff. InsO) wird häufig als das „Kernstück" der Insolvenzordnung bezeichnet. Mit dieser Verfahrensart stellt das Insolvenzrecht ein Instrument zur planmäßigen Sanierung eines notleidenden Schuldners neben der Liquidation oder der übertragenden Sanierung zur Verfügung.

1. Die Grundstrukturen des Insolvenzplanverfahrens

Das Planverfahren zielt hauptsächlich darauf ab, durch eine vom Regelinsolvenzverfahren abweichende Art der Verwertung, Verteilung, Haftung und Verfahrensabwicklung eine bestmögliche Lösung für die Beteiligten, unter Berücksichtigung der wirtschaftlichen Gesichtspunkte und der Gläubigerautonomie, zu erreichen. Das Insolvenzplanverfahren ersetzt den im alten Recht der Konkursordnung geregelten Zwangsvergleich, das Vergleichsverfahren nach der Vergleichsordnung sowie auch den Vergleich nach der Gesamtvollstreckungsordnung. Das Planverfahren ist gesetzlich so ausgestaltet, dass es sich an das Chapter 11 Verfahren des US-amerikanischen bankruptcy code 1978 anlehnt.

Bei der dogmatischen Grundstruktur eines Insolvenzplans soll es sich nach dem Willen des Gesetzgebers in erster Linie um einen materiell-rechtlichen Vertrag handeln (BT-Drucks. 12/2443 S. 91 - Vertragstheorie). In der Rechtsprechung wird ein solcher Plan als spezifisches insolvenzrechtliches Instrument gesehen, mit dem die Gläubigergesamtheit ihre Befriedigung aus dem Vermögen des Schuldners organisiert (BGH, ZInsO 2006, 38 f. - Verfahrenstheorie). In der Literatur wird ergänzend hierzu auch noch die Auffassung von der Doppelnatur des Plans vertreten. Dabei unterliegen der Inhalt und die Einschränkungen den vertragsrechtlichen Vorschriften des BGB, HGB und sonstigen Nebengesetzen, das Zustandekommen und das Verfahren selbst unterliegen den Normen der InsO.

Anwendbar ist das Recht des Insolvenzplans nach §§ 217 ff. InsO auf juristische und natürliche Personen, also bei allen Regelinsolvenzfällen.

Die Anwendungsbereiche der Insolvenzplanverfahren lassen sich generell nach deren Zielrichtungen aufteilen:

➢ Sanierungspläne (Pläne, die auf den Erhalt des Unternehmens und des Unternehmensträgers gerichtet sind);
➢ Übertragungspläne (Pläne, bei denen die sogenannte übertragende Sanierung im Vordergrund steht, durch die alle betriebsnotwendigen Vermögensgegenstände auf einen Dritten übertragen werden);
➢ Liquidationspläne (Pläne, die auf die Verwertung der einzelnen Vermögensgegenstände durch Zerschlagung und die anschließende Verteilung der Masse ausgerichtet sind;
➢ sonstige Pläne (hauptsächlich Mischformen oder Pläne mit Sonderleistungen von Dritten), bei denen eine schnelle Beendigung des Verfahrens - vor allem bei natürlichen Personen - im Vordergrund steht;
➢ verfahrensbegleitende Pläne (Pläne, bei denen insbesondere einzelne Verfahrensabschnitte individuell und abweichend von den Normen eines Regelinsolvenzverfahrens ausgestaltet werden, etwa die Verwertung von einzelnen Vermögensgegenständen);
➢ Planverfahren im Bereich Schuldenbereinigung von natürlichen Personen; der BGH (Beschluss v. 10.10.2013 – IX ZB 97/12) hat in diesem Bereich sog.

„Nullpläne" zugelassen und eine Inhaltskontrolle abgelehnt.

Das Planverfahren unterliegt zwar stringenten Verfahrensregeln, die im Folgenden kurz aufgezeigt werden, ist aber inhaltlich sehr frei gestaltbar. Die sich daraus ergebenden Vorteile und Möglichkeiten wurden jedoch bisher von den mit der Insolvenzverwaltung und der Beratung von Schuldnern beschäftigten Fachleuten nicht nachhaltig genutzt. So z.B.[97]

> die Aussicht auf eine höhere Quote (beim Insolvenzplan liegt die durchschnittliche Quote bei 20 %);
> die Ausschüttung an die Gläubiger erfolgt schneller;
> das Verfahren ist schneller beendet (mehr als 50 % der Planverfahren sind nach einem Jahr beendet);
> mehr als 2/3 der Arbeitsplätze bleiben regelmäßig erhalten;
> Gesellschafter bekommen werthaltige Geschäftsanteile zurück
> und das Insolvenzgericht schließt schnell die Akte und erhält die vollen Gerichtskosten.

Obwohl das Insolvenzplanverfahren als Kernstück des neuen Insolvenzrechts angesehen wurde, führen in der Realität die Planverfahren jedoch eher ein Schattendasein. Insbesondere der mit der Erstellung eines Insolvenzplans anfallende Zeit- und Arbeitsaufwand bei dem Verwalter und auch bei den Gerichten führte bisher zu einer fehlenden Akzeptanz.

2. Die Erlangung der Restschuldbefreiung mittels Insolvenzplan

Grundsätzlich kann auch mittels eines Insolvenzplanverfahrens bei natürlichen Personen die (auch vorzeitige) Restschuldbefreiung i.S.v. § 301 InsO erlangt werden. Zwar ist eine solche Möglichkeit nicht direkt in § 227 InsO geregelt.

---

[97] Statistikmaterial aus IFM Institut für Mittelstandsforschung, Bonn; vgl. Ehlers, NJW-Heft 49/2009, Seite III.

Jedoch sind die Regelungen von §§ 286 bis 303 plandispositiv. Selbst die Gestaltung eines Plans mit einer Einmalzahlung als Bedingung nach § 249 InsO, bei der mit rechtskräftiger Bestätigung des Plans die Restschuldbefreiung eintritt, ist möglich. Die Befreiung ist in einem derartigen Fall ein Forderungserlass durch den Gläubiger, bei der die Forderung als unvollkommene Verbindlichkeit bestehen bleibt, aber nicht mehr durchsetzbar, sondern vielmehr nur noch erfüllbar ist.[98]

In der Praxis werden hauptsächlich Pläne in Verfahren über das Vermögen natürlicher Personen durchgeführt, bei denen eine Verkürzung der Restschuldbefreiung angestrebt wird. Aber auch bei selbstständig tätigen Personen oder Freiberuflern, denen nach Eröffnung eines Insolvenzverfahrens die Entziehung einer kammergebundenen Zulassung droht (Rechtsanwälte, Steuerberater, Apotheker, Ärzte u.a.) hat sich ein Panverfahren als wirkungsvoll herausgestellt. Insbesondere ist zu Gunsten der Schuldner die „Universalwirkung" eines derartigen Planverfahrens zu berücksichtigen, da der Plan auch gegenüber nicht anmeldenden und nicht teilnehmenden Gläubigern gilt, §§ 254 – 254b InsO.[99]

3. Die Erstellung des Insolvenzplans

Die Durchführung des Planverfahrens ist in drei Bereiche aufgeteilt:

➢ Aufstellung des Plans (§§ 217 – 234 InsO),
➢ Annahme und Bestätigung des Plans (§§ 235- 253),
➢ Wirkung und Abwicklung des bestätigten Plans mit evtl. Überwachung (§§ 254 – 269).

Grundsätzlich haben nach § 218 Abs. 1 InsO der bestellte Insolvenzverwalter und der Schuldner das *Planinitiativrecht*.

---

[98] Vergleichbare Wirkung wie bei der Restschuldbefreiung nach § 301 InsO, daher weisen § 301 Abs. 3 InsO und § 254 Abs. 3 InsO auch parallele Regelungen auf; vgl. Muster Teilinsolvenzplan, Harig, ZVI 2015, 282; Musterinsolvenzplan Verbraucher, ZInsO 2018 1195 f.

[99] Vgl. insb. Frind, Das hindernisreiche Insolvenz-Planverfahren für natürliche Personen, BB 2014, 2179 ff.; Musterinsolvenzplan für Freiberufler bei Vermögensverfall, Ehlers/Schmid-Sperber, ZInsO 2008, 879 ff.

Einzelne Gläubiger sowie der im Rahmen einer Eigenverwaltung eingesetzte Sachwalter haben kein eigenes Planinitiativrecht. Die Gläubiger selbst können jedoch im Rahmen der Gläubigerversammlung den Insolvenzverwalter beauftragen, einen Insolvenzplan zu erarbeiten und vorzulegen (§ 218 Abs. 2 InsO). Der Schuldner kann bereits mit dem Eröffnungsantrag einen vorbereiteten Insolvenzplan beim Gericht einreichen (§ 218 Abs. 1 Satz 2 InsO, sog. Prepackaged Plan). Der Insolvenzverwalter kann einen Insolvenzplan frühestens mit seiner Amtseinsetzung zur Verfahrenseröffnung vorlegen.

In einem Insolvenzplan können nur Regelungen über plandispositive Gegenstände erfolgen. Von den Regelungen der InsO, die auch dann zwingend zu beachten sind, wenn die Befriedigung der Gläubiger mittels Plan erfolgen soll, darf nur dann abgewichen werden, wenn Sonderregelungen dies ausdrücklich (dispositives Recht) zulassen.

Der Aufbau[100] eines Insolvenzplans gliedert sich zwingend in einen darstellenden und einen gestaltenden Teil, § 219 InsO, sowie die gesetzlich vorgeschriebenen Anlagen, §§ 229, 230 InsO. Der Gesetzgeber hat sich betreffend der Ausgestaltung von Insolvenzplänen darauf beschränkt, nur Rahmenbedingungen festzulegen. Nach der neueren Gesetzesregelung besteht auch eine Möglichkeit der Fremd- und Eigenkapitalumwandlung (debt equity swap), so dass der Plan als Sanierungsinstrument wirksamer angewendet werden kann.

Im darstellenden Teil werden der Zustand des Unternehmens des Schuldners sowie die Maßnahmen, die nach Eröffnung des Verfahrens für die Gestaltung der Rechte der Verfahrensbeteiligten getroffen worden sind bzw. noch getroffen werden sollen, beschrieben. In diesem Abschnitt sind die Vermögenswerte des Schuldners vollständig und richtig darzustellen. Wenn die Erwähnung eines Vermögenswertes unterbleibt –

---

[100] Zu den Anforderungen an einen Insolvenzplan, insb. zur Gruppenbildung und zur Präklusionsklausel vgl. BGH, ZIP 2015, 1346 ff.; Blankenburg, „Probleme des Insolvenzplans in Kleinverfahren", ZInsO 2015, 1293 ff.

soweit nicht offensichtlich wertlos oder unpfändbar – stellt dies einen Mangel des Plans dar, der im Erörterungstermin nicht mehr behoben werden kann (AG Köln, ZIP 2019, 1182 f.). Ferner wird im darstellenden Teil das sogenannte „Plankonzept", das die konkreten Maßnahmen zur Umsetzung der Sanierung aufzeigen soll, dargestellt.

Da ein Insolvenzplan nur dann zugelassen wird, wenn die Gläubiger durch den Plan bessergestellt werden als bei einer sofortigen Vermögenszerschlagung, soll der darstellende Teil auch eine Vergleichsrechnung enthalten, die den Gläubigern einen Überblick über die verschiedenen Verwertungsalternativen ermöglicht. Für die Prüfung einer „Schlechterstellung" ist daher eine Gegenüberstellung der angestrebten Planquote und einer Quote bei einer Zerschlagung / Verwertung bzw. Abwicklung im Regelinsolvenzverfahren notwendig. Wegen seines Informationsgehalts ist der darstellende Teil regelmäßig das Kernstück eines Insolvenzplans.

Der gestaltende Teil begründet Änderungen in der Rechtsstellung der Beteiligten und stellt daher den vollstreckbaren Inhalt des Planes fest. Der Gliederungsvorschlag nach IDW S2[101] wird in der Praxis regelmäßig berücksichtigt. Wenn der gestaltende Teil fehlerhaft ist, dann kann das Insolvenzgericht diesen zurückweisen (§ 231 InsO) oder die Bestätigung von Amts wegen versagen (§ 250 InsO).

Ein wesentlicher Abschnitt des gestaltenden Teils ist die Bildung von Gruppen der beteiligten Gläubiger. Der Zweck der Gruppenbildung ist es, die unterschiedlichen Interessen der Gläubiger / Gläubigergruppen zu berücksichtigen.

Dabei sind als obligatorische Gruppen nach § 222 Abs. 1 und 3 InsO
> absonderungsberechtigte Gläubiger,

---

[101] Die Neufassung des IDW S2 „Anforderungen an Insolvenzpläne" ist veröffentlicht in IDW Life 1/2020, 45 ff.; vgl. hierzu auch Lambrecht, ZInsO 2020, 466 f.

➢ nicht nachrangige Insolvenzgläubiger,

➢ nachrangige Insolvenzgläubiger,

➢ Gesellschafter des Schuldners, wenn deren Anteils- und Mitgliedschaftsrechte in den Plan einbezogen sind

➢ und Arbeitnehmer zu berücksichtigen.

Nach einer Auffassung des AG Hamburg (Beschluss v. 19.4.2016 - 67c IN 232/13) sind bei einem Plan mit dem Ziel einer Restschuldbefreiung sämtliche Forderungen gem. § 302 InsO in einer gesonderten Gruppe aufzunehmen, auch wenn diese Forderungen unwidersprochen sind. Ferner soll in einem derartigen Plan eine „Nachzüglerklausel", die sich allein auf den Verweis auf die Regelungen nach §§ 259a, 259b InsO beschränkt, unzulässig sein.

Sollte eine der obligatorischen Gruppen als Gläubiger im Verfahren gar nicht beteiligt sein, so ist es auch möglich, dass ein Plan nur die Gruppe der nicht nachrangigen und ungesicherten Insolvenzgläubiger aufweist. Ferner besteht nach § 222 Abs. 2 Satz 1 InsO grundsätzlich die Möglichkeit zur Bildung fakultativer Gruppen, damit auch gleichartige wirtschaftliche Interessen von Gläubigern Berücksichtigung finden können. Derartige Gruppen müssen sachgerecht voneinander nach § 222 Abs. 2 Satz 3 InsO abgegrenzt werden. Solche Kriterien sind zwingend im Plan aufzunehmen.

Eine Abweichung vom zwingenden Recht ist im gestaltenden Teil nicht möglich. Dabei ist vor allem zu beachten, dass Massegläubiger keine Planbeteiligten sind, § 221 Satz 1 InsO. Daher können in einem Plan keine von den gesetzlichen Vorschriften abweichenden Regelungen über die Befriedigung der *Massegläubiger* getroffen werden. Auch der Insolvenzverwalter ist mit seinem Vergütungsanspruch auch Massegläubiger, §§ 54 Nr. 2, 53 InsO (BGH, Beschluss v. 16.2.2017 – IX ZB 103/15).

Wenn beabsichtigt ist, dass eine GmbH nach Aufhebung des Planverfahrens durch Beschluss ihrer Gesellschafter (vgl. § 60 Abs. 1 Nr. 4 GmbHG) fortgesetzt werden soll, dann muss der Plan auch explizit eine Fortführungsplanung enthalten. Eine

190

abstrakte Fortführungsabsicht ist nach der Rechtsprechung nicht ausreichend (vgl. OLG Celle, Beschluss vom 8.3.2019, ZIP 2019, 611).

Ferner kann im gestaltenden Teil geregelt werden, dass die Planerfüllung nach Aufhebung des Verfahrens überwacht werden soll, § 260 Abs. 1 InsO. Eine derartige Planüberwachung im Gläubigerinteresse wird grundsätzlich vom Insolvenzverwalter / Sachwalter durchgeführt, kann jedoch auch auf andere Personen übertragen werden.

Die Plananlagen sind ein weiterer wichtiger Teil des Insolvenzplans. Sie haben hauptsächlich den Zweck, den Gläubigern die erforderlichen Informationen und die Nachvollziehbarkeit des Insolvenzplans darzustellen. Im Einzelnen sind regelmäßig folgende Plananlagen beizufügen:

- ➢ Verzeichnis der Gläubiger
- ➢ Vermögensübersicht, §§ 229, 153 InsO
- ➢ Plan-Bilanzen / Plan-Gewinn- und Verlustrechnung / Plan-Liquiditätsrechnung
- ➢ ergänzende Plananlagen nach §§ 226 Abs. 2, 230 InsO, wie zustimmende Erklärungen der Gläubiger, Erklärung des Schuldners, der Gläubiger und Dritter.

Gliederung eines Insolvenzplans

1. Darstellender Teil, § 220 InsO
- - Unternehmensentwicklung
- - Rechtliche, finanzielle u. leistungswirtschaftliche Verhältnisse
- - Insolvenzursachen
- - Sanierungs- oder Liquidationskonzept
- - Kriterien der Gruppenbildung
- - Vergleichsrechnung zum Ergebnis einer Regelinsolvenz
- - Erläuterung der Plananlagen

2. Gestaltender Teil, § 221 InsO
- - Rechtsfolgen, die aus dem Plan erwachsen sollen, z.B Quote, Stundung, Änderungen und die gesellschaftsrechtlichen Beteiligungen, Verzicht, Verzinsung
- - Regelungen z.B. zur Planüberwachung, über zustimmungsbedürftige Rechtsgeschäfte, sicherzustellende bestrittene Forderungen, Sicherstellung für ungewisse Masseverbindlichkeiten

3. Plananlagen

Forderungen aus vorsätzlicher unerlaubter Handlung sind von einem erfüllten Insolvenzplan zugunsten des Schuldners nur dann ausgenommen, wenn dies im Plan mit aufgenommen worden ist. Die Regelungen über die Restschuldbefreiung (§§ 286 ff. InsO) finden im Planverfahren grundsätzlich keine Anwendung (BGH, Beschluss v. 17.12.2009, Az. IX ZR 32/08).

4. Debt Equity Swap

Eine entscheidende Änderung im Insolvenzplanverfahren ist die Einführung des sog. debt equity swap. Dies ist im Bereich der Schnittmenge von Insolvenz- und Gesellschaftsrecht eine Möglichkeit für die Gläubiger, Forderungen in Gesellschaftsanteile zu tauschen, um damit direkt am Sanierungserfolg teilhaben zu können.[102] Im gestaltenden Teil des Plans kann jede Regelung getroffen werden, die gesellschaftsrechtlich zulässig ist, insbesondere auch die Fortsetzung einer aufgelösten Gesellschaft oder die Übertragung von Anteils- und Mitgliedschaftsrechten.

Durch den debt equity swap kann nach § 225a InsO mittels Insolvenzplan auch in die Rechte der Gesellschafter ohne deren Zustimmung eingegriffen werden.

Für den Fall, dass ein Gesellschafter des Schuldners aufgrund eines debt equity swap aus seiner Stellung ausscheidet, werden Sonderbestimmungen geschaffen, damit die Sanierung nicht durch langwierige Abfindungsansprüche gefährdet wird. In diesem Zusammenhang ist die Stundung der Auszahlung des Abfindungsanspruchs eines ausscheidenden Gesellschafters für bis zu drei Jahre nach § 225a Abs. 5 Satz 2 InsO möglich. Die Höhe eines derartigen Abfindungsanspruchs richtet sich aber nach der Vermögenslage, die sich bei einer Abwicklung des Unternehmens ergeben hätte, § 225a Abs. 5 Satz 1 InsO. In der Praxis ist damit der Abfindungsanspruch des Ge-

---

[102] Ausführlich hierzu mit dogmatischer Begründungen, Pühl, „Der Debt Equity Swap im Insolvenzplanverfahren", Diss. Bonn, 2016.

sellschafters in der Regel wertlos, da bei einer Abwicklung kaum ein Restwert für Gesellschaftsanteile vorhanden sein wird.

5. Die Annahme und die Bestätigung des Insolvenzplans

Nach Vorlage des Insolvenzplans führt das Insolvenzgericht eine Vorprüfung dergestalt durch, ob Formvorschriften über das Vorlagerecht, den Mindestinhalt und die Gruppenbildung beachtet worden sind. Nach dieser Prüfung leitet das Gericht den Plan zur Stellungnahme dem Gläubigerausschuss (§ 232 InsO), dem Betriebsrat, dem Schuldner u. a. zu.

Eine Rücknahmemöglichkeit des eingereichten Insolvenzplans ist gesetzlich nicht geregelt. Ein Insolvenzplan kann nach den allgemeinen Grundsätzen bis zu seiner rechtskräftigen Bestätigung zurückgenommen werden. Wenn aber bereits die Mehrheit in der Gläubigerversammlung für den Plan gestimmt hat, dann kann der Plan nur mit Zustimmung der Gläubigerversammlung zurückgenommen werden.

Ein vom Schuldner vorgelegter Plan kann von Amts wegen zurückgewiesen werden, § 231 Abs. 1 Satz 1 InsO.[103] Zum Zwecke der Verfahrensbeschleunigung ist in § 231 Abs. 1 Satz 2 InsO geregelt, dass die Entscheidung des Gerichts über eine Zurückweisung des vorgelegten Plans innerhalb von zwei Wochen nach Vorlage erfolgen soll. Gleichzeitig lässt es dem Gericht jedoch für eine längere Vorprüfung eine Möglichkeit offen. Jedoch muss das Insolvenzgericht bei Planfehlern gem. § 231 Abs. 1 Nr. 2 und 3 InsO dem planeinreichenden Schuldner vor Zurückweisung nicht zwingend einen gerichtlichen Hinweis erteilen.

Nach diesen Stellungnahmen wird ein gemeinsamer Erörterungs- und Abstimmungstermin anberaumt, in dem der Insolvenzplan und das Stimmrecht der Gläubiger erörtert werden

---

[103] Zum zulässigen Inhalt eines Insolvenzplans vgl. BGH, ZInsO 2018, 1404 f.; Madaus, EWiR 2018, 401 f.

und über den Plan abgestimmt wird, § 235 InsO. Die Leitung des Prüfungs-, Erörterungs- und Abstimmungstermins obliegt dem Insolvenzrichter. Ferner ist der Plan mit allen Anlagen und Stellungnahmen in der Geschäftsstelle des Insolvenzgerichts zur Einsicht der Beteiligten niederzulegen.

Der Insolvenzplan ist angenommen, wenn jede der im gestaltenden Teil gebildeten Gruppen zugestimmt und in je-der Gruppe jeweils die Kopf- und Summenmehrheit erreicht worden ist, § 243 InsO.

Bei einer missbräuchlichen Nichtzustimmung einer oder mehrerer Gruppen zu dem Plan kann die Zustimmung über das Rechtsinstitut des Obstruktionsverbots fingiert werden, § 245 InsO. Demnach gilt die Zustimmung einer Abstimmungsgruppe dann als erteilt, wenn die Gläubiger der betreffenden Gruppe durch den Plan nicht schlechter gestellt werden, als sie ohne den Plan tatsächlich stehen würden (Werterhaltungsprinzip) und auch angemessen am Erlös teilhaben (Gleichbehandlungsgrundsatz), § 245 Abs. 1 Nr. 1 und 2 InsO. Diese Zustimmungsfiktion setzt weiterhin voraus, dass die Mehrzahl der Gruppen dem Plan tatsächlich zugestimmt hat.

6. Die Durchführung und die Wirkung des Insolvenzplans

Nachdem der Plan durch die Gläubiger und die Zustimmung des Schuldners angenommen worden ist, wird dieser nochmals durch das Insolvenzgericht überprüft. Dabei geht es hauptsächlich um den Schutz der Minderheit, die durch die Mehrheitsentscheidung eingebunden worden ist (Planbestätigung § 248 InsO). Liegt ein Verstoß i.S.v. §§ 249, 250 InsO vor, dann hat das Gericht dem Insolvenzplan die Bestätigung zu versagen. Selbst wenn ein Gesellschafter der Schuldnerin glaubhaft macht, dass er durch den Insolvenzplan wesentlich schlechter gestellt wird als ohne ihn, dann ist die sofortige Beschwerde zulässig. Selbst dann, wenn er im Rahmen der Planbestätigung keinen Antrag auf Minderheitenschutz gestellt hat (BGH, Beschluss v. 17.7.2014 – IX ZB 13/14; Suhrkamp).

Wenn alle für das Planverfahren maßgeblichen formellen und materiellen Regeln eingehalten worden sind, dann muss das Insolvenzgericht die Bestätigung erteilen. Dieser Beschluss kann im Abstimmungstermin oder in einem alsbald zu bestimmenden besonderen Termin verkündet werden.

Mit der Rechtskraft der Bestätigung des Insolvenzplans gem. § 248 InsO beschließt das Insolvenzgericht die Aufhebung des Planverfahrens, § 258 Abs. 1 InsO. Die in §§ 254 und 254a InsO niedergelegten Rechtsfolgen gelten auch für Insolvenzgläubiger, die ihre Forderungen nicht angemeldet haben, sowie für Beteiligte, die dem Insolvenzplan widersprochen haben. Die Planbestätigung hat insoweit eine Doppelfunktion, sie beendet das Verfahren zur Schaffung des Insolvenzplans und gleichzeitig treten die im gestaltenden Teil des Insolvenzplans festgelegten Wirkungen für und gegen alle Beteiligten ein, § 254 Abs. 1 Satz 1 InsO.

Der Beschluss der Bestätigung eines Insolvenzplans ist ebenso, wie auch die Beschwerdeentscheidung nach § 253 InsO, vom BVerfG als ein Akt der rechtsprechenden Gewalt i.S.v. Art. 92 GG dargestellt worden (BVerfG, NZI 2020, 112). Gegen den Beschluss der Bestätigung des Insolvenzplans steht den Gläubigern und dem Schuldner die sofortige Beschwerde zu, § 253 InsO. Diese Beschwerde ist innerhalb einer Notfrist von zwei Wochen beim Insolvenzgericht einzulegen, § 4 InsO, § 569 ZPO. Wird innerhalb dieser Frist keine Beschwerde beim Insolvenzgericht oder Beschwerdegericht (§ 569 Abs. 1 Satz 1 ZPO) eingelegt, dann ist der Bestätigungsbeschluss des Insolvenzplans rechtskräftig.

Nach der Bestätigung und Durchführung des Insolvenzplans ist das Insolvenzverfahren durch Beschluss aufzuheben. Um die Durchführbarkeit eines Insolvenzplans zu gewährleisten, ist durch eine Gesetzesergänzung ein Vollstreckungsschutz gem. § 259a InsO betreffend Insolvenzgläubiger, die ihre Forderung nicht bis zum Abstimmungstermin zur Tabelle angemeldet haben, eingeführt worden. Ferner gilt für alle Forderungen, auch für titulierte, eine besondere Verjährungsfrist von einem Jahr ab Rechtskraft des Bestätigungsbeschlusses, § 259b Abs. 1 InsO.

Wenn im Insolvenzplan eine Überwachung seiner Erfüllung vorgesehen ist (§§ 260 ff. InsO), so fällt dem Insolvenzverwalter die Aufgabe zu, die Erfüllung der Ansprüche der Gläubiger aus dem Plan zu überwachen. Ohne eine nachfolgende Überwachungsphase endet das Amt des Insolvenzverwalters mit der Aufhebung des Insolvenzverfahrens und der Schuldner erhält das Recht zurück, wieder frei über die Insolvenzmasse verfügen zu können (§§ 258, 259 InsO). Ein bereits rechtshängiger Anfechtungsrechtsstreit kann noch fortgesetzt, ein neuer jedoch nicht mehr eingeleitet werden (BGH, Beschluss v. 10.12.2009, Az. IX ZR 206/08).

IV. Die Eigenverwaltung

Bei einem Insolvenzverfahren in Eigenverwaltung ist der Schuldner berechtigt, die Insolvenzmasse unter Aufsicht eines Sachwalters selbst zu verwalten und über die Masse zu verfüge, § 270 Abs. 1 InsO. In einem Verbraucherinsolvenzverfahren ist gem. § 270 Abs. 2 InsO eine Eigenverwaltung nicht zulässig.

Der Gesetzgeber hat mit Wirkung ab dem 1.1.2021 auch das Verfahren in Eigenverwaltung gesetzlich neu konzipiert.[104] Insbesondere wurden die Anforderungen an die Antragstellung wie auch die Verfahrensbeendigung im Eröffnungsverfahren erheblich eingeschränkt und modifiziert.

Mit der gesetzlichen Neuausrichtung wird voraussichtlich ein Insolvenzverfahren in Eigenverwaltung für alle Gläubiger übersichtlicher und nachvollziehbarer werden. Es ist daher zu hoffen, dass die Akzeptanz eines Insolvenzverfahrens in Eigenverwaltung durch die gesetzlich vorgesehene Transparenz, insbesondere im Bereich der Finanzplanung, zunehmen wird.

---

[104] Mit dem SanInsFoG, siehe Fn. 3.

1. Der Antrag auf Eigenverwaltung

Die Eigenverwaltung kann nur auf Antrag des Schuldners selbst angeordnet werden. Sie kann weder von Amts wegen noch auf Antrag eines Gläubigers oder eines vorläufigen Gläubigerausschusses angeordnet werden. Eine Ausschlussfrist für die Nachholung des Eigenverwaltungsantrages im Anschluss an einen Fremdantrag oder Eigenantrag existiert nicht, so dass ein solcher noch bis zum Insolvenzeröffnungsbeschluss gestellt werden kann, § 270f Abs. 1 InsO. Selbst das Nachschieben eines Eigenverwaltungsantrags durch den Schuldner ist für die Durchführung des Verfahrens erforderlich.

Die Antragstellung im Verfahren in Eigenverwaltung wurde neu konzipiert. Im Zentrum steht nunmehr die Eigenverwaltungsplanung. Nach § 270a InsO muss der Schuldner eine solche mit folgenden Pflichtbestandteilen beifügen:

> eine Finanzplanung mit einem Planungshorizont von sechs Monaten;

> ein Konzept für die Durchführung der Eigenverwaltung nebst Darstellung von Art, Ausmaß und Ursache der Krise;

> eine Darstellung der Eigenverwalterfähigkeit, also wie die insolvenzrechtlichen Pflichten vom Schuldner erfüllt werden können;

> eine Darstellung von Mehr- oder Minderkosten, die im Vergleich zu einem Regelinsolvenzverfahren voraussichtlich bei dem Eigenverwaltungsverfahren anfallen würden (diese Nachteilsprognose war bisher in der Rechtsprechung nur in Einzelfällen anerkannt);

> eine Darstellung der Gründe und des Umfangs, weshalb der Schuldner sich im Verzug mit der Erfüllung von Forderungen gegenüber öffentlich-rechtlichen Gläubigern, Arbeitnehmern o.ä. befindet (§ 270a Abs. 2 Nr. 1 InsO)

> sowie weitere formale Pflichtangaben nach § 270a Abs. 2 Nr. 2 und 3 InsO.

In der Praxis kann damit in der Regel eine derartige Eigenverwaltungsplanung nur durch Finanzmittel von dritter Seite erfolgen.

Der Antrag auf Eigenverwaltung selbst ist Prozesshandlung und somit darf er nicht an eine Bedingung geknüpft werden. Im eröffneten Verfahren kann die Gläubigerversammlung gem. § 271 InsO auch ohne einen zuvor gestellten Antrag die Eigenverwaltung beantragen, wenn der Schuldner diesem zustimmt.

2. Die Anordnung der vorläufigen Eigenverwaltung

Der Eigenverwaltungsplan ist die Grundlage für die dann vom Insolvenzgericht nach § 270b InsO durchzuführende Anordnungsprüfung. Dabei ist vorgesehen, dass die Plausibilität der Eigenverwaltungsplanung nicht allein vom Insolvenzrichter zu beurteilen ist. Dieser kann hierbei durch einen zu bestellenden vorläufigen Sachwalter unterstützt werden, § 270c Abs. 1 Nr. InsO.

Die Anordnung einer (vorläufigen) Eigenverwaltung soll regelmäßig vom Gericht abgelehnt werden, wenn die Finanzplanung eine Unterdeckung aufweist oder aber der Kostenvergleich gemäß § 270a Abs. 1 Nr. 5 InsO erheblich zu Lasten der Eigenverwaltung ausfällt. Die Eigenverwaltungsplanung soll jedoch nicht inhaltlich einem IDW-S6-Gutachten entsprechen, sondern vielmehr der Sanierungskonzeptrechtsprechung des BGH (vgl. BGH ZIP 2016, 1235).

Nach § 270b Abs. 3 InsO ist auch die Anhörung eines vorläufigen Gläubigerausschusses, soweit dieser bestellt worden ist erforderlich.

Das Insolvenzgericht hat auch die Möglichkeit, einen vorläufigen „starken" Zustimmungssachwalter temporär zu bestellen, § 270c Abs. 3 Satz 2 InsO.

3. Das vorläufige Eigenverwaltungsverfahren

Die Rechte und Pflichten vom Schuldnerunternehmen in der Eigenverwaltung und den zu bestellenden vorläufigen Sachwaltern sind in § 270c InsO geregelt. Die persönlichen Anforderungen an die Person des vorläufigen Sachwalters sind dieselben wie die, die an einen Insolvenzverwalter gestellt werden. Die Aufgaben und Pflichtenkreise eines vorläufigen Sachwalters erstrecken sich kraft Verweis auf die des Sachwalters im eröffneten Verfahren, §§ 274, 275 InsO. Dabei kann das Gericht einem vorläufigen Sachwalter auch zusätzliche ausdrückliche Prüfungsaufträge erteilen. Ferner kann in diesem Zusammenhang das Insolvenzgericht auch den vorläufigen Sachwalter damit beauftragen, den Schuldner bei der Insolvenzgeldvorfinanzierung und auch bei Verhandlungen mit Kunden/Lieferanten zu unterstützen, § 274 Abs. 2 Satz 2 InsO.

In einem vorläufigen Eigenverwaltungsverfahren ist der Schuldner auf Antrag und durch Beschluss des Gerichts berechtigt, Masseverbindlichkeiten zu begründen. Die vom Antragsteller vorzulegende Finanzplanung nach § 270a Abs. 1 Satz 1 InsO ist zumindest auch deshalb notwendig, damit der Schuldner gemäß § 270c Abs. 4 InsO Einzelermächtigungen zur Begründung von Masseverbindlichkeiten beantragen kann.

4. Das sog. Schutzschirmverfahren nach § 270d InsO

Das sog. Sanierungsvorbereitungs- oder *Schutzschirmverfahren* ist eine besondere Art der Eigenverwaltung im Antragsverfahren. Im Unterschied zu dem allgemeinen vorläufigen Verfahren nach § 270c InsO kann der Antragsteller dem Insolvenzgericht gemäß § 270d Abs. 2 Satz 2 InsO Vorschläge für die Person des (vorläufigen) Sachwalters unterbreiten. Von einem solchen Vorschlag kann das Gericht nur in ganz eng begrenzten Fällen abweichen.

Der Anwendungsbereich dieses Verfahrens ist jedoch durch strenge Zugangsvoraussetzungen eingeschränkt und auch mit erheblichen Vorbereitungsmaßnahmen und Kosten verbunden. Daher ist auch weiterhin zu erwarten, dass Selbständige, Freiberufler und auch kleinere und mittlere Unternehmen dieses Antragsverfahren nicht anstreben werden. Voraussetzung für dieses Verfahren ist, dass der Schuldner

- ➢ einen Eigenantrag auf Insolvenzeröffnung stellt,
- ➢ mit einem Antrag auf Eigenverwaltung bei drohender Zahlungsunfähigkeit und/oder Überschuldung,
- ➢ verbunden mit der Vorlage einer mit Gründen versehene Bescheinigung[105] eines in Insolvenzsachen erfahrenen Steuerberaters, Wirtschaftsprüfers oder Rechtsanwalts (oder einer Person mit ähnlichen Qualifikationen), aus der sich die drohende Zahlungsunfähigkeit oder die Überschuldung erkennen lässt; ferner muss in der Bescheinigung auch dargestellt werden, dass die angestrebte Sanierung nicht offensichtlich aussichtslos ist, § 270d Abs. 1 Satz 1 InsO.

Im Beschluss zum Antragsverfahren legt dann das Gericht eine Frist zur Vorlage eines Insolvenzplanes fest, die nach § 270d Abs. 1 Satz 2 InsO maximal 3 Monate (starre Höchstfrist) betragen darf.

Der Schuldner wird unter die Aufsicht eines vom Gericht zu bestellenden, vorläufigen Sachwalters gestellt, der dieselben Anforderungen und Aufgaben zu erfüllen hat, wie im Verfahren nach § 270c InsO. Um eine Interessenkollision zu vermeiden, darf die Person, die die Bescheinigung erstellt, nicht die Person sein, die zum vorläufigen Sachwalter im Antragsverfahren bestellt werden soll, § 270d Abs. 2 Satz 1 InsO.[106].

---

[105] Das Institut der Wirtschaftsprüfer (IDW) hatte bereits zur alten Regelung einen Standartentwurf „Bescheinigung gem. § 270b InsO" (IDW S 9) veröffentlicht, ZInsO 2014, 2266 f.
[106] Der (vorläufige) Sachverhalt darf auch in keiner anderen Art und Weise mit der die Bescheinigung ausstellenden Person beruflich verbunden sein, entsprechend § 45 Abs. 3 BRAO.

5. Die Aufhebung der vorläufigen Eigenverwaltung

Es besteht aber auch jederzeit die Möglichkeit, dass die vorläufige Eigenverwaltung durch Beschluss des Insolvenzgerichts aufgehoben wird. Dann geht das Verfahren in ein Regelinsolvenzverfahren über, bei gleichzeitiger Bestellung eines vorläufigen Insolvenzverwalters, § 270e Abs. 1 Satz 1 InsO.

Dazu sind in § 270e Abs. 1 Nr. 1 – 3 InsO Aufhebungsgründe geregelt. Diese knüpfen an die Aufgaben- und Berichtbereiche des vorläufigen Sachwalters gemäß § 270c InsO an, so dass seine Erkenntnisse und Ergebnisse umgesetzt werden können. Dies ist vor allem der Fall, wenn der Schuldner nachhaltig gegen die ihm obliegenden insolvenzrechtlichen Pflichten verstößt, Mängel in der Eigenverwaltungsplanung nicht fristgerecht behoben werden oder das Ziel der Eigenverwaltung nicht mehr erreicht werden kann.

Absonderungsberechtigte Gläubiger, sowie Gläubiger, die glaubhaft machen können, dass die Voraussetzungen für die Anordnung der vorläufigen Eigenverwaltung nicht vorliegen und ihnen dadurch erhebliche Nachteile drohen, haben nach § 270e Abs. 2 InsO ein Recht auf Stellung eines Aufhebungsantrags.

6. Das eröffnete Verfahren in Eigenverwaltung

Das eröffnete Insolvenzverfahren in Eigenverwaltung wird nach § 270f InsO nur auf Antrag des Schuldners vom Insolvenzgericht angeordnet. Die Eigenverwaltung kann aber auch noch nachträglich von der Gläubigerversammlung beantragt werden, § 271 InsO. Das Verfahren zeichnet sich dadurch aus, dass kein Verwalter bestellt wird, sondern der Schuldner bzw. dessen Geschäftsleitung den Restrukturierungskurs als Eigenverwalter unter der Aufsicht eines gerichtlich bestellten Sachwalters fortführen kann. Der Aufgaben- und Überwachungskatalog des Sachwalters ergibt sich aus den Regelungen von §§ 274, 275, 276a sowie 280 InsO. Die Insolvenzgläubiger müssen beim Sachwalter die Forderungen zur Tabelle anmelden. Bei diesem wird die Insolvenztabelle geführt.

Dementgegen obliegen dem Schuldner die Informationspflichten gegenüber den Gläubigern. Der Schuldner hat nach § 281 InsO die Pflicht, die Verzeichnisse der Massegegenstände, der Vermögensübersicht und das Gläubigerverzeichnis zu erstellen.

Das Insolvenzanfechtungsrecht nach §§ 129 ff. InsO ist nach einer Tendenz in der Rechtsprechung auch auf Rechtshandlungen im vorläufigen Eigenverwaltungs- und Schutzschirmverfahren anwendbar.

Ferner haftet der Geschäftsführer einer insolventen Gesellschaft in Eigenverwaltung nach § 61 InsO analog für den Ausfall, wenn eine von ihm begründete Masseverbindlichkeit nicht beglichen werden kann. Er haftet insoweit genauso wie ein Insolvenzverwalter (BGH, NJW 2018, 2125 f.).

7. Die Beendigung der Eigenverwaltung

Die Aufhebung der Eigenverwaltung erfolgt nach den abschließenden Vorgaben gem. § 272 Abs. 1 InsO. Die Aufhebung kann nach § 272 Abs. 1 Nr. 3 InsO auf Antrag der Gläubigerversammlung auch ohne Begründung erfolgen. In dieser Regelung kommt die verstärkte Gläubigerautonomie zum Ausdruck. Die Gläubiger müssen nicht abwarten, bis Handlungen des Schuldners die Masse schädigen. Auch kann der Schuldner selbst die Aufhebung der Eigenverwaltung beantragen.

Ferner kann ein absonderungsberechtigter oder nicht nachrangiger Insolvenzgläubiger die Aufhebung beantragen, § 272 Abs. 1 Nr. 4 InsO. Mit der Aufhebung der Eigenverwaltung geht das Verfahren in ein Regelinsolvenzverfahren unter gleichzeitiger Einsetzung eines Insolvenzverwalters über (regelmäßig wird der bisherige Sachwalter als Insolvenzverwalter eingesetzt). Die gerichtliche Entscheidung der Aufhebung ist nicht anfechtbar, soweit der Beschluss nicht nach § 272 Abs. 1 Nr. 4 InsO gefasst worden ist.

V. Die (deutsche) Konzerninsolvenz

Die Realität der deutschen Wirtschaftsunternehmen besteht schon seit längerer Zeit nicht mehr hauptsächlich aus einzelnen Unternehmen, egal ob GmbH, KG, eG oder AG, sondern vielmehr aus Unternehmensgruppen in unterschiedlichen Ausgestaltungen. Insolvenzverfahren über ein einem Konzern/Unternehmensgruppe angehörendes Unternehmen konnten bisher nur isoliert betrachtet und durchgeführt werden. Mit dem Konzerninsolvenzgesetz[107] (KIG) hat der Gesetzgeber nunmehr durch Änderungen und Ergänzungen in der InsO einen Rahmen für eine abgestimmte und koordinierte Insolvenzabwicklung von Konzernunternehmen in Deutschland normiert.

Eine Unternehmensgruppe besteht nach § 3e InsO[108] aus rechtlich selbständigen Unternehmen, die den Mittelpunkt ihrer hauptsächlichen Interessen im Inland haben und die unmittelbar oder mittelbar miteinander verbunden sind durch die Möglichkeit der Ausübung eines beherrschenden Einflusses (oder einer Zusammenfassung) unter einheitlicher Leitung. Nach der Regelung von § 3e Abs. 2 InsO ist auch die GmbH & Co. KG als Konzern anzusehen.

Derart verbundene Einzelunternehmen (wenn sie nicht von ganz untergeordneter Bedeutung für die Unternehmensgruppe sind - widerlegbare Vermutung nach § 3a Abs. 1 Satz 2 InsO) begründen einen Gruppen-Gerichtsstand, § 3a InsO.[109] Wenn bei einem anderen Gericht als dem Gericht mit einer örtlichen Zuständigkeit nach § 3a InsO ein Insolvenzantrag

---

[107] Gesetz zur Erleichterung der Bewältigung von Konzerninsolvenzen v. 13.4.2017, es trat in der derzeitigen Fassung am 21.4.2018 in Kraft; das Gesetz wird ergänzt durch die Regelungen der EuInsVO 2017; ausführlich hierzu Hirte, ZInsO 2017, 592 ff.

[108] Abweichend vom Konzernbegriff nach § 18 AktG und der Definition nach Art. 2 Nr. 13 und 14 EuInsVO 2017.

[109] In jedem OLG-Bezirk soll durch Rechtsverordnung ein Insolvenzgericht bestimmt werden, an dem der Gruppen-Gerichtsstand begründet wird, Verordnungsermächtigung nach § 2 Abs. 3 InsO.

gestellt wird, dann kann dieses Gericht von Amts wegen aber auch auf Antrag das Verfahren an das Gericht des Gruppen-Gerichtsstands verweisen, § 3d InsO.

Bei der Durchführung der Insolvenzverfahren sind die Insolvenzverwalter (§ 269a InsO) und auch die Insolvenzgerichte (§ 269b InsO) gruppenangehöriger Unternehmen untereinander zur Zusammenarbeit und Information verpflichtet. Ein Insolvenzverfahren über das Vermögen eines gruppenangehörigen Unternehmens kann auch in Eigenverwaltung durchgeführt werden, § 270d InsO.

Auf Antrag leitet das Koordinationsgericht (das Gericht, das für die Eröffnung von Gruppen-Folgeverfahren zuständig ist) ein Koordinationsverfahren ein, § 269d InsO. Dabei wird zuerst ein Verfahrenskoordinator bestellt. Dieser muss von den übrigen Verfahrensbeteiligten unabhängig sein. Seine Aufgabe besteht darin, für eine koordinierte Durchführung der einzelnen Insolvenzverfahren der gruppenangehörigen Insolvenzschuldner zu sorgen, § 269f InsO. Dazu hat er nach § 269h InsO auch die Möglichkeit einen (jedoch unverbindlichen) Koordinationsplan zu erstellen und diesen dem Gericht zur Bestätigung vorzulegen.

VI. Die Nachlassinsolvenz

Die Nachlassinsolvenz ist ein Sonderverfahren im Insolvenzrecht und spielt von der Anzahl der Verfahren her eine untergeordnete Rolle. Das Verfahren ist jedoch für die von ihr betroffenen Erben wichtig, um nach einem Erbfall das Nachlassvermögen von dem Vermögen der Erben (Eigenvermögen) zu trennen. Die wesentliche Bedeutung eines Nachlassinsolvenzverfahrens liegt in der Beschränkung der Haftung der Erben für Nachlassverbindlichkeiten sowie in der geordneten Verwertung des Nachlasses und der nachfolgenden gleichmäßigen Befriedigung der Nachlassgläubiger. Ein Nachlassinsolvenzverfahren wird nach den allgemeinen Vorschriften der InsO, ergänzt durch §§ 315 bis 331 ff. InsO sowie §§ 1975 ff. BGB durchgeführt.

Grundsätzlich hat der Erbe mehrere Möglichkeiten, um den Nachlass des Erblassers von seinem eigenen Vermögen zu trennen, insbesondere um die Nachlasshaftung zu beschränken:

➢ Nachlassinsolvenz,
➢ Nachlassverwaltung,
➢ Ausschlagung der Erbschaft (§1942 Abs. 1 BGB),
➢ Dürftigkeitseinrede gemäß § 1990 Abs. 1 Satz 1 BGB,
➢ Unzulänglichkeitseinrede – wenn der dürftige Nachlass überschuldet und eine vollständige Befriedigung aus dem Nachlass nicht möglich ist,
➢ Erschöpfungseinrede, wenn der Nachlass keinen Aktivbestand aufweist und keine Ersatzforderung gemäß § 1991 BGB vorhanden ist.

Eine Dürftigkeitseinrede nach § 1990 Abs. 1 Satz 1 BGB wird dann durchgeführt, wenn der Nachlass so gering ist, dass eine die Kosten des Nachlassinsolvenzverfahrens deckende Masse nicht vorhanden ist oder ein bereits eröffnetes Nachlassinsolvenzverfahren eingestellt wird. Die gerichtliche Entscheidung, dass ein Nachlassinsolvenzverfahren mangels Masse nicht eröffnet wird, ist der unwiderlegliche Nachweis für die Dürftigkeit des Nachlasses (Nöll, ZinsO 2012, 814, 817).

Das Nachlassinsolvenzverfahren ist auf Antrag (die Antragsfrist beträgt 2 Jahre, § 319 InsO) einer zur Antragsstellung berechtigten Person zu eröffnen, § 317 InsO. Das ist regelmäßig der Erbe, der Nachlassverwalter, der Nachlasspfleger, der Testamentsvollstrecker und jeder Nachlassgläubiger.

Ein Erbe hat eine Antragspflicht, § 1980 Abs. 1 Satz 1 BGB, wenn er von der Zahlungsunfähigkeit oder Überschuldung des Nachlasses Kenntnis erlangt. Diese Pflicht erstreckt sich nur auf den Erben, der die Erbschaft angenommen hat. Im Zeitraum eines vorläufigen Erben, wenn die Erbschaft noch nicht angenommen worden ist, besteht keine Antragspflicht, da zu diesem Zeitpunkt noch kein Erbe im Sinne von § 1980 Abs. 1 Satz 1 BGB vorhanden ist. Auch ein Nachlassverwalter, der Kenntnis von der Zahlungsunfähigkeit oder der Überschuldung des Nachlasses hat, ist verpflichtet eine Nachlassinsolvenz zu beantragen, § 1985 Abs. 2 Satz 2 BGB i.V.m. § 1980 BGB. Dem Nachlasspfleger oder dem Testamentsvollstrecker obliegen keine Antragspflichten gemäß §§ 1980, 1985 Abs. 2 BGB.

Mit Eröffnung eines Nachlassinsolvenzverfahrens wird automatisch die Nachlassverwaltung gemäß § 1988 Abs. 1 BGB beendet. Dementgegen erlischt das Amt des Nachlasspflegers (§ 1960 BGB) nicht automatisch mit Verfahrenseröffnung. Die Befugnisse des Nachlasspflegers beschränken sich dann nur noch auf die Verwaltung des insolvenzfreien Vermögens und auf die Vertretung der Erben im Insolvenzverfahren[110]. Ferner ist er auch Anspruchsinhaber eventueller Haftungsansprüche gegen den Insolvenzverwalter nach § 60 InsO.

Ein eröffnetes Verfahren muss gemäß § 207 InsO jedoch eingestellt werden, wenn sich nach Eröffnung herausstellt, dass die Masse die Verfahrenskosten nicht deckt. Danach kann der dann wieder unbeschränkt haftende Erbe nur die Unzulänglichkeit des Nachlasses gegenüber den Gläubigern gemäß § 1990 Abs. 1 Satz 1 BGB geltend machen.
Im Bereich der Insolvenzanfechtung gelten neben den allgemeinen Regelungen nach §§ 129 ff InsO auch die speziellen Anfechtungstatbestände der Nachlassinsolvenz nach §§ 322, 328 InsO.

Wenn ein Insolvenzschuldner im eröffneten Verfahren verstirbt, wird dieses Verfahren als allgemeines Nachlassinsolvenzverfahren fortgesetzt (BGH, ZIP 2008, 798).

VII. Die Gesamtgutverfahren

Das Insolvenzverfahren über das Gesamtgut einer fortgesetzten Gütergemeinschaft nach § 332 InsO (nach dem Tod eines Ehegatten setzt der Überlebende mit seinen Kindern die Gütergemeinschaft fort, §§ 1483 ff. BGB) sowie das Insolvenz-

---

[110] Zimmermann, Die Nachlasspflegschaft, 2. Aufl. Rn. 606, 614, 851; OLG Stuttgart, ZIP 2012, 2222.

verfahren über das gemeinschaftlich verwaltete Gesamtgut einer Gütergemeinschaft (§§ 333-334 InsO) haben in der Praxis eine verschwindend geringe Bedeutung. Nur der Vollständigkeit halber wird hier auf diese Verfahrensarten hingewiesen.

G. Die Beendigung des Insolvenzverfahrens

Ein Insolvenzverfahren kann durch Einstellung oder durch Aufhebung beendet werden.

Einstellungsmöglichkeiten des Insolvenzverfahrens

- keine Masse vorhanden, um die Kosten des Verfahrens (§ 54 InsO) zu decken, § 207 InsO
- keine Masse vorhanden, um die Masseverbindlichkeiten (§ 55 InsO) zu decken (Massekosten sind gedeckt), §§ 211, 208, 209 InsO
- bei Wegfall des Eröffnungsgrundes, § 212 InsO
- bei Zustimmung aller Insolvenzgläubiger, § 213 InsO

Nach einer Einstellung gemäß § 211 InsO (Masseunzulänglichkeit) ist die weitere Durchführung von Insolvenzanfechtungen zulässig (BGH ZIP, 2001, 1777; LG Hamburg 2001, 711 ff.). Eine solche Einstellung ist nicht mit der sofortigen Beschwerde anfechtbar (BGH, ZIP 2007, 603). Das Verfahren wird jedoch nicht eingestellt, wenn nach Ende der Laufzeit der Abtretungserklärung bei einem noch weiter laufenden Verfahren die Restschuldbefreiung erteilt wird (BGH, Beschluss v. 23.1.2014 – IX ZB 33/13).

Nach der Beendigung des Insolvenzverfahrens durch Zweckerreichung (z.B. nach der Verwertung der Massegegenstände), wird dieses durch Aufhebung beendet (vgl. §§ 200 Abs. 1, 258 Abs. 1, 289 Abs. 2 Satz 2 InsO).

Der Schuldner erlangt mit der Beendigung des Insolvenzverfahrens die volle Verwaltungs- und Verfügungsbefugnis über die ihm noch verbliebenen Vermögensgegenstände zurück.

Ab diesem Zeitpunkt können auch die Gläubiger ihre nicht befriedigten Forderungen vollumfänglich gegenüber dem Schuldner (als natürliche Person) geltend machen (Recht auf freie Nachforderung, § 201 Abs. 1 InsO), soweit nicht eine beantragte Restschuldbefreiung ausgesprochen worden ist. Dabei dient der Auszug aus der Insolvenztabelle nach § 201 Abs. 2 InsO als Vollstreckungstitel. Das Prozessverbot (§ 87 InsO) und das Vollstreckungsverbot (§ 89 InsO) entfallen.

Eine GmbH kann nach Beendigung des Insolvenzverfahrens (Schlussverteilung) nicht mehr fortgesetzt werden, selbst dann nicht, wenn die Gesellschaft im Handelsregister noch nicht gelöscht worden ist.[111]

H. Das internationale Insolvenzrecht (ein Einblick)

I. Grundzüge

Das Internationale Insolvenzrecht regelt die verfahrens- und materiellrechtlichen Sachverhalte bei Insolvenzen mit Auslandsbezug (Inlandsinsolvenz mit Auslandsvermögen / Auslandsinsolvenz mit Inlandsvermögen).

Seit dem 26.06.2017 gilt für alle ab diesem Tage eröffneten Insolvenzverfahren die EUInsVO 2017[112]. Die Verordnung gilt in jedem Mitgliedstaat unmittelbar und direkt, somit sind keine weiteren Umsetzungsakte rechtlich erforderlich. Sie ersetzt die am 31.05.2002[113] in Kraft getretene Verordnung. Die VO dient der Verbesserung der Effizienz und Wirksamkeit der Insolvenzverfahren mit grenzüberschreitender Wirkung im Unionsgebiet. Insbesondere soll u.a. mit dieser Regelung verhindert werden, dass Vermögensgegenstände vom Insolvenzschuldner über die offenen Grenzen des Binnenmarktes hinweg kurzfristig verlagert werden, um diese dem Zugriff des Insol-

---

[111] Die Gesellschaft ist bereits nach § 60 Abs. 1 Nr. 4 GmbHG aufgelöst, so dass die Eintragung der Löschung im Handelsregister unerheblich ist.

[112] Verordnung (EU) 2015/848 des Europäischen Parlaments und des Rates v. 20.05.2015 (ABl. L 141, S. 19)

[113] VO (EG) Nr. 1346/2000 des Rates v. 29.5.2000 (ABl L 160).

venzverwalters zu entziehen. Durch die Einführung von § 102c EGInsO werden die europarechtlichen Vorgaben in das deutsche Verfahrensrecht eingeführt (wie zuvor auch durch § 102 EGInsO).

Für ein Insolvenzverfahren und seine Wirkungen gilt das Insolvenzrecht des Mitgliedstaates, in dem das Verfahren eröffnet wird (so auch der Norminhalt von § 335 InsO). International ist das Gericht des Staates für das Insolvenzverfahren zuständig, in dessen Gebiet der Schuldner den Mittelpunkt seiner hauptsächlichen Interessen hat (Center of Main Interests = COMI). Bis zum Gegenbeweis wird der COMI am Sitz der Gesellschaft vermutet. Wenn die Gesellschaft in den letzten 3 Monaten vor Antragstellung den Sitz (Hauptniederlassung) in einen anderen Mitgliedstaat verlegt hat, dann hat das zuständige Gericht zu prüfen, ob der COMI des Schuldners tatsächlich in seinen Zuständigkeitsbereich fällt.

Um ein „Forum Shopping" zu verhindern, soll das Gericht den Schuldner u.a. auffordern, zusätzliche Nachweise für eine tatsächliche Sitzverlegung beizubringen. Auch die Gläubiger erhalten Gelegenheit, sich zu der Zuständigkeitsfrage zu äußern. Bei Verbrauchern beträgt diese „Look-Back-Period" sogar 6 Monate.

Die Eröffnung eines deutschen Insolvenzverfahrens erfasst grundsätzlich das gesamte in- und ausländische Vermögen des Insolvenzschuldners. Diese Auslandswirkung der Insolvenzeröffnung wird in allen EU-Mitgliedstaaten ohne weitere Förmlichkeiten anerkannt. Auch gilt das Verbot der Einzelzwangsvollstreckung (§ 89 InsO) in den europäischen Ländern unmittelbar.

EXKURS: Die engl. Limited nach dem Brexit

Die Limited nach englischem Recht ist nach dem Brexit (Brexit = Vollzug des Austritts des Vereinigten Königreichs aus der Europäischen Union gemäß Art. 50 EUV durch Ablauf der Übergangsfrist am 31. Dezember 2020) unter Anwendung der milden Form der Sitztheorie nicht mehr als haftungsbegrenzte Gesellschaft, sondern vielmehr als GbR, OHG oder als Einzelkaufmann (je nach Ausgestaltung der Gesellschafterstellung) anzusehen (OLG München, DB 2021, 2349 f.). In dieser Entscheidung hat das Gericht klargestellt, dass die Fortgeltung der Gründungstheorie nicht aus dem Handels- und Kooperationsabkommen zwischen der Europäischen Union und dem Vereinigten Königreich vom 24. Dezember 2020 (ABl. L 444/2020 vom 31. Dezember 2020) gefolgert werden kann. Dieses Abkommen enthält keine Vorschrift, die ausdrücklich und unmittelbar die Niederlassungsfreiheit gewährt. Vielmehr ergibt sich aus seinem Anhang SERVIN-1 Nr. 10, dass die Parteien des Abkommens die Niederlassungsfreiheit gerade nicht in Bezug nehmen oder vereinbaren wollten. Damit besteht die Rechts- und Parteifähigkeit einer britischen Limited, trotz tatsächlichem Verwaltungssitz in Deutschland, mit Wirksamkeit des Brexit nicht mehr fort (anders unter der Geltung der Niederlassungsfreiheit gemäß Art. 49, 54 AEUV).

II. Die Restschuldbefreiung im internationalen Vergleich

Das Insolvenzverfahren und die Möglichkeit der Restschuldbefreiung für natürliche Personen sind keine rein deutschen Errungenschaften. Diese und ähnliche Verfahrensarten gibt es auch in anderen Ländern.[114] Die Art des Verfahrens, die Dauer und die Ausgestaltung der Voraussetzungen sind jedoch unterschiedlich.

1. Die Anerkennung einer ausländischen Restschuldbefreiung im Inland

Die Entscheidung eines ausländischen Gerichts über die Restschuldbefreiung hat universelle Wirkung und ist nicht allein auf das Land beschränkt, in dem das Gericht tätig geworden ist. Die Entschuldungswirkung tritt mit einer solchen ausländischen Entscheidung grundsätzlich auch im Inland ein und auch gegenüber den Gläubigern, die Forderungen aus einem fremdem Recht haben. Die Anerkennung der Restschuldbefreiung kann nicht damit verweigert werden, dass der Schuldner seinen COMI nur kurzfristig in ein anderes Land (dort, wo das Verfahren durchgeführt wurde) verlegt hat (so auch BGH, Urteil v. 10.9.2015 – IX ZR 304/13).

---

[114] In den Jahren 2016 und 2017 traten z.B. neue Gesetze für Insolvenzverfahren mit der Möglichkeit einer Restschuldbefreiung in Österreich, Kroatien und Spanien in Kraft.

Nach einer Tendenz in der Rechtsprechung der deutschen Gerichte[115] soll sich auch eine in England (vor dem Brexit) erteilte Restschuldbefreiung nicht auf gesellschaftsrechtliche Haftungsansprüche betreffend vorsätzlicher Pflichtverletzungen (u.a. Haftungsansprüche gem. § 823 Abs. 2 BGB, § 266a StGB) von AG-Vorständen bzw. GmbH -Geschäftsführern erstrecken. Nach dem niederländischen Recht kann der Richter die Restschuldbefreiung versagen, wenn er Anhaltspunkte dafür hat, dass der Schuldner ein Verfahren in seinem Land umgehen wollte oder dass er rechtsmissbräuchlich gehandelt hat.

Die vergleichsweise kurze Verfahrensdauer bis zur Restschuldbefreiung im Entschuldungsverfahren nach *englischem Recht* (Discharge Periode von 12 Monaten, sec. 279 Insolvency Act 1986) und die Möglichkeit einer privatautonomen Schuldenregulierung (Individual voluntary arrangement nach sec. 252 ff. Insolvancy Act 1986) zieht vermehrt Schuldner zur Verfahrensdurchführung nach England oder Wales.

EXKURS: Die Verlängerung der Insolvenzauflagen im englischen Recht, der Fall „Boris Becker"

Die Insolvenzbehörde (Insolvency Service) kann nach dem englischen Insolvenzrecht bei Verfahrensverstößen des Schuldners die Insolvenzauflagen, denen er sich fügen muss, zeitlich bis zu 12 Jahre verlängern (regelmäßig werden diese nach 12 Monaten aufgehoben). Die Verlängerung kann entweder einvernehmlich (Bankruptcy Restrictions Undertaking) mit dem Schuldner erfolgen oder durch einen gerichtlichen Beschluss (Bankruptcy Restrictions Order). Die Auflagen erschweren dem Schuldner u.a., wirtschaftlich wieder tätig zu werden. Für die Verlängerungszeit darf er z.B. kein Geschäftsführer einer britischen Unternehmung (director) werden oder einen Kredit über 500 Pfund erhalten (ohne seinen Insolvenzstatus anzeigen zu müssen).
Ein englisches Gericht erklärte den dreimaligen Wimbledon-Sieger Boris Becker im Juni 2017 für insolvent. Grund hierfür war die Forderung einer englischen Privatbank, die Becker nicht begleichen konnte. Die Bank machte Forderungen aus abgetretenem Recht geltend. Im Jahre 2014 hatte Becker von einer Privatperson einen Kredit über 2,1 Mio. Euro mit einem Zins

---

[115] OLG Köln, ZIP 2013, 644 f., nicht rechtskräftig, Verstoß gegen die geschützten Interessen der Gesellschaft (breach of trust, Sec. 281 Abs. 3 Insolvancy Act 1986); vgl. auch Dornblürh, ZIP 2014, 712 ff.

von 25 % erhalten. Diese Darlehensforderung hat dann der Gläubiger an die Bank abgetreten. Nach Angaben der Insolvenzbehörde hat Becker jedoch Transaktionen in Höhe von 4,5 Mio. Pfund (ca. 5,2 Mio. Euro) aus der Zeit vor und nach dem eröffneten Insolvenzverfahren nicht ordnungsgemäß im Verfahren dem bestellten Insolvenzverwalter gemeldet. Auf Betreiben des Insolvenzverwalters sind von der Insolvenzbehörde in London nun einvernehmlich im Oktober 2019 mit Becker die Insolvenzauflagen um weitere 12 Jahre (bis 10/2031) verlängert worden.

2. Die Versagung der Anerkennung einer ausländischen Restschuldbefreiung im Inland

Ein Schuldner kann sich in Deutschland jedoch auf die in einem anderen Staat erteilte Restschuldbefreiung nicht berufen, wenn diese dem Ordre-Public-Vorbehalt gem. Art. 26 VO Nr. 1346/2000 oder dem Grundsatz von Treu und Glauben widerspricht. Wenn im Ergebnis die Restschuldbefreiung offensichtlich mit der öffentlichen Ordnung, insbesondere mit den Grundprinzipien und den verfassungsmäßig garantierten Rechten und Freiheiten unvereinbar ist.

Grundsätzlich ist die kurze Verfahrensdauer nach englischem Recht nicht entscheidend und ausreichend für die Nichtanerkennung im Inland.[116] Vielmehr kann ein Verstoß gegen den Ordre-Public dann vorliegen, wenn nur eine kurzfristige Wohnsitzverlegung (zum Schein oder vorgetäuscht) des Schuldners in einen anderen Mitgliedstaat (in den meisten Fällen nach England) erfolgt, um dort unter erleichterten Bedingungen eine Restschuldbefreiung zu erlangen.

---

[116] Vgl. Grundsatzentscheidung zur Anerkennung der Wirkung eines englischen Insolvenzverfahrens, BGH, Urteil v. 10.9.2015 – IX ZR 304/13; sehr enge Auslegung zum Ordre-Public, BFH, Urteil v. 27.1.2016, ZInsO

▶ **Unsere** 📖 **Skripten** 📑 **Karteikarten** 𝄞 **Hörbücher**

Zivilrecht

📖 Standardfälle **Zivilrecht** f. Anfänger (BGB AT+Kaufrecht)
📖 𝄞 Standardfälle **BGB AT**
📖 𝄞 Standardfälle **Schuldrecht**
📖 𝄞 Standardfälle **Ges. Schuldverhältn.**, §§ 677,812,823
📖 𝄞 Standardfälle **Sachenrecht** (Mobiliar+Immobiliar)
📖 𝄞 Standardfälle **Familien- und Erbrecht**
📖 𝄞 Basiswissen **BGB AT** (Frage-Antwort)
📖 𝄞 Basiswissen **Schuldrecht AT** (Frage-Antwort)
📖 𝄞 Basiswissen **Schuldrecht BT** (Frage-Antwort)
📖 𝄞 Basiswissen **Sachenrecht** (Frage-Antwort)
　𝄞 Basiswissen **Familienrecht** (Frage-Antwort)
　𝄞 Basiswissen **Erbrecht** (Frage-Antwort)
📖 Einführung in das **Bürgerliche Recht** (für Anfänger)
📖 Studienbuch **BGB AT**
📖 Studienbuch **Schuldrecht AT**
📖 Einführung **Schuldrecht BT 1** - §§ 437, 536, 634, 670 ff.
📖 Einführung **Schuldrecht BT 2** - §§ 812, 823, 765 ff.
📖 Einführung **Sachenrecht 1** – Mobiliarsachenrecht
📖 Einführung **Sachenrecht 2** – Immobiliarsachenrecht
📖 Einführung **Familienrecht**
📖 Einführung **Erbrecht**
📖 𝄞 **Definitionen** für die Zivilrechtsklausur

Strafrecht

📖 Standardfälle **Band 1:** für Anfänger
📖 Standardfälle **Band 2:** für Fortgeschrittene
📖 𝄞 Standardfälle **Strafrecht AT** (für Anfänger)
📖 𝄞 Basiswissen **Strafrecht AT** (Frage-Antwort)
📖 𝄞 Basiswissen **Strafrecht BT 1** (Frage-Antwort)
📖 𝄞 Basiswissen **Strafrecht BT 2** (Frage-Antwort)
📖 Einführung **Strafrecht AT**
📖 Einführung **Strafrecht BT 1** – Vermögensdelikte
📖 Einführung **Strafrecht BT 2** – Nichtvermögensdelikte
📖 𝄞 **Definitionen** für die Strafrechtsklausur

Öffentliches Recht

📖 Standardfälle **Staatsrecht 1** – Staatsorganisationsrecht
📖 Standardfälle **Staatsrecht 2** – Grundrechte
📖 𝄞 Standardfälle f. **Anfänger** (StaatsorgaR u. GrundR)
📖 Standardfälle **Verwaltungsrecht AT**
📖 Standardfälle **Polizei- und Ordnungsrecht**
📖 Standardfälle **Baurecht**
📖 Standardfälle **Europarecht**
📖 Standardfälle **Kommunalrecht**
📖 𝄞 Basiswissen **StaatsR 1** – StaatsorgaR (Frage-Antwort)
📖 𝄞 Basiswissen **StaatsR 2** – Grundrechte (Frage-Antwort)
📖 Basiswissen **Verwaltungsrecht AT** (Frage-Antwort)
📖 Studienbuch **Staatsorganisationsrecht**
📖 Studienbuch **Grundrechte**
📖 Studienbuch **Verwaltungsrecht AT**
📖 Studienbuch **Europarecht**
　𝄞 Hörbuch Basiswissen **Europarecht**
📖 Studienbuch **Staatshaftungsrecht**
📖 **Verwaltungsrecht AT 1** – VwVfG
📖 **Verwaltungsrecht AT 2** – VwGO
📖 **Verwaltungsrecht BT 1** – Polizei und Ordnungsrecht
📖 **Verwaltungsrecht BT 2** – Baurecht
📖 **Verwaltungsrecht BT 3** – Umweltrecht
📖 𝄞 **Definitionen** Öffentliches Recht

Sozialrecht

📖 Einführung **Sozialrecht**

Nebengebiete

📖　Standardfälle **ZPO**
📖 𝄞 Standardfälle **Handels- & Gesellschaftsrecht**
📖 𝄞 Standardfälle **Arbeitsrecht**
📖 𝄞 Basiswissen **Handelsrecht** (Frage-Antwort)
📖 𝄞 Basiswissen **Gesellschaftsrecht** (Frage-Antwort)
📖 𝄞 Basiswissen **StPO** (Frage-Antwort)
📖 𝄞 Basiswissen **ZPO** (Frage-Antwort)
📖 Einführung **Handelsrecht**
📖 Einführung **Gesellschaftsrecht**
📖 Einführung **Arbeitsrecht**
📖 Einführung **Kollektives Arbeitsrecht**
📖 Einführung **ZPO I** - Erkenntnisverfahren
📖 Einführung **ZPO II** - Zwangsvollstreckung
📖 Einführung **StPO** - Strafprozessrecht
📖 Einführung **IPR** - Internationales Privatrecht
📖 Standardfälle **IPR** - Internationales Privatrecht
📖 Einführung **Insolvenzrecht**
📖 **Gewerblicher Rechtsschutz & Urheberrecht**
📖 Einführung **Wettbewerbsrecht**
📖 Einführung **Sportrecht**

Karteikarten

📑 **Grundlagen des Zivilrechts**
📑 **BGB Allgemeiner Teil**
📑 **Schuldrecht BT** (§§ 433, 535, 631, 812, 823)
📑 **Schemata Zivilrecht** (AT, SchuldR, SachR, FamR)
📑 **Strafrecht AT**
📑 **Strafrecht BT 1**
📑 **Strafrecht BT 2**
📑 **Streitfragen Strafrecht**
📑 **Staatsorganisationsrecht**
📑 **Grundrechte**
📑 **Verwaltungsrecht AT**
📑 **Schemata Öffentliches Recht**

Die wichtigsten Schemata

📖 **Band 1:** Zivilrecht, Strafrecht, Öffentliches Recht
📖 **Band 2:** Arbeitsrecht, Handelsrecht,
　　　Gesellschaftsrecht, StPO, ZPO

Ratgeber Jurastudium

📖 Ratgeber **500 Spezial-Tipps für Juristen** -
　　Wie man geschickt durchs Studium und
　　das Examen kommt

BWL

📖 Einführung in die **Betriebswirtschaftslehre**
📖 **Organisationsgestaltung & -entwicklung**
📖 **Fallstudien** Organisationsgestaltung & -entwicklung
📖 **Internationales Management**
📖 Wie gelingt meine wiss. **Abschlussarbeit**?
📖 **Medienwirtschaft für Mediengestalter**

Assessorexamen

📖 Der **Aktenvortrag im Strafrecht**
📖 Der **Aktenvortrag im Zivilrecht**
📖 **Staatsanwaltl. Sitzungsdienst & Plädoyer**
Irrtümer und Änderungen vorbehalten!

𝄞 bedeutet: auch als **Hörbuch** lieferbar!